Rupert Lay
Das Ende der Neuzeit

Rupert Lay

Das Ende der Neuzeit

Menschsein in einer Welt ohne Götter

ECON

Prof. Dr. Rupert Lay und Dr. Norbert Copray geben das vierteljähr-
liche Periodikum »**Ethik-Letter LayReport**« für Führungsethik in
Wirtschaft, Politik, Gesellschaft und Kultur heraus. Informationen
beim Vertrieb: gimas | service, Leberberg 4, 65193 Wiesbaden, Tel.
(06 11) 9 59 09 85, Fax (06 11) 9 59 08 68.

Die Deutsche Bibliothek – CIP-Einheitsaufnahme

Lay, Rupert: Das Ende der Neuzeit: Menschsein in einer Welt ohne Götter /
Rupert Lay. – Düsseldorf: ECON, 1996. ISBN 3-430-15958-X

Gesetzt aus der Century und Frutiger, Linotype. Satz: Josefine Urban –
KompetenzCenter, Düsseldorf. Papier: Papierfabrik Schleipen & Co., Bad
Dürkheim. Druck und Bindearbeiten: Bercker Graphischer Betrieb GmbH,
Kevelaer. Printed in Germany. ISBN 3-430-15958-X.

Inhaltsverzeichnis

Einleitung

Das Nachsinnen über das Schicksal einer Epoche bezeugt ihr Enden.[1] Das Reflektieren über Vergangenes ist nicht Sache der Jugend, sondern des Alters. Das Nachsinnen über das Geschick einer Epoche ist nicht Aufgabe des Historikers, sondern des Philosophen, ist doch eine Epoche bestimmt durch ein bestimmtes allgemeines wertebildendes Bewußtsein, das in der Philosophie zu sich und zur Sprache kommt.[2] So kann chinesische Philosophie nicht unter den Umständen Europas stattfinden und indianische nicht unter den Umständen Indiens. Das soll nun nicht heißen, daß alle entwickelten Philosophien grundsätzlich verschieden seien. Es gibt in ihnen einen Grundkonsens über formale Strukturen: etwa über Rechte und Pflichten von Menschen, über ökonomische, soziale, kulturelle Werte[3] und moralische Normen,

---

1 So schreibt G. W. F. Hegel in seiner Vorrede zu den »Grundlinien der Philosophie des Rechts«: »Wenn die Philosophie ihr Grau in Grau malt, dann ist eine Gestalt des Lebens alt geworden, und mit Grau in Grau läßt sie sich nicht verjüngen; die Eule der Minerva beginnt erst mit der einbrechenden Dämmerung ihren Flug« (WW 7, 28).

2 G. W. F. Hegel schreibt: »Die bestimmte Gestalt einer Philosophie ist gleichzeitig mit einer bestimmten Gestalt der Völker, unter welchen sie auftritt, mit ihrer Verfassung und Regierungsform, ihrer Sittlichkeit, geselligem Leben... mit ihren Versuchen und Arbeiten in Kunst und Wissenschaft, mit ihren Religionen..., mit dem Untergang der Staaten, in denen dies bestimmte Prinzip sich geltend gemacht hatte, und mit der Entstehung und dem Emporkommen neuer, worin ein höheres Prinzip seine Erzeugung und Entwicklung findet« (WW 18, 73).

3 Der Terminus »Werte« ist ein zentraler Begriff dieses Buches. Er soll deshalb schon hier definiert werden. Ein Wert ist eine in einem soziokulturellen Entwicklungsprozeß herausgebildete und von der Mehrheit einer soziokulturellen Einheit akzeptierte und internalisierte Vorstellung über das Wünschbare. Wir unterscheiden zum einen ökonomische, politische, soziale und kulturelle Werte und zum anderen moralische Werte. Diese letzteren geben die Weisen an, wie in einer konkreten soziokulturellen Einheit die

über Institutionen[4] und deren Einfluß auf das politische, ökonomische, soziale und kulturelle Geschehen. Wie sich diese jedoch in konkreten Gestalten brechen, ist von Epoche zu Epoche verschieden. *G. W. F. Hegel* vertritt die These, in Geschichte entfalte sich unter dem Einfluß des Geistes Fortschritt – und zwar der auf mehr Freiheit in Vernunft hin. Ich kann ihm in der Sache nicht folgen. Der Fortschrittsoptimismus des 18. und 19. Jahrhunderts ist in Auschwitz und Gulag, in Katyn und Hiroshima gestorben. Das Fortschreiten der Geschichte ähnelt vielmehr dem eines Schlafwandlers. Ihr Weg und ihr Ziel ins Zukünftige entziehen sich jeder seriösen Prognose.

Daß jene Epoche, die wir zumeist »Neuzeit« oder »Moderne« nennen, endet, läßt sich unschwer am Kollabieren ihrer politischen, ökonomischen, sozialen, kulturellen und moralischen Werte ausmachen. Eine Welle von Korruptionsskandalen überschwemmt Italien, Frankreich, Großbritannien, die Bundesrepublik und die USA, Länder also, die stark durch die Moderne

---

ökonomischen, politischen, sozialen und kulturellen Werte sozialverträglich (d. h. den Nutzen der Einheit eher mehrend als mindernd) realisiert werden sollen. Diese Vorstellungen über das Wünschenswerte sind allgemeine und grundlegende Orientierungsmaßstäbe, an denen sich im Fall alternativer Handlungsmöglichkeiten das Handeln orientieren soll. Aus den Werten leiten sich Normen (Gesetze, moralische Normen, informelle Gebote und Verbote...) und Rollen (Berufsrolle...) ab, die das Alltagshandeln bestimmen. Grundwerte sind die höchsten handlungsleitenden Werte innerhalb einer soziokulturellen Einheit. Eine kulturelle Einheit ist bestimmt durch die Einheit der Werte (und nicht etwa durch eine gemeinsame Geschichte und Sprache). Epochen sind solche soziokulturellen Einheiten – die größten, die wir kennen. Wichtig ist die Einsicht, daß Werte im Verlauf der Entstehung und Entwicklung, aber auch des Untergangs einer soziokulturellen Einheit durchaus einem Wandel unterworfen sind. Dieser evolutive Prozeß wird aber revolutionär, wenn eine solche Einheit zugrunde geht, ein Wertevakuum hinterläßt, das sich dann mit neuen Werten füllt.

4 »Institution« bezeichnet ein soziales System, in dem die das System erzeugenden Interaktionen durch Werte reguliert werden, welche die Institution in ihrem Bestand sichern und, wenn möglich, den Einfluß des Sozialgebildes erweitern. Die Interaktionen sind also allenfalls mittelbar durch subjektive Interessen, Werteinstellungen, Bedürfnisse und/oder Erwartungen bestimmt (im Gegensatz zu Kommunikationsgemeinschaften), sondern aber eher durch die transsubjektiven Werte einer Gesellschaft.

und ihre Wertewelten geprägt wurden. Aber nicht nur die von einer neuzeitlichen Moral regulierten ökonomischen, politischen, sozialen und kulturellen Werte zerfallen, sondern mit ihnen auch die Neuzeit.

1. Abendland und Neuzeit

Wir denken hier nicht nach über den »Untergang des Abendlandes«,[5] sondern über den der Neuzeit. Beide Termini gilt es sorglichst voneinander zu scheiden, wennschon man die Neuzeit als abendländische Epoche verstehen kann. Das Abendland wurde geboren durch die Trennung der beiden römischen Reiche (obschon deren Trennung auch in verschiedenen philosophischen Orientierungen wurzelte[6] und keineswegs nur in der verwaltungstechnischen Notwendigkeit, ein Riesenreich zu verwalten). Das Wort »Abendland« wurde zwar zu Beginn der Neuzeit geprägt, bezeichnete aber erst seit dem 19. Jahrhundert jenen Teil Europas, der sich im Mittelalter gegenüber der östlichen Welt des »Morgenlandes« als einheitlicher Kulturkreis ausbildete und bis in die Neuzeit hinein durch enge politische, kulturelle, soziale und ökonomische Beziehungen verbunden war. Antike Kultur, römisches Christentum und durch die Völkerwanderung verbreitete germanische Elemente bildeten die einigenden Faktoren des mittelalterlichen Abendlandes.[7] Die erste klare Entscheidung für ein westliches Abendland-Europa *(Friedrich Heer)* fällt um 340. *Athanasius*, der Sieger des Konzils von Nikaia, floh vor *Konstantius* von Antiochien nach Rom. Die Bischöfe und Theologen des Westens nehmen den Kampf gegen die arianischen Ostkaiser auf.

---

5 Oswald Spengler, Der Untergang des Abendlandes, München 1918 und 1922.
6 Schon 199 n.Chr. setzten sich dem Zeugnis des Cassius Dio zufolge im Heere des Gaius Septimus Severus die Truppen aus dem Westen, die »Europäer«, deutlich ab von denen aus dem Osten, den »Syrern«.
7 Der gotische Geschichtsschreiber Jordanus, der für eine römisch-gotische Allianz gegen die Einfälle aus dem Osten plädierte, rühmt um 550 n. Chr. Aetius als Stütze Hesperiens (= des Abendlandes). Zunächst wurden die Goten zum »Schwert Roms«, bis sie von den Franken abgelöst wurden.

Aus der Résistance dieser Westbischöfe entsteht das westliche Abendland.[8] Doch blieb der Westen durch die kulturelle Übermacht des weitgehend von den Wirren der großen Völkerwanderung verschonten Ostens immer in seinem Eigenbestand bedroht. Erst Papst Gregor der Große gründete um 600 einen »Völkerbund des Westens« (Societas rei publicae christianae) unter Führung der römischen Kirche. Der Papst wird zum Schutzherrn der »rechtgläubigen Völker des Westens«.

Mit dem endenden Mittelalter entstehen der Idee eines vom Papsttum gelenkten Abendlandes aus der Mitte der italienischen Humanisten ernsthafte Gegner. Von erheblicher Bedeutung war die Entlarvung der »*Konstantinischen Schenkung*«[9] durch *Lorenzo Valla* als eine von den Päpsten um die Mitte des 8. Jahrhunderts veranlaßte Fälschung. Auf dieser Fälschung beruhte immerhin die politische Legitimation des Kirchenstaates. Obschon Reformation und Gegenreformation die religiöse Einheit des Abendlandes spalteten, blieb die kulturelle Einheit mit ihren ökonomischen, politischen und sozialen Wertvorstellungen weitgehend erhalten. Und doch formulierte die Neuzeit eine andere Idee des Abendlandes. *Erasmus von Rotterdam* (1469–1536) wird als Vertreter der abendländisch-europäischen Intelligenz von Spanien bis Polen, von England bis Siebenbürgen, von Unteritalien bis Ostdeutschland anerkannt. Er gilt ihnen als Verkünder einer neuen Zeit, die einmal den Namen »Neuzeit« tragen wird.[10]

---

8 Friedrich Heer, Abendland, in: MEL 1, 58.
9 Es handelt sich hier um eine auf den Namen Kaiser Konstantins gefälschte Urkunde, in der dieser angeblich den Primat der römischen Kirche festlegte, Papst Silvester I. die Herrschaft über die Stadt Rom, Italien und die römischen Provinzen im Westen des Reichs übertrug, ihm die kaiserlichen Insignien verlieh und den Lateranpalast schenkte. Diese um 750 entstandene Fälschung galt im Mittelalter als echt. Schon Otto III. zweifelte um das Jahr 1000 an der Echtheit. Obschon Nikolaus von Kues (1401–1464) und Lorenzo Valla (1406–1457) die Urkunde als Fälschung entlarvten, wurde dieser Sachverhalt erst im 19. Jahrhundert von der katholischen Geschichtsschreibung akzeptiert.
10 Erasmus schreibt einmal: »Ich sah neulich auf einer großen Karte die ganze Erde abgebildet. Dabei ist mir klargeworden, ein wie geringer Teil der Erdbewohner sich rein und aufrichtig zur christlichen Religion bekennt,

2. Der Untergang des Abendlandes

Dieses Buch vertritt die These, daß die abendländische Neuzeit an ihrem Ende angelangt ist. Man könnte vermuten, es werde der Denkansatz von Oswald Spengler vom Untergang des Abendlandes wieder aufgegriffen. Doch das ist falsch. Ich bin nicht der Ansicht, daß eine schon bestehende Kultur in das Kulturvakuum Europas einbrechen wird, sondern daß im Vakuum etwas Neues entsteht. Das europäische Abendland schuf das Vakuum sicher auch aus Erschöpfung und Langeweile. Zum anderen aber auch durch Entleerung: Durch die technische und ökonomische Expansion und Okkupation sind heute die Grenzen des Abendlandes nicht mehr territorial zu ziehen. Es entsteht so etwas wie eine Weltzivilisation, in der sich in zahlreichen Facetten das Abendland bricht. Indem sich Abendland-Europa über die ganze Erde ausbreitet und verdünnt, immer mehr an Substanz verliert, gelangt es an sein Ende. Kulturen anderer Epochen und Regionen gewinnen an Bedeutung (Islam, Buddhismus). Es soll hier also keineswegs behauptet werden, daß einmal etwa chinesische Traditionen und Werte durch die Herrschaft chinesischer Institutionen das ökonomische, politische, soziale und kulturelle Sein Europas ablösen würden. Europa wird jedoch die Werte und die sie stabilisierenden Institutionen, insofern sie von der Neuzeit erzeugt und getragen wurden, aufgeben, weil sie nicht mehr den ökonomischen, politischen, sozialen, kulturellen, moralischen Erfordernissen der Gegenwart gerecht werden. Wir erleben derzeit den Zerfall der ökonomischen, sozialen, kulturellen, politischen und moralischen Werte, die den Geist, die Ideale und die Institutionen der Neuzeit prägten. Weil aber diese Institutionen (etwa

---

nämlich ein ganz kleines Stückchen von Westeuropa, ein weiteres von Nordeuropa; das dritte erstreckte sich recht weit nach Süden; von dem vierten, Osteuropa, schien Polen die äußerste Grenze zu sein. Die übrige Welt wird von Barbaren bewohnt, die sich nicht viel von wilden Tieren unterscheiden, oder von Schismatikern oder Häretikern, oder von beiden« (zitiert nach Fr. Heer, a. a. O., 59 f.). Damit zieht er die Grenzen des Abendlandes auf. Aber nicht mehr Rom ist der einigende Mittelpunkt, sondern das »wahre Christentum«.

der neuzeitliche Staat, die neuzeitliche Kirche, die neuzeitlichen Bildungsinstitutionen) zerfallen, verlieren auch die neuzeitlichen Werte ihre Legitimation, ihre Stütze und ihre Bedeutung.

3. Die Nach-Neuzeit

Auf die Neuzeit wird eine andere Zeit folgen (wir nennen sie, da sie sich, weil noch nicht bestehend, keinen Namen geben konnte, Nach-Neuzeit). Sie wird eine typisch europäische Epoche sein, wie auch die europäische Antike das europäische Mittelalter und die europäische Neuzeit sehr typisch europäisch waren. Wie die Werte und Institutionen dieser Epoche gestaltet sein werden, wissen wir nicht, können wir nicht einmal vorausahnen, ähnlich wie ein Mönch des 5. Jahrhunderts nichts über die Werte und Institutionen des Mittelalters oder ein Jurist des 15. Jahrhunderts über die Werte und Institutionen der Neuzeit voraussagen konnte. Vermuten läßt sich jedoch, daß die Werte und Institutionen sich an den zur Verfügung stehenden technischen Instrumenten orientieren werden. Vermutlich gilt auch hier ein Analogon zum ökonomischen Prinzip: Die neuen Werte und Strukturen werden so beschaffen sein, daß ihre Anwendung mit einem Minimum an politischem, ökonomischem, sozialem, kulturellem Aufwand ein Optimum an politischem, sozialem, ökonomischem und kulturellem Ertrag ermöglicht. Dabei ist jedoch zu berücksichtigen, daß diese vier Wertbereiche auf vielfache Weise miteinander verschränkt sind, so daß es keine linearen Optimierungsstrategien geben kann und wird. Wie jede Epoche handelt es sich bei der Nach-Neuzeit um ein chaotisches System, das dadurch ausgezeichnet ist, daß die Wirkungen auf die Ursachen – sie verändernd – einwirken und diese – nun verändert – andere Wirkungen produzieren. Diese nicht-lineare Rückkoppelung von Ursachen und Wirkungen kann zahlreiche Kreise durchlaufen. Eine Prognose ist unmöglich. Kleinste Veränderungen können unvorhersehbare Folgen haben.

4. Die Zeit »Dazwischen«

Wir leben in einer Zeit des Dazwischen – die Neuzeit verendet, und die Nach-Neuzeit läßt sich noch nicht ausmachen. Das bedeutet zum einen die Erfahrung des Zerfalls bestehender Werte und Institutionen. Das birgt in sich jedoch für die Menschen die Chance, eigenverantwortet ihr Leben zu leben – und nicht ein Leben aus zweiter Hand. Die Wertvorgaben und Institutionen einer Epoche lassen Menschen, die sich auf sie einlassen – und das ist die große Mehrheit –, leben. Sie leben das Leben ihrer Zeit – nicht das ihre.

1. Kapitel
Über Geschichtsphilosophie

Da dieses Buch beansprucht, geschichtsphilosophisch zu reflektieren, soll in einem ersten Kapitel der Begriff der Geschichtsphilosophie hier etwas ausführlicher vorgestellt werden.

1. Philosophie

Philosophie hat die Aufgabe, das Allgemeine Bewußtsein ihrer Zeit zum Bewußtsein und zur Sprache zu bringen und es in seinem Wandel verantwortet zu begleiten.[11] Insofern Allgemeines Bewußtsein – und mit ihm Allgemeines Sein, wie es sich in Ökonomie, Politik, Sozialem und Kultur vorstellt – in stetem Wandel ist, gilt es, diesen Wandel zu reflektieren und zu begleiten. Philosophie der Geschichte hat somit die Aufgabe, das Allgemeine Bewußtsein über den gegenwärtigen Zustand des Allgemeinen Bewußtseins, über seine eigene geschichtliche Situation, wie er sich in dialektischer Einheit mit dem des Allgemeinen Seins vorstellt, zu reflektieren.[12]

---

11 Wir folgen hier der berühmten (funktionalen) Definition von »Philosophie« durch G. W. F. Hegel, die er in den »Grundlinien der Philosophie des Rechts« vorstellte: »So ist auch die Philosophie ihre Zeit in Gedanken gefaßt. Es ist ebenso töricht zu wähnen, irgendeine Philosophie gehe über ihre gegenwärtige Welt hinaus, als, ein Individuum überspringe seine Zeit... Geht seine Theorie... darüber hinaus, baut es sich eine Welt, wie sie sein soll, so existiert sie wohl, aber nur in seinem Meinen – einem weichen Elemente, dem sich alles Beliebige einbilden läßt« (WW 7, 26). Wir werden uns also hüten, einen utopischen Entwurf einer Zeit auszuziehen, welcher der Neuzeit folgen wird. Ihre Werte und ihre politischen, sozialen, ökonomischen und kulturellen Strukturen sind uns völlig unbekannt.

12 Der in dieser Abhandlung gelegentlich vorgestellte (methodische) Idealismus, nach dem das Denken (innerhalb begrenzter und teils determinierter Konstrukte) das gesellschaftliche Sein bestimmen würde, ist dialektisch

2. Geschichte

Geschichte bezeichnet den Ablauf allen Geschehens. In diesem Sinne gibt es etwa eine Naturgeschichte. Im engeren Sinn bezeichnet der Terminus nur solche Abläufe, die den »duldenden, strebenden und handelnden Menschen« *(Jakob Burckhardt)* betreffen. Der Terminus umgreift damit neben dem tatsächlich (historiographisch erhobenen) Geschehenen auch dessen Darstellung und seine (etwa politischen, kulturellen...) Erklärungen und Verbindungen mit anderem Geschehenen durch die Geschichtswissenschaft, da auch diese Abläufe erzeugt, die den »duldenden, strebenden und handelnden Menschen« betreffen. Dieser grundlegende Subjekt-Objekt-Doppelcharakter ist jeder Geschichte wesentlich. Auch der Geschichtswissenschaftler erzeugt geschichtliche Abläufe. Solche Geschichte übernimmt nach *Karl Jaspers* die Aufgabe, die Gegenwart im Spiegel der Vergangenheit verstehend zu erklären.[13] Unsere Abhandlung wird – im Gegensatz zu *Jaspers* – versuchen, die Vergangenheit im Spiegel der Gegenwart zu verstehen. Im Geschichtsbild erweist sich der grundlegende Subjekt-Objekt-Doppelcharakter der Geschichte. Die reflektierende Deutung in wissenschaftlicher Form geschieht im Vorgriff auf im Prinzip falsifizierbare Arbeitshypothesen als Vorstufen von Erklärun-

---

aufzuheben: Die gesellschaftliche Prozesse regelnden Konstrukte bilden mit den ausgebildeten Strukturen der gesellschaftlichen Gebilde eine dialektische Einheit. Die Elemente sind (a) voneinander unterschieden, können (b) nicht ohne einander sein, und (c) eine Veränderung des einen bedeutet die der anderen Elemente. Die Inhalte des gegenwärtigen Allgemeinen Bewußtseins (etwa die Bedeutung der Sprachzeichen »Freiheit«, »Würde«, »Christentum«, »Marxismus«) sind mit den Methoden der Statistik soziographisch zu erheben. Dagegen können die Sachverhalte des Allgemeinen Seins aus den Strukturen sozialer Systeme (etwa Unternehmen, Kirchen, Parteien, Staatsvölkern), insofern sie die standardisierten Elemente der Basic beliefs und des Corporate behavior betreffen, oft ohne erheblichen statistischen Aufwand ausgemacht werden.

13 Diese Position geht in der Regel davon aus, es sei der Sinn der Geschichte, gesellschaftliches Handeln unter grundsätzlich anderen Bedingungen zu erkennen und zu erklären, um die Gegenwart und ihre Abläufe zu verstehen.

gen. Vorwissenschaftlich muß ein geschichtsmetaphysisches System vorausgesetzt werden. Somit ist Geschichte – wie übrigens alle anderen Wissenschaften auch – eine Wissenschaft, deren Fundamente vorwissenschaftlicher Art sind.[14] Dieses vorwissenschaftliche Apriori jeder Geschichte nennt man zumeist »Geschichtsbild«. Es ist nicht statisch, sondern entwickelt sich mit dem Gegenwartsbewußtsein eines Geschichtswissenschaftlers oder einer geschichtswissenschaftlichen Schule. Fundamental sind

- Kulturzyklentheorien *(Platon, Aristoteles, Polybius, Oswald Spengler, A. J. Toynbee)*,
- Theorien eines linearen Fortschritts (Aufklärung/Fortschritt der menschlichen Zivilisation, Idealismus/Fortschritt der Humanität, Positivismus/Fortschritt wissenschaftlicher Erkenntnis),
- dialektische Theorien (*Hegel, Marx:* Der Fortschritt der menschlichen Gesellschaft vollzieht sich in ständigen Umschlägen, wodurch neue, jeweils höher organisierte Ordnungen die alten ersetzen; Grund des Fortschritts ist der Antagonismus der Klassengesellschaft).

3. Geschichtsphilosophie

Mehr noch als alle anderen philosophischen Disziplinen ist die Geschichtsphilosophie ganz ein Kind der Neuzeit und wird in ihrer neuzeitlichen Gestalt untergehen. Sie vertrat zumeist ein Geschichtsbild, nach dem Geschichte von objektiven (profanen oder religiösen) Gesetzen bestimmt sei, die es mit den Mitteln der Philosophie zu erheben gelte. Eine neue Geschichtsphilosophie mit konstruktivistischem Hintergrund – dieses Buch nimmt für sich in Anspruch, einen ersten Entwurf in dieser Richtung vorzulegen – wird die der Moderne mit erkenntnis-realistischem Apriori ablösen. Doch sei zunächst einmal

---

14 Vgl. dazu Rupert Lay, Einführung in die Wissenschaftsphilosophie, Frankfurt 1990, 34–51.

das Alte, die »klassische« Philosophie der Geschichte, vorgestellt.

Der Sache nach ist eine religiöse Reflexion über Geschichte Grundlage jüdischer Religiosität, die über diese Reflexion ihren Jahweglauben begründete und sicherte. Geschichte als Heilsgeschichte wurde also spätestens seit der »*Babylonischen Gefangenschaft*« im jüdischen Denkraum entwickelt.[15] Der Begriff »Geschichtsphilosophie« wurde von *Voltaire* 1764 in die Sprache der Philosophie eingebracht.[16] Er wollte sich damit von religiösen oder theologischen Interpretationen der Abfolge historiographischer Daten, die sich etwa als »Heilsgeschichte« oder andere Geschichten vorstellen, absetzen. Geschichte beginne nicht etwa mit der des Volkes Israel, sondern irgendwo im Osten (etwa in China). Er wollte Geschichte mit Vernunft verbinden. Die Problematik dieses Unterfangens war schon im gleichen Jahr (1764) *I. Iselin* in seinem Werk »*Philosophische Muthmaßungen über die Geschichte der Menschheit*«, wie der Titel schon sagt, bewußt.[17]

---

15 Die jüdische Elite wurde 597 und 587 v. Chr. (2. Kön 2 f.) nach Babylon zwangsverschleppt. 538 verfügte Kyros II., den Jerusalemer Tempel mit öffentlichen Mitteln wiederaufzubauen (Esra 5,6 bis 6,12). Die Verschleppten durften in mehreren Schüben wieder zurückwandern. Während der »Gefangenschaft« erstanden die geschichtlichen Bücher des A.T. Heilsgeschichte ist sowohl ein jüdisches wie christliches Geschichtsbild.

16 In einer Rezension über D. Humes »Complete History of England« betont er das Bedürfnis seiner Zeit nach einer ausschließlich philosophisch interessierten Geschichte. Œvres complètes hrsg. von Beuchot, Paris 1829–1904, 41, 451. Vgl. dazu und zu folgendem U. Dierse/G. Scholz, Geschichts-Philosophie in HWph 3, S. 416–439. Zu dem Problem der Geschichtsphilosophie siehe meine Ausführungen in: R. Lay, Grundzüge einer komplexen Wissenschaftstheorie II, Frankfurt (Knecht) 1973, 361–382.

17 Der Philosoph sei auf »eine richtige und genaue Erkenntnis des Menschen und seiner mannigfaltigen Verhältnisse« angewiesen. »Aber wie verwickelt ist nicht diese Erkenntnis? Welch ein Unterschied ergibt sich nicht zwischen dem Menschen des Philosophen und dem Menschen des Geschichtsschreibers?« (Einleitung ab der 2. Auflage). M. Mendelsohn rezensiert: »Philosophie und Kenntnis der Geschichte zeigen sich hier in ihrem Triumph... Man unterscheidet gar bald den Weltweisen, welcher dem Faden der Geschichte folgt, und ihn nur da, wo er abgerissen ist, durch Muthmaßungen wieder anknüpft, von dem Systemsüchtigen, der

J. Wegelin, der von 1770 bis 1776 seine *»Philosophie de l'histoi-re«* vortrug, war der Ansicht, daß – ähnlich wie in der Natur – auch in der Geschichte Gesetze herrschten, wie etwa das Gesetz von einem unbestimmten Zusammenhang *(continuité indéfinie)* oder das von einer unbestimmten Mannigfaltigkeit *(diversité indéfinie)* und ihr eine wohldurchdachte Ordnung zugrunde liege. Somit könnten die Kategorien der Assimilation und der Verkettung auf das historische Material angewandt werden.[18] Nichts in der Geschichte geschähe zufällig, und alles unterliege einem allgemeinen Grund. So modifizierte sich in den verschiedenen Systemen nur eine Idee, die durch weitere verändert und ergänzt werden könnte.[19] Insofern und insoweit könne es eine Geschichtsphilosophie geben. Ganz offensichtlich wird hier ein Geschichtsbild zur Würde einer Geschichtsphilosophie erhoben.

Erst *Johann Gottlieb Herders* Schrift *»Auch eine Philosophie der Geschichte zur Bildung der Menschheit«* (1774) definiert »Geschichtsphilosophie«: Sie sei Reflexion über Plan und Ablauf der Geschichte. Offensichtlich setzt *Herders* Geschichtsbild eine planende Instanz voraus. Deutlich setzt er sich von der Position *Iselins* »mit Unwillen und Ekel« ab. Er wendet sich gegen jeden Fortschrittsglauben, der über die Vermutung der ausgezeichneten eigenen Vernünftigkeit zu einer Herabsetzung vorhergehender Epochen führe. Man könne nicht die eigenen Maßstäbe an vergangene Epochen anlegen. Jede Epoche habe ihr Eigenrecht, sei selbstzwecklich und habe ihre eigene Würde. Der Philosoph müsse sich also in sie hineinbegeben, sich in sie hineinfühlen, um sie zu verstehen.[20] Das bedeute

---

seine Gespinste zum Grunde legt und zum Schein hier und da mit Beobachtungen aufstutzt« (Gesammelte Schriften, 1843–1845, 4 II, 522). Auch J. N. Tetens sieht in den »Muthmaßungen« die erste Geschichtsphilosophie: »Der vortreffliche Plan einer allgemeinen Geschichte der Menschheit, die Herr Iselin entworfen, und die erste Linie davon mit scharfem Beobachtungsgeist gezogen hat, ist noch mehr eine Philosophie der Geschichte als Geschichte selbst« (Philosophische Versuche über die menschliche Natur und ihre Entwicklung, 1777, 2, 370).

18 Sur la Philosophie de l'histoire, in: Nouv. Mém. Acad. roy. 1772, 362f., 386.
19 Ibd., 366f., 395.
20 J. G. Herder, Sämtliche Werke, hrsg. von G. Suphan, 1877–1913, 5, 503, 557.

aber keineswegs, Geschichte sei ein chaotischer Ablauf. Ihr liege vielmehr ein »Plan Gottes im Ganzen« vor, der jedoch von keinem Menschen übersehen werden könne. Als Mitspieler in diesem Plan kenne der Mensch nur seine Rolle und nicht das gesamte Schauspiel. Ihm müsse die Geschichte als ein Labyrinth erscheinen. Nur wenn er einen Standpunkt »über der Geschichte« einnehmen könne, sei er in der Lage, deren Harmonie zu erkennen.[21] In den *»Ideen zur Philosophie der Geschichte der Menschheit«* (1784–1791) betont er, der Mensch sei dazu geschaffen, daß er Ordnung suche, daß er einen Fleck der Zeiten übersehe, daß er die Nachwelt auf die Vergangenheit bauen solle, denn dazu verfüge er über Erinnerung und Gedächtnis.[22] Das Prinzip, durch das allein Geschichtsphilosophie möglich werde, sei die Tatsache, daß der Mensch nur durch bewußte Traditionen zum Menschen werde. Es gebe also »eine Erziehung des Menschengeschlechts und eine Philosophie seiner Geschichte so gewiß, so wahr es eine Menschheit, d. i. eine Zusammenwirkung der Individuen gibt, die uns allein zum Menschen machte«[23]. Die Geschichtsphilosophie mache aus den »Trümmern ein Ganzes«, ohne das »alle äußeren Weltbegebenheiten nur Wolken sind oder erschreckende Mißgestalten werden«[24]. Und wiederum sieht er die Rolle des Individuums im Horizont des Ganzen: »Was also jeder Mensch ist und seyn kann, das muß Zweck des Menschengeschlechts seyn, und was ist dies? Humanität und Glückseligkeit auf dieser Stelle, in diesem Grad, als dies und kein anderes Glied der Kette von Bildung, die durchs ganze Geschlecht reicht.«[25] Er schließt also vom Zweck und Ziel des einzelnen Menschen auf Zweck und Ziel der Menschheit.

Immanuel Kant, der 1785 *Herders* »Ideen« rezensiert, wendet ein, »die Bestimmung des menschlichen Geschlechts im

---

21 »Eben die Eingeschränktheit meines Erdpunktes, die Blendung meiner Blicke, das Fehlschlagen meiner Zwecke ... eben das ist mir Bürge, daß ich Nichts, das Ganze aber Alles sey« (Ibd., 5, 513).
22 Ibd., 13, 7 f.
23 Ibd., 13, 345 ff.
24 Ibd., 13, 352 f.
25 Ibd., 13, 350.

Ganzen ist unaufhörliches Fortschreiten, und die Vollendung derselben ist eine bloße, aber in aller Absicht sehr nützliche Idee von dem Ziele, worauf wir der Absicht der Vorsehung gemäß unsere Bestrebungen zu richten haben«[26]. Da nun aber die Menschen nur als Individuen, nicht aber insgesamt ihre Handlungen durch Freiheit und Vernunft bestimmt sein lassen können, scheint es für die Geschichte als Chaos und Unvernunft keine Gesetze und somit auch keine Philosophie zu geben.[27] Andererseits ist die Annahme, in der Geschichte herrsche eine gewisse Ordnung, eine wichtige Voraussetzung für das praktisch-moralische Handeln. Insoweit sei es Aufgabe der Philosophie, zu »versuchen, ob er ... nicht eine Naturabsicht in diesem widersinnigen Gange menschlicher Dinge entdecken könne«[28]. Dieses transzendental-logische Postulat einer irgendwelchen Vernunftordnung unterworfenen Geschichte findet diese Ordnung: Die Natur zwinge den Menschen gerade durch seine »ungeselligen Anlagen«, durch den »Antagonismus« zwischen Individuum und Gesellschaft, sich seiner Vernunft und Freiheit zu bedienen und eine vollkommen »bürgerliche Vereinigung« in der Menschengattung zu erreichen, in welcher er seine Anlagen frei entfalten könne.[29] Damit habe die Geschichte ihr transzendental-logisches Ziel: die das Recht verwaltende bürgerliche Verfassung. Und darüber hinaus einen »weltbürgerlicher Zustand«: den ewigen Frieden zwischen den Staaten. Dieser Weltzustand müsse, wennschon nur »wenige Geschichtszeichen« auf ihn hindeuten, um der Begründung moralischen Verhaltens wegen, mit »Sicherheit erwartet werden«[30]. Der Fortschritt der Geschichte bringe sicher mehr Legalität, keineswegs notwendig aber auch ein Mehr an Moralität.[31]

Der deutsche Idealismus entwickelte verschiedenste Formen der Geschichtsphilosophie, von denen die von *Johann Gottlieb*

---

26 AA 8, 65.
27 Ibd., 8. 17 f.
28 Ibd., 18 und 29.
29 Ibd., 18, 20 f.
30 Ibd., 27.
31 Ibd., 7, 91.

Fichte[32] und *Georg Wilhelm Friedrich Hegel*[33] die bekanntesten sind.

Wichtiger für die Zukunft wurden jene Ansätze, in denen Philosophen der Geschichte reale Gesetze unterstellten, die zu entdecken und zu behandeln Grundlage jeder Geschichtsphilosophie sei. Hier sind etwa zu nennen: *Fr. Maier*[34], *A. Weishaupt*[35], *Fr. Ancillon*[36] und vor allem *Karl Marx.*

---

32 Johann Gottlieb Fichte war der Ansicht, die Geschichtsphilosophie habe die Aufgabe, a priori und völlig unabhängig von empirischen Ergebnissen einen »Weltplan« deduktiv zu entwickeln, der die Hauptepochen der Menschheitsgeschichte in einen Kontext bringe (WW hrsg. von I. H. Fichte [1845/46], 7, 140). Der Inhalt des Weltplans wird gewonnen aus dem Hauptsatz, daß der Zweck des Erdenlebens der Menschen« der sei, »daß sie in demselben alle ihre Verhältnisse mit Freiheit nach der Vernunft« einrichten (ibd., 7).

33 Von Hegel stammt der vielzitierte Satz, nach dem »die Philosophie der Geschichte nicht anderes als die denkende Betrachtung derselben bedeutet« (WW 12, 20). Grundlage seiner Geschichtsphilosophie ist die Annahme, die Vernunft beherrsche die Welt. Der Inhalt der Geschichte sind die Äußerungsformen und die Entfaltungsstufen der Vernunft. Hier erkennt er vier Schritte der Vernunftentfaltung: das orientalische, das griechische, das römische und das germanische Reich (WW 7, 509).

34 Im Unterschied zu Kant vermutete Fr. Maier, daß die Geschichtsphilosophie nicht selbst ein Ideal für den Menschen aufstelle, sondern nach den realen, wennschon verborgenen »Triebfedern der Begebenheiten« und den »inneren Gesetzen«, nach welchen die geschichtlichen Erscheinungen ablaufen, zu forschen habe. Wie auch die anderen Wissenschaften sucht die Geschichtsphilosophie die Regeln und Gesetze aufzufinden, die ihre Abläufe bestimmen. Vgl. Briefe über das Ideal der Geschichte, 1796.

35 A. Weishaupt ist der Ansicht, »daß die Natur im politischen und moralischen, so wie in der physischen Welt nach einerlei Gesetzen wirke«. Das sei der Grund, warum »ein unbefangener philosophischer Geschichtsschreiber« von der Vergangenheit auf die Zukunft schließen könne. Er sei fähig, prognosefähige Theorien über Geschichte zu entwickeln. Vgl. Geschichte der Vervollkommnung des menschlichen Geschlechtes, 1788, 19 f., 23, 35 f. Geschichte ist Weissagung, »Erwartung ähnlicher Fälle ... Sie gründet sich auf der Voraussetzung, daß ähnliche Ursachen ähnliche Wirkungen hervorbringen« (ibd., 40 f.). Gegen Herder behauptet er, daß nicht jede Epoche ihren Zweck in sich selbst habe, sondern vielmehr die Geschichte eine Einheit sei, deren Teile sich im Laufe der Zeit vervollkommnen (ibd., 20 f.). Geschichtsphilosophie impliziert das Wissen um den sicheren Gang des Fortschritts hin zum Besseren (ibd., 39 f.).

36 Fr. Ancillon vertritt die Meinung, daß Geschichtsphilosophie als Erforschung der Zukunft durch die Kenntnis der Ursachen der Vergangenheit

Eine Sonderrolle nimmt die Geschichtsphilosophie *Friedrich Schillers* ein. Er war sich mit *Immanuel Kant* darin einig, daß einer philosophisch konzipierten Geschichte kein realer »Gang der Welt« unterstellt werden könne. Nur unter dem Einfluß des Verstandes füge sich »das Aggregat zum System«[37]. Die Versöhnung von Natur und Freiheit, Individuum und Gesellschaft, d. h. das Ziel der Geschichte und ihre Erfüllung, könne nicht die gesellschaftliche Realität, sondern nur die Kunst erreichen.[38]

Sicherlich finden wir schon vor *Karl Marx* Ansätze, geschichtliche Gesetze nicht auf die Abfolge historiographischer Daten zu beziehen, sondern als Gesetze zu konzipieren, denen alle sozio-ökonomischen Großsysteme unterliegen. Geschichte wird also nicht mehr verstanden als eine Verbindung historiographischer Daten zu Geschichten, sondern als Menge historiographischer Daten, die ein sozio-ökonomisches System nach Sein und Bewußtsein charakterisieren. Die Aufgabe des Geschichtswissenschaftlers bestehe nicht in der Rekonstruktion einer einmaligen geschichtlichen Situation, sondern vielmehr in der Erforschung gesellschaftlicher Wandlungsprozesse.[39]

Karl Marx war gegen *G. W. F. Hegel* der Meinung, daß sich Rechtsverhältnisse und Staatsformen nicht aus der allgemeinen Entwicklung des menschlichen Geistes herleiten lassen, sondern vielmehr »Überbau« ökonomischer Bedingungen seien – und somit als Produktionen des menschlichen Geistes von diesen Verhältnissen und Bedingungen erzeugt würden. Die ökonomischen Bedingungen aber unterlägen allgemeinen Gesetzen.[40] Das Pro-

---

einzig diesen Namen verdiene (Considérations sur la philosophie de l'histoire, 1796, 6). Geschichtsphilosophie sei notwendig, weil sie allein die Frage der Vernunft nach dem Endzweck alles Geschehens und nach der letzten Bestimmung der Menschheit beantworten könne (ibd., 7 f.). Ziel der Geschichte sei das Maximum von Moralität, zu dem endliche Wesen fähig seien, entfalten (ibd., 32).

37 Fr. Schiller, Was heißt und zu welchem Ende studiert man Universalgeschichte?, 1789 WW hrsg. von Fricke/Göppert 4, 763 f.
38 Briefe über die ästhetische Erziehung des Menschen, 1795.
39 Vgl. dazu: R. Lay, Grundzüge, a. a. O., 539–544.
40 »Auch wenn eine Gesellschaft dem Naturgesetze ihrer Bewegung auf die Spur gekommen ist – und es ist der letzte Endzweck dieses Werkes

blem einer kapitalistischen Ordnung sei es, dem anlagebereiten Kapital eine zufriedenstellende Rendite zu sichern. Dazu schuf sich das Kapital zunächst Monopole (gute Renditen über Monopolgewinne), dann zwang es die politischen Großsysteme, Kolonien zu erobern, um sich neue Märkte zu erschließen, endlich bemächtigte es sich des Staates, der mit Subventionen und Zöllen dem Kapital zureichende Renditen sichern sollte. Diese Methode, dem anlagewilligen Kapital befriedigende Renditen zu garantieren, sei aber die letzte, denn sie führe zu einer Staatsverschuldung ohnegleichen, die zunächst den Staat handlungsunfähig mache, dann aber auch die Subventionsquelle selbst abwürge.

Karl Marx war der Name »Geschichtsphilosophie« suspekt, wegen der theologischen und metaphysischen Belastungen, die dieser Begriff im Verlauf des Deutschen Idealismus auf sich geladen habe. Sie müsse aufgegeben werden, um die wirkliche Geschichte zu begreifen. Dennoch entwickelte *Marx* eine ausgesprochen ausgefeilte Geschichtsphilosophie, die später unter dem Namen des »Historischen Materialismus« gefeiert und verurteilt wurde.

Wegen der Bedeutung der *Marxschen* »Geschichtsphilosophie« – sie ist die einzige, die ernsthaft mit unserem Ansatz vom Ende der Neuzeit konkurrieren kann – seien hier deren wesentlichste Gesetze angeführt[41]:

(Marx spricht hier von seinem ›Kapital‹), das ökonomische Bewegungsgesetz der modernen Gesellschaft zu enthüllen –, kann sie naturgemäß Entwicklungsphasen weder überspringen noch wegdekretieren. Aber sie kann die Geburtswehen abkürzen und mildern« (Das Kapital, Vorrede zur ersten Auflage, MEW 23, 15 f.). Die jetzige Gesellschaft sei »kein fester Kristall, sondern ein umwandlungsfähiger und beständig im Prozeß der Umwandlung begriffener Organismus«, der festen Entwicklungsregeln auf ein bestimmtes Ziel hin folge (ibd., 16). Die modernen Theorien der Nationalökonomie scheinen insoweit dem Irrtum Marxens zu folgen.

41 »Meine Untersuchungen münden in dem Ergebnis, daß Rechtsverhältnisse wie Staatsformen weder aus sich selbst zu begreifen sind noch aus der sogenannten allgemeinen Entwicklung des menschlichen Geistes, sondern vielmehr in den materiellen Lebensverhältnissen wurzeln, deren Gesamtheit Hegel ... unter dem Namen ›bürgerliche Gesellschaft‹ zusammenfaßt, daß aber die Anatomie der bürgerlichen Gesellschaft in der politischen Ökonomie zu suchen sei ... Das allgemeine Resultat, das sich mir ergab und, einmal gewonnen, meinen Studien zum Leitfaden diente, kann kurz so

- In der gesellschaftlichen Produktion ihres Lebens gehen die Menschen bestimmte, notwendige, von ihrem Willen unabhängige Verhältnisse, Produktionsverhältnisse,[42] ein, die einer bestimmten Entwicklungsstufe ihrer materiellen Produktivkräfte[43] entsprechen. Für *Marx* ist die Ausbildung und Entfaltung des personalen Lebens eine »gesellschaftliche Produktion«, ist doch das Wesen eines Menschen das »Ensemble der gesellschaftlichen Verhältnisse«[44].

- Die Gesamtheit dieser Produktionsverhältnisse bildet die ökonomische Struktur der Gesellschaft, die reale Basis, worauf sich ein juristischer und politischer Überbau erhebt und welcher bestimmte gesellschaftliche Bewußtseinsformationen entsprechen.[45] Der juristische und politische Überbau,

formuliert werden: In der gesellschaftlichen Produktion ihres Lebens...« Es folgen die angeführten Thesen, weitgehend wörtlich zitiert nach MEW 13, 8 f.

42 »Produktionsverhältnisse« sind definiert als soziale Systeme, deren Strukturen die Art der gesellschaftlichen Produktion und Distribution bestimmen. Dazu gehören vor allem die Eigentumsverhältnisse, die Verhältnisse, unter denen getauscht wird (Werk-, Kauf-, Dienstverträge), die Weisen der Arbeitsteilung, Verteilungsverhältnisse und schließlich die Herrschaftsverhältnisse.

43 »Produktivkräfte« sind entweder sachlich-gegenständlich wie Wissenschaft, Produktionsmittel (Rohstoffe, sonstige Materialien, Maschinen, Energie), Technik, Organisation oder Personal (wie Menschen, die produzieren, verteilen, Strategien erdenken...).

44 So in der sechsten These gegen Feuerbach, in WW II, 3.

45

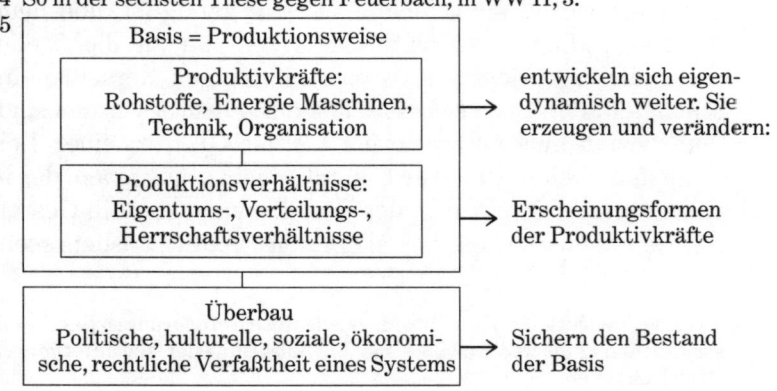

wie sie von Gesetz und anderen Staatsaktivitäten besorgt werden, haben also den vorzüglichsten Zweck, die ökonomische Struktur, wie sie sich in den Eigentums- und ökonomischen Herrschaftsverhältnissen vorstellt, zu sichern.

- Die Produktionsweise des materiellen Lebens (des Seins) bedingt den sozialen, politischen und geistigen Lebensprozeß überhaupt. So wie wir Menschen als soziale Wesen hervorgebracht wurden durch die Interaktionen, die wir mit anderen Menschen erlebten, wird durch diese unsere soziale, politische und geistige Orientierung bestimmt.

- Auf einer gewissen Stufe ihrer Entwicklung geraten die materiellen Produktivkräfte der Gesellschaft in Widerspruch mit den vorhandenen Produktionsverhältnissen... Aus Entwicklungsformen der Produktivkräfte schlagen diese Verhältnisse in Fesseln derselben um. Es tritt dann eine Epoche sozialer Revolutionen ein. Die bestehenden Eigentums- und Herrschaftsverhältnisse passen nicht mehr zu den ökonomischen Möglichkeiten und Chancen. Im Gegenteil, sie behindern den ökonomischen Fortschritt. Deshalb müssen sie revolutionär überwunden werden. »Revolution« bedeutet bei *Marx* nicht nur den gewalttätigen Umsturz, sondern jede qualitative Veränderung der Weisen, wie Menschen miteinander umgehen und wie sie denken.

- Mit der Veränderung der ökonomischen Grundlage wälzt sich der ganze ungeheure Überbau langsamer oder rascher um.[46]

- Eine Gesellschaftsform geht nie unter, bevor alle Produktivkräfte entwickelt sind, für die sie weit genug ist, und neue höhere Produktionsverhältnisse treten nie an die Stelle, bevor die materiellen Existenzbedingungen derselben im Schoß der alten Gesellschaft selbst ausgebrütet worden sind. Dem Sozialismus muß also ein bis zur Grenze seiner Leistungsfähigkeit entfalteter Kapitalismus vorausgehen, der in sich schon die Strukturen des Sozialismus – etwa in Gestalt von Genossenschaften, vor allem von Produktionsgenossen-

---

46 »Soziale Revolutionen« sind für Marx qualitative Änderungen des gesellschaftlichen Seins und Bewußtseins. Sie müssen weder gewalttätig noch schnell ablaufen.

schaften – entwickelte. Diesem Sachverhalt suchte *Lenin* mit bekanntem Mißerfolg ein Schnippchen zu schlagen.

- Die bürgerlichen Produktionsverhältnisse sind die letzte antagonistische Form des gesellschaftlichen Produktionsprozesses, antagonistisch nicht im Sinne von individuellem Antagonismus, sondern eines aus den gesellschaftlichen Lebensbedingungen der Individuen hervorwachsenden Antagonismus. Da in der letzten Stufe des Kapitalismus alle zu Arbeitern werden, besteht die Spannung zwischen Arbeitern und dem sie ausbeutenden ökonomischen System. Die Ausbeutung hat somit ihre abstrakteste Form gefunden. Sie kann sich nicht weiterentwickeln, sondern nur zugrunde gehen.
- Aber die im Schoß der bürgerlichen Gesellschaft sich entwickelnden Produktivkräfte schaffen zugleich auch die materiellen Bedingungen zur Lösung dieses Antagonismus.
- Mit dieser Gesellschaftsform schließt daher die Vorgeschichte der menschlichen Gesellschaft ab.

Darauf folgen die drei Phasen des Sozialismus: die Diktatur des Proletariats,[47] der Sozialismus im engeren Sinne und endlich der Kommunismus. »Dieser Kommunismus ist als vollendeter Naturalismus = Humanismus, als vollendeter Humanismus = Naturalismus, er ist die wahrhafte Auflösung des Widerstreits zwischen dem Menschen mit der Natur und mit dem Menschen, die wahre Auflösung des Streits zwischen Existenz und Wesen, zwischen Vergegenständlichung und Selbstbestätigung, zwischen

---

47 Dazu schreibt K. Marx: Der Kommunismus in seiner ersten Gestalt kennt nur das allgemeine Privateigentum (später wird Lenin ein solches ökonomisches System »Staatskapitalismus« nennen). »Einmal ist die Herrschaft des sachlichen Eigentums so groß..., daß er alles vernichten will, was nicht fähig ist, als Privateigentum von allen besessen zu werden; er will auf gewaltsame Weise von Talent etc. abstrahieren... Die Bestimmung des Arbeiters wird nicht aufgehoben, sondern auf alle Menschen ausgedehnt... Dieser Kommunismus – indem er die Persönlichkeit des Menschen überall negiert – ist eben nur der konsequente Ausdruck des Privateigentums... Der allgemeine und als Macht sich konstituierende Neid ist die versteckte Form, in welcher die Habsucht sich herstellt und nur auf eine andere Weise (als im Kapitalismus) sich befriedigt« (MEGA I, 3, 112).

Freiheit und Notwendigkeit, zwischen Individuum und Gattung. Er ist das aufgelöste Rätsel der Geschichte und weiß sich als diese Lösung.«[48] *Marx* nennt nicht zufällig seine philosophische Theorie »Naturalismus«.

Der weitere Verlauf der Geschichtsphilosophie ist sicherlich weitgehend als Reaktion auf den Historischen Materialismus zu verstehen. Hier seien einige Positionen vorgestellt, denen allen gemeinsam ist, daß sie – gegen *Marx* – einen objektiven Sinn von Geschichte leugnen. Wir wählen vor allem solche Autoren aus, die als Vorläufer einer konstruktivistischen Geschichtsphilosophie gelten können.

- *Golo Mann* bestimmte Geschichtsphilosophie idealistisch: Sie sei Geist und Wille des Historikers, »kraft dessen er Tatsachen auswählt, denn es gibt immer unendlich viele Tatsachen, die er anordnet, bewertet und so etwas Lesbares und Sinnvolles zusammenbringt«[49]. Wichtig ist die Einsicht, daß Geschichte stets implizit ein Verfügen über eine bestimmte Geschichtsphilosophie (bzw. über ein bestimmtes Geschichtsbild) voraussetzt, welche der Erzählung von der Abfolge historiographischer Ereignisse erst Sinn gibt. Geschichte erhält also erst Sinn von den meist unreflektierten Sinnvorgaben des Historikers her.
- *Karl Löwith* ist der Ansicht, die Annahme, die Geschichte der Menschheit sei eine ziellose Bewegung ohne jeden Sinn, sei problematisch. »Die Rede von der Sinnlosigkeit ist ... zwei-

---

48 MEGA I, 3, 114. Marx ist der Meinung, daß sich die vier im Kapitalismus miteinander unversöhnten Pole des dialektischen Vierecks:

Natur ⊠ Arbeit im Kommunismus in Harmonie bringen.
Person ‾‾‾ Gesellschaft

49 Die Grundprobleme der Geschichtsphilosophie von Plato bis Hegel, in: L. Reinisch (Hrsg.), Der Sinn der Geschichte, München (4. Aufl.) 1970, 11. Geschichtsphilosophie wird von G. Mann konzipiert als »spekulative, schöpferische Ansichten über die Geschichte des Menschen als Ganzes, über ihren geheimen Sinn, ihren Zusammenhang, über die in ihr wirkenden Kräfte, Gesetze und Rhythmen« (ibd., 13).

deutig. Sie kann bedeuten, daß die Geschichte keinen Sinn hat; sie kann aber auch positiv bedeuten, daß wir die Frage nach dem Sinn losgeworden sind... weil wir nicht von der Geschichte erwarten, daß sie dem Leben des Menschen einen Sinn geben könnte, den es nicht auch ohne sie haben oder missen könnte.«[50] Das ist gegen *Marx* gerichtet. Gegen *Hegel* argumentiert er, daß die Annahme einer in Geschichte waltenden Vernunft fürchterliche Ereignisse wie Kriege, Revolutionen, Agonien von Völkern und Staaten vernünftig machen würde als Schritte auf dem Wege zu deren Ziel.[51] Die Geschichtsphilosophie habe, »trotz ihrer posthumen Verwandtschaft mit *Marx*, kein Dogma«, Geschichte unter Sinn und Gesetz zu bringen.[52] *Löwith* akzeptiert also keinen objektiven Sinn von Geschichte, sondern kennt ebenfalls nur die Sinnbegabung durch den Historiker.

- *Rudolf Bultmann* vermutet, das moderne Interesse am Problem der Geschichte rühre daher, daß dem Menschen seine Geschichtlichkeit so dringend ins Bewußtsein gebracht werde, als »seine Abhängigkeit, ja, sein Ausgeliefertsein an den Prozeß des geschichtlichen Geschehens«[53]. Das beleidigt den von der Machbarkeit seiner Welt überzeugten Menschen. Er muß auch der Geschichte das Gesetz des Handelns aufprägen können. Er muß ihr Sinn geben, um nicht mit dem Unsinn an den Grenzen (oder gar im Innen) des eigenen Selbstbewußtseins konfrontiert zu werden. So bleiben zwei Wege: der in

---

50 Vom Sinn der Geschichte, in R. Reinisch, a. a. O., 32. Vgl. auch K. Löwith, Mensch und Geschichte, in: Gesammelte Abhandlungen, Stuttgart 1960, 152–178.
51 Ibd., 24.
52 Ibd., 47 f. »... weil die nichtmarxistische Philosophie keine Doktrin hat, kann sie auch nicht die Massen indoktrinieren. Das ist ihr Vorzug und ihr Nachteil. Geschichtlich gedacht, ist es ein offenkundiger Nachteil, philosophisch und menschlich gedacht, ist es ein unscheinbarer Vorzug. Dieser Vorzug der Dogmenlosigkeit oder, positiv gesagt: der Skepsis, ist aber nur dann in Anspruch zu nehmen, wenn man bereit ist, auch die dogmatischen Voraussetzungen des nichtmarxistischen Denkens in Frage zu stellen« (ibd., 48).
53 Das Verständnis der Geschichte im Griechentum und im Christentum, in: L. Reinisch, a. a. O., 50.

den Nihilismus oder der in das Glauben, daß ein Gott Herr auch der Geschichte sei. »Damit ist ein Doppeltes gesagt: 1. der Gedanke der Einheit der Geschichte und 2. die Überzeugung, daß die Geschichte einen Sinn hat.«[54] Doch kann die Frage nach dem Sinn der Geschichte von uns nicht beantwortet werden »als die Frage nach dem Sinn der Gesamtgeschichte. Denn wir stehen nicht außerhalb der Geschichte, um sie als ganze überblicken zu können. Der Sinn der Geschichte liegt vielmehr stets in der Gegenwart. Indem der Mensch die Verantwortung, in die er jetzt gestellt ist, erfaßt, erfaßt er den Sinn der Geschichte.«[55]

- *Theodor Litt* vermutet, daß ein Mensch, der Geschichte Sinn abspricht, sich in Widersprüche verwickle. Ein Mensch, der seinem individuell-geschichtlich-gewordenen Leben Sinn gibt, wird auch der allgemeinen Geschichte Sinn geben müssen. Die Frage nach dem geschichtlichen Werden des Fragenden erklärt sich »im nachweislichen Zusammenhang mit den Eindrücken und Erfahrungen dieses Werdens... Ein Gesamtgeschehen, aus dessen Schoß sich die historische Sinnfrage entbunden hat, das durch sich die Frage hervorgetrieben und umgehbar gemacht hat, kann doch unmöglich als jedes Sinnes bar bezeichnet werden.«[56] Sinn aber wird nur gefunden in der Ablösung vom bloß Faktischen und der Hinwendung zum Sozialen.[57] Geschichte handelt über Menschen als Handelnde. Und Menschen handeln sinnvoll oder sinnlos, in jedem Fall aber auf Sinn bezogen. Insoweit muß auch Geschichte Sinn haben.[58] Der Sinn der Geschichte ist der Sinn meines Lebens. Man kann den Sinn der Geschichte erkennen aus dem Sinn, den ein Mensch seinen Geschichten gibt.
- *Arnold Joseph Toynbee* ist der Meinung, aus der Tatsache, daß sich die Menschheit bisher nicht umgebracht habe, folge

---

54 Ibd., 56.
55 Ibd., 64 f.
56 Die Selbstbesonderung des Sinns der Geschichte, in: L. Reinisch, a. a. O., 67.
57 Ibd., 70.
58 Ibd., 73.

nicht, daß Geschichte einen zu erfüllenden Sinn habe.[59] Die politische Geschichte der letzten 5000 Jahre scheint zwar ein Paradebeispiel der Sinnlosigkeit zu sein. Daraus aber folgt allenfalls, daß die historische Welt unvollkommen ist, nicht aber ihre Sinnlosigkeit.[60] Solange wir uns des Ausgangs der Menschheitsgeschichte unsicher sind, muß die Frage nach einem objektiven Sinn offenbleiben. »Sobald wir das Ergebnis wissen, können wir vielleicht besser als heute sagen, ob Geschichte sinnvoll oder sinnlos ist.«[61] Bemerkenswert ist, daß *Toynbee* von *Marx* den Gedanken übernimmt, daß Geschichte nicht erststellig den Sinn habe, Welt zu erklären, sondern sie zu verändern.

- *Karl Popper* stellt lakonisch fest: »Die Geschichte hat keinen Sinn, das ist meine Behauptung.«[62] Sinn kann verstanden werden als etwas, das aufgefunden werden kann, oder als etwas, das man einer Ereignisfolge gibt. Popper läßt nur die Sinngabe zu: »Anstatt nach einem verborgenen Sinn der Geschichte zu fragen, müssen wir der Geschichte einen Sinn geben. Wir müssen der politischen Geschichte eine Aufgabe stellen – und damit uns selbst. Statt nach einem... verborgenen Sinn oder Ziel der politischen Weltgeschichte zu fragen, müssen wir uns selbst fragen, welche Ziele der politischen Weltgeschichte sowohl menschenwürdig als auch politisch möglich sind.«[63] Geschichte lehrt, daß solche Sinnbegabung nicht sinnlos sei, sondern oft erhebliche Wirkungen habe: Sie könne Geschichte machen.[64] Auch hier begegnen wir der Aufforderung, unserer eigenen wie der »großen Geschichte« Sinn zu geben.

---

59 Sinn oder Sinnlosigkeit, in: L. Reinisch, a. a. O., 85 f.
60 Ibd., 86. Begriffe wie »Unvollkommen« verweisen immer schon auf Sinn.
61 Ibd., 99.
62 Die offene Gesellschaft und ihre Feinde II, Bern (Franke) [2]1970, 334.
63 Selbstbefreiung durch das Wissen, in: L. Reinisch, a. a. O., 102. Die geistige Selbstbefreiung geschieht durch die Kritik an den eigenen Ideen (ibd., 115). Vgl. auch: Offene Gesellschaft, a. a. O., 345.
64 Selbstbefreiung, a. a. O., 111.

Fassen wir also zusammen:

1. These: Jeder Geschichtsschreibung liegt zwingend eine Philosophie der Geschichte und dieser ein vorwissenschaftliches Geschichtsbild zugrunde. Beispiel: der Historikerstreit über die kriminelle Einmaligkeit der Judenvernichtung durch die Nazis.

2. These: Jede Sinnbegabung von Geschichte ist entweder ideologisch (Judentum, Christentum, Marxismus) oder chaotisch (geschieht gemäß individuellen Erfahrungen, Bedürfnissen, Erwartungen, Interessen, Werteinstellungen, Indoktrinationen).

2. Kapitel
Das Problem historischer Epochen

Wir sprechen vom Ende der Neuzeit und machen uns damit ein historisch-philosophisches Einteilen zu eigen, das nicht ganz unumstritten ist. Die Einteilung des europäischen Denkens in bislang drei Epochen (Altertum, Mittelalter und Neuzeit) zeichnet bestimmte gegeneinander als Konstrukte[65] abgrenzbare Perioden. Diese Abgrenzungen unterliegen dem strengen Präsentismus aller Konstrukte. Alle Konstrukte, die wir uns machen, bestehen immer nur in der Gegenwart ihres Erkennens (= präsentisch). Also sind die vermeintlichen Rekonstrukte von Vergangenheit immer »nur« Konstrukte im Jetzt. Wenn wir ein Konstrukt etwa von »Neuzeit« bilden, muß uns bewußt bleiben, daß dieses Konstrukt nur insoweit objektiv gültig ist, als es sich

---

65 Wir vertreten hier einen erkenntnistheoretischen Konstruktivismus. Er ist die einzige nichtfalsifizierte Erkenntnistheorie. Dabei beschränken wir uns in der Regel auf Konstrukte, die über sprachvermittelte Erkenntnis erzeugt werden. Mit guten Gründen erklärt er Erkenntnis des Sosein von Sachverhalten als durch unser kognitives System konstruiert und nicht – wie in den klassischen Erkenntnistheorien vertreten – als Rekonstruktion einer Wirklichkeit, von der uns unsere Sinneserkenntnis Kunde gibt. Der Konstruktivismus nimmt an, daß »Wirklichkeit« von unserem kognitiven System konstruiert wird, und zwar nach den immanenten Regeln und Inhalten dieses Systems. Dieser erkenntnistheoretische Konstruktivismus will – im Gegensatz zu einer konstruktivistischen Kognitionstheorie, welche die Frage nach dem Wie der Erkenntnis zu beantworten versucht – das Was (das Sosein) des Erkannten ausmachen. Dazu ist es nötig, transzendental-logisch zu postulieren, daß unser kognitives System nicht nur real existiert, sondern auch in der Lage ist, (a) seine eigenen Soseins-Zustände im wesentlichen zutreffend zu erkennen, und (b) reale Interaktionen existieren, deren Sosein (nach Existenz und Qualität) ebenfalls – innerhalb gewisser Grenzen – zutreffend erkannt werden können. Der erkenntnistheoretische Konstruktivismus akzeptiert das Dasein der durch Affektion der Sinnesorgane ausgemachten Sachverhalte. Ihr Dasein zu problematisieren ist keine Aufgabe der Erkenntnistheorie – es handelt sich vielmehr um ein psychopathologisches Problem. Insofern jedoch das

um eine Konstruktion und nicht etwa um eine Rekonstruktion eines Sachverhaltes handelt, der »an sich«, außerhalb unserer Erkenntnis existieren würde. An sich sind alle Konstrukte sehr individuell. Doch ist es möglich, über Rekursionen[66] eine Annäherung der sprachvermittelten Konstrukte bei einer Mehrheit von Menschen zu erreichen. Sie bilden eine »Schule«. (Mehr über das Thema »Präsentismus« wird im folgenden Kapitel vorgestellt.)

So ist denn auch verständlich, daß viele universalgeschichtliche Darstellungen auf jede Periodisierung verzichten, obschon sie zu einer Zeit geschrieben wurden, in der sich die klassisch gewordene Dreiteilung Altertum, Mittelalter und Neuzeit umgangssprachlich schon durchgesetzt hatte. Nimmt man den Präsentismus ernst, scheinen Epochen als reine Konstrukte ohne jeden Wissenschaftsanspruch zu sein. Erst der Konstruktivismus erklärte alle unsere Erkenntnis – auch alle wissenschaft-

---

Sosein von jedem Menschen anders konstruiert wird – wie leicht über soziographische oder hirnphysiologische Untersuchungen festzustellen –, läßt der Konstruktivismus keine »allgemeingültig-wahren« Aussagen zu, es sei denn, es handele sich um Sachverhalte, die vom Hypothalamus dem Großhirn gemeldet werden (Durst, Hunger, Schmerz, Sex ...). Ein Konstrukt gilt als brauchbar, wenn es zwei Bedingungen erfüllt: 1. Die von ihm geleiteten Handlungen erzeugen keine Widerstände und sind 2. biophil, d. h., sie mehren eigenes und fremdes personales Leben eher, als daß sie es mindern. Für das geschichtsphilosophische Erkennen bedeutet das, daß sich – meist nach einigen Rekursionen – mehrere Menschen so verständigen können, daß, bei entsprechendem Interesse, Widerstände gegen eine bestimmte Interpretation eines historiographischen Ereignisses erkannt und analysiert werden. Widerstände führen also zu rekursiven Interaktionen, die im günstigsten Fall die Widerstände auflösen und zu einem gemeinsamen Handeln führen, das nur durch Konsens erklärt werden kann. Eine weitere Bedingung für die »objektive Gültigkeit« eines Konstrukts sind die von ihm ausgehenden Handlungsfolgen. Sind sie präsentisch-biophil, spricht alles für die »Realitätsdichte« des Konstrukts.

66 In der Sprachphilosophie bezeichnet »Rekursion« eine Form der Interaktion, in der die Interagierenden auf eine Position zurückgehen, auf der sie Konsens finden, und von hierher argumentativ weiter interagieren, bis sie den zuvor strittigen Punkt erreicht haben. Es kann sein, daß die Konsensbahn nicht bis zu diesem Punkt durchgezogen werden kann. Dann bleibt ein Restdissens übrig. Ist keine Rekursion möglich, ist auch ein Interagieren über den strittigen Sachverhalt sinnvoll.

liche – für konstruiert. Somit ist eine Geschichtsphilosophie, die mit Epochen arbeitet, zwar nicht »allgemein-verbindlich«, wohl aber im Horizont eines Geschichtsbildes und einer Geschichtsphilosophie zu vertreten.[67] Man kann also nicht behaupten, diesen Abgrenzungen entsprächen »objektive historische Realitäten«. Wenn wir Epochen gegeneinander abgrenzen, kann das nur bedeuten, daß sich in bestimmten gegeneinander abgrenzbaren Zeiten verschiedenartige kollektive Konstrukte über politische, ökonomische, soziale und kulturelle Sachverhalte ausbildeten. Diese verschiedenen kollektiven Konstrukte objektivieren sich in ökonomischen, politischen, sozialen und kulturellen Interaktionen und Institutionen. Die Kollektivierung geschieht mittels ähnlicher Sozialisation[68] in bestimmte sozioökonomische Systeme. Deren Werte werden übernommen. Abgrenzungen von Epochen bedeuten also Abgrenzungen von politischen, ökonomischen, sozialen und kulturellen Werten und den daraus folgenden Änderungen von Normen, Rollen und Institutionen.

Diesen geschichtlichen Konstrukten liegen, wie allen anderen sprachvermittelten, Interaktionen zugrunde. Diese können edukatorischer Art sein – oder aber historiographische Zeugnisse von vergangenen Interaktionen, die man als Interaktionsfolgen (Kunst, Institutionen, Münzwesen, Gebräuche, Sprache, Wirtschaft, Religion…) objektivieren kann. Diese Interaktionsfolgen lassen sich unmittelbar (wie bei Kunstwerken, Münzwesen,

---

67 Die Einteilung in Epochen wurde vor allem abgelehnt von François Voltaire (Essai sur l'histoire général et sur le mœurs et l'esprit des nations, 1756), Eduard Gibbon (Geschichte des Verfalls und Untergangs des Römischen Reiches, 1776–1788), Leopold von Ranke (Weltgeschichte, 1881 bis 1888) und Jacob Burckhardt (Weltgeschichtliche Betrachtungen, 1905).

68 Wir unterscheiden drei Typen der Sozialisation in soziale (sozioökonomische wie soziokulturelle) Systeme hinein: 1. die primäre (vor allem des Elternhauses im frühen Kindesalter), 2. die edukatorische (im Verlauf der allgemeinen und berufsbezogenen Ausbildung) und 3. die berufliche (im Verlauf der Integration in ein berufliches Umfeld). Die quartäre Sozialisation, die zur Ausbildung stabiler privater intimer partnerschaftlicher Bindungen führt, ist nur begrenzt an soziokulturellen Normen orientiert und muß sich weitgehend selbst ihre Spielregeln erarbeiten. Ähnliches gilt auch für quintäre Sozialisation, die in der Ausbildung von Kommunikationsgemeinschaften geschieht. Hier ist die primäre gemeint.

Sprachzeugnissen) oder mittelbar (aus von Institutionen ausgehenden Aktivitäten, aus dem ökonomischen Vertragswesen, aus den religiösen Aktivitäten und Zeugnissen) als historiographische Daten erheben. Da über solche historiographischen Ereignisse eine offene Menge von Verbindungen, Erklärungen und Modellbildungen möglich ist, kann es – im Sinne des Konstruktivismus – keine Geschichte geben, die sich anders versteht denn als Singular von Geschichten. Jeder, der sich mit Geschichte beschäftigt, macht seine Geschichte vor dem meist unreflektierten Anspruch seines Geschichtsbildes und seiner Geschichtsphilosophie. Kollektivierte Geschichten produzieren im Präsens scheinbar vergangene Strukturen sozialer Systeme und Epochen. Eine der gängigsten Geschichten unterscheidet Altertum, Mittelalter und Neuzeit. Wir behaupten also nicht, daß diese drei Epochennamen »objektive Perioden« des europäischen Denkens und Handelns bezeichnen.[69]

Der Hang zu periodisieren hat eine lange Geschichte. Soweit im Altertum periodisiert wurde, nannte man Metallepochen: Gold, Silber, Erz, Eisen.[70] *Joachim von Fiore* unterschied gegen Ende

---

69 »Trotzdem wurde und wird ihnen – nie unbestritten – zugemutet, Perioden der Weltgeschichte objektiv und gelegentlich sogar extensiv zu bezeichnen. Dies geschieht jedoch erst seit einer bestimmten Zeit, löst mithin andere Einteilungen ab oder konkurriert mit ihnen und stützt sich trotz des universalen Anspruchs gewöhnlich auf eine begrenzte Ereignisfolge innerhalb einer begrenzten Region, ist also erklärungsbedürftig« (H. Günther in HWPh 6, 782).

70 Diese Einteilung, die auch im Buch Daniel (2,31–45, hier: Gold, Silber, Bronze, Eisen und Ton) vorgestellt wird, wird wohl von altbabylonischen Vorstellungen vom Weltenjahr und seinen Jahreszeiten hergeleitet sein. Nicht selten ist damit die Utopie der Wiederkunft des »Goldenen Zeitalters« verbunden. Vgl. dazu H. Fränkel, Die Zeitauffassung in der frühgriechischen Literatur, in: Wege und Formen frühgriechischen Denkens, 1955, 1–22; F. Bolz/C. Bezold, Sternglaube und Sterndeutung, 5. Aufl. 1966.
Hippolyt († um 235 auf Sardinien) schrieb einen Kommentar zum Danielbuch, in dem er die Einteilung dieses Buches in vier Zeitalter übernahm. Auf das babylonische folgten das persisch-medische, das makedonische und das Römische Reich. Damit gewann das Römische Reich eine Stellung, die bis zum Ende der Zeiten dauern werde. Gegen diese Verherrlichung Roms wehrte sich Augustinus (etwa in seinem Kommentar zum Ps. 90,4 – PL 37, 1163).

des 12. Jahrhunderts drei Epochen nach religiösen Kategorien: das Zeitalter des Vaters (Altes Testament, Gesetz, Israel), das Zeitalter des Sohnes (Neues Testament, Gnade, Kirche) und das Zeitalter des Heiligen Geistes (das zukünftige nachkirchliche Reich der Liebe).

Jede Periodisierung kann nur auf historiographisch erhobene Daten, die mittelbar oder unmittelbar als Interaktionsfolgen verstanden werden müssen, zurückgreifen. Dabei bleiben wichtige Lebensbereiche unerreichbar – alle jene, die sich nicht in historiographischen Daten niederschlugen. Man kann davon ausgehen, daß selbst die Interaktionen, die zur Ausbildung historiographischer Daten führten, nur virtuell (also ein Kunstsprachspiel bildeten, das niemals als solches gespielt wurde) existierten. Das »So tun, als ob« gehört hierher. So mag das Verhältnis von Herrschenden (welche die meisten historiographischen Daten erzeugten) zu ihren Untertanen durch das Wort der Untertanen gekennzeichnet sein: »Wir tun so, als ob wir euch glaubten; ihr tut so, als wenn ihr damit zufrieden wäret.«[71]

1. Zur Geschichte der Begriffe Altertum, Mittelalter, Neuzeit

- Das Wort »Mittelalter« taucht in Abgrenzung von einer Zeit, die sich selbst als Neuzeit verstand, vermutlich erstmals 1514 auf. Es steht auf der ersten von *Jacobus Faber Stapulensis* verfaßten Seite der Gesammelten Werke des *Nikolaus von Kues.*[72]

---

71 Vor allem der russische Historiker Aron Gurjewitsch beschäftigte sich mit den auf den ersten Anschein spurlos verlorengegangenen »Weltbildern der Unwissenden«. Er verweist u. a. auf den »Heliand«, eine sächsische Evangeliengeschichte, die um 850 den Volksglauben darstellt und in weitgehendem Widerspruch zum offiziellen Glauben der Vulgata steht: Jesus wird geschildert als Volkskönig mit Land, Burgen, Vasallen, der gegen das Böse kämpft.

72 1514 übersetzte H. Schedel in seiner berühmten »Schedelschen Weltchronik« den Begriff »media tempestas« nicht. Er galt ihm also als Fachterminus. Die »Neuzeit« wird jedoch als »Newe zeit« vorgestellt.

- 1519 verwendet *Beatus Rhenanus* in seiner Edition der Germania des *Tacitus* den Begriff »*media aetas*« ebenso schon als Fachterminus.[73]
- Die klassische Unterscheidung von Altertum, Mittelalter und Neuzeit findet sich zuerst bei *Chr. Keller.* Das Altertum (historia antiqua) reicht bis *Konstantin;* das Mittelalter (historia medii aevi) behandelt die zwölf Jahrhunderte byzantinischer Kaisergeschichte; die Neuzeit (historia nova) beginnt mit dem 16. Jahrhundert (mit der Reformation und der Vertreibung der Mauren aus Spanien), weil von jetzt an die Zeiten »an denkwürdigen Ereignissen, deren Kenntnis zur politischen Klugheit nützlich ist, fruchtbarer sind«[74]. Die Häufung wichtiger Daten führte dazu, daß nicht wenige mit ihnen die Neuzeit beginnen ließen:[75]
  - 1445 erster Druck mit beweglichen, gegossenen Metallbuchstaben durch *Gutenberg* in Mainz.
  - 1453 Eroberung Konstantinopels durch den türkischen Sultan *Mehmet II.*
  - 1492 »Entdeckung Amerikas« durch *Christoph Kolumbus* und die Eroberung Granadas durch die Christen.

---

73 Es folgen bald Johann Herwagen (1531: media tempora) und viele andere. Vgl. dazu P. Lehmann, Vom Mittelalter und der lateinischen Philologie des Mittelalters, in: Quellen und Untersuchungen zur lateinischen Philologie des Mittelalters 5 (1914), 7.

74 »... plures memorabiles res ad conscribendum suppendiant, quarum cognitio ad usum politicae prudentiae, quae nunc obtinet.« Ch. Cellarius, Historia universalis breviter ac perspicue exposita in antiquam, et medii aevi ac novam divisa, cum notis perpetuis, 1708, 233.

75 H. Günther meint dazu: »Die Bündelung der Daten... erfreute sich zwar später wie schon zuvor einer großen Beliebtheit, kann aber weder für die historische Forschung noch für die Geschichtsschreibung wegweisende Bedeutung beanspruchen« (a. a. O., 789). Dieser Feststellung ist sicherlich zuzustimmen, da kausale Verbindungen zwischen den Ereignissen kaum aufzuweisen sind. Es ist jedoch nicht ausgeschlossen, daß sie ein »neues allgemeines Bewußtsein« schufen, das zum Zerfall der bestehenden ökonomischen, sozialen, kulturellen, politischen Wertvorstellungen führte und insoweit den Untergang einer Epoche einleiteten. Zugleich bergen diese Ereignisse auch die ersten Anzeichen der vom Rationalismus (beginnend etwa 1644 mit den »Principiae philosophiae« des René Descartes) um 1700 aufkommenden Wertewelt der NZ in sich.

– 1517 Beginn der Reformation *Luthers* durch die Veröffentlichung der »95 Thesen«...

2. Altertum, Mittelalter und Neuzeit als Periodennamen

- Von den drei idealtypischen Perioden wurde zunächst, orientiert an historiographischen Daten, das Konstrukt »Altertum« von italienischen Humanisten geschaffen. *Flavio Biondi* machte in der Mitte des 15. Jahrhunderts den Topos Altertum an Sachverhaltsbereichen wie Institutionen, Münzwesen, Sitten, Kleidung... fest.[76]
- Erst *Johann Joachim Winckelmann* brachte mit seinem Hauptwerk »Geschichte der Kunst des Altertums« (1764)[77] die Epochenbezeichnung »Altertum« ins Allgemeine Bewußtsein. Für ihn war das Altertum periodisch gegen das Mittelalter abgrenzbar durch seine Kunst.
- Die Epochenbezeichnung »Mittelalter« dürfte sich zu Beginn des 19. Jahrhunderts als Abgrenzung des dogmatischen gegen den liberalen Geist der Aufklärung durchgesetzt haben.[78] Das dürfte einer der Gründe sein, warum nicht wenigen auch heute noch das Mittelalter als dogmatisch-dunkle Zeit gilt.
- *Leopold von Ranke* unterscheidet die drei Epochen weniger

---

76 Flavio Biondi, Roma triumphans, 1456 ff.
77 H. Günther meint dazu: »Bei Winckelmann liegt noch keine neue Konzeption von Entwicklung vor, sondern der Versuch, eine Reihe unterschiedlicher Ereignisse mit verschiedenen Handlungsträgern als eine Begebenheit darzustellen, die in ihren Entwicklungsstufen als Beginn, Aufstieg, Höhepunkt, Abstieg und Ende zu fassen sein soll. Als Paradigma dient – ungeachtet der fraglichen Vergleichbarkeit – die Entwicklung der antiken Kunst« (a. a. O., 790). Dieser Feststellung Günthers ist sicher zuzustimmen, doch selbst mangelhafte Abgrenzungen können das Allgemeine Bewußtsein formen.
78 G. E. Lessing spricht von »den mittleren Zeiten«; J. W. von Goethe von der »Mittelzeit«. Das deutsche Wort »MA« ist erst als Epochenbezeichnung bei A. L. von Schlözer (»Vorstellung seiner Universaltheorie« 1772) belegt. Schlözer kennt dagegen inhaltlich kein MA. Es ist die Völkerwanderung, mit der das gegenwärtige politische Europa beginnt (a. a. O., 83).

von ihrer Struktur als von ihrer Geographie her. Das Altertum spielt an den Küsten des Mittelmeeres, das Mittelalter weitet diesen Schauplatz nach allen Seiten, die Neuzeit umfaßt endlich die ganze Welt.[79] *Ranke* zeichnet vom Mittelalter ein positives Bild. Es ist nicht nur eine Zwischenzeit (aetas intermedia), sondern eine eigenwertige Epoche, die tragende Mitte der europäischen Geschichte.

- Der Terminus »Neuzeit«[80] taucht als Name einer Epoche erst sehr spät – nach 1838 – auf. Jedoch verwendet ihn *Heinrich Heine* 1844 schon ganz unbefangen.[81]

Neuzeit, ein deutsches Wort, das als zusammengesetzter Singular keine andere europäische Sprache kennt, bezeichnet jedoch neben der historischen Periode nach dem 16. Jahrhundert auch Aktualität und Modernität.[82] Nachdem nun die Trias »Altertum, Mittelalter und Neuzeit« ihren Einzug in die akademische Welt gehalten hatte und so Allgemeines Bewußtsein prägte, wurde sie jedoch immer wieder als Bezeichnung realer historischer Epochen in Frage gestellt.[83] Und das sehr zu Recht. Handelt es sich doch keineswegs um »objektive Perioden«, sondern um

---

79 L. von Ranke, Vorlesung: Neuere Geschichte seit dem Anfang des 16. Jahrhunderts, 1860, 407, 410.

80 Ganz im Gegensatz zu »neuzeitlich«, ein von »neuzeitung« abgeleitetes Adjektiv, das schon im 16. Jahrhundert von Fischard verwendet wird, und »neuzeitig« wird 1775 von F. J. Heynaz in der Verbindung »neuzeitige Ausdrücke« in Übersetzungen gebraucht (Br. 5,13).

81 Heinrich Heine, Ludwig Marcus. Denkworte, in WW 14, 1862, 184.

82 H. Günther, a. a. O., 793. Festzuhalten ist auch, daß Historiker wie L. von Ranke, J. Burckhardt (Weltgeschichtliche Betrachtungen, 1905) und G. G. Gervinus (Grundzüge der Historik, 1937) das Wort Neuzeit nicht verwenden.

83 K. Rosenkranz schlägt eine Einteilung der Weltgeschichte nach religiösen Entfaltungsphasen vor: Ethnicismus, Theismus, Christentum (Über einige Schwierigkeiten für die weltgeschichtliche Behandlung der Kunst, in: Prutz' Deutsch. Mus, 1856, 496 ff.). »Genauere Untersuchungen der ökonomischen und sozialen Geschichte einzelner Regionen lassen allgemeine Grenzziehungen für historische Perioden als nicht sachgemäß erscheinen. Das ideengeschichtlich orientierte Streben nach ›objektiver Periodisierung‹ erweist sich der vergleichenden historischen Forschung als bloße Hypostase einer Einzeldisziplin oder Nationalgeschichte. Dabei können

Konstrukte. Doch diese Konstrukte bestimmen heute noch weite Provinzen des Allgemeinen Bewußtseins und bedürfen deshalb einer genaueren Analyse. Der Titel dieses Buches müßte also genauer lauten: »Das Ende eines Konstrukts mit dem Namen ›Neuzeit‹«. Wir behaupten also, daß die in diesem Konstrukt abgelegten kollektiven Werte heute nicht mehr menschliche Interaktionen bestimmen und lenken.

Die Philosophie übersetzt zumeist den Terminus »Neuzeit« mit »Moderne«. Da unser Anliegen geschichtsphilosophischer Art ist, bevorzugen wir den Terminus »Moderne«. Die Philosophie hat – wie gesagt – die Aufgabe, das Allgemeine Bewußtsein zu sich selbst und zur Sprache zu bringen und es in seinem Wandel verantwortet zu begleiten. Im Allgemeinen Bewußtsein spielen aber Neuzeit und ihr Enden eine erhebliche Rolle. Die kollektiven Werte, die das Allgemeine Bewußtsein der Moderne bestimmten, lassen sich für uns – die wir in einer Zeit des Umbruchs leben – noch vergleichsweise unschwer ausmachen. Ebenso unschwer sind aber auch schon die Positionen der nachmodernen Gegenwart im Allgemeinen Bewußtsein zu erfahren. Natürlich können wir nicht das »Allgemeine Bewußtsein« unmittelbar erfahren und befragen. Wir müssen uns seine Inhalte aus den veränderten Typen von Interaktionen und ihren Folgen für Ökonomie, Soziales, Politik und Kultur, Religion, Ökologie, Moral... erschließen.

Thesen:

1. »Neuzeit« ist ein kollektives Konstrukt. Es wird gebildet aufgrund ähnlicher Sozialisation und der damit verbundenen Interpretation, Verbindung und Erklärung historiographi-

---

sehr unterschiedliche Gegenstände zu einer gemeinsamen Grenzveränderung motivieren. Aus der Sicht der Historiker der Wirtschafts- und Sozialgeschichte sowie der christlichen Soziallehren und Reformbewegungen wäre die Zeit um 1500 nicht für den Beginn, sondern für den Höhepunkt einer neuen Periode zu halten, die um 1300 begonnen und um 1600 oder 1789 geendet hätte.« H. Günther, a. a. O., 794. Zu der ausufernden Diskussion vgl. u. a.: H. Spangenberg, Die Perioden der Weltgeschichte, in: Hist. Z. 127 (1923), 39 ff.; G. von Below, Über historische Periodisierungen mit besonderem Blick auf die Grenze zwischen Mittelalter und Neuzeit, 1925.

scher Elemente, die zu Strukturen des Konstrukts werden. »Neuzeit« ist eine Geschichte.

2. Das Konstrukt erreicht nur die Bereiche, über die historiographische Daten vorliegen. Die realen Werte jener sozialen Schichten, die nur wenige oder keine historiographischen Elemente erzeugten, bleibt unbekannt.

3. Kapitel
Verstehen der Neuzeit

Um das Ende einer Epoche zu verstehen, muß man zuvor die Epoche selbst verstanden haben, denn aus ihren Abfallprodukten allein dürfte sie kaum verständlich sein. Kann man aber eine Epoche verstehen, die vergangen ist, in deren ökonomischen, politischen, sozialen und kulturellen Spielen man nicht mehr mitspielen kann oder mag? Nur im aktiven Spielen oder im engagierten Zuschauen der Spiele (virtuelles Mitspielen) kann man ihre Regeln erkennen und die Zusammenhänge der Spielhandlungen verstehen. Aber wir können versuchen, die Geschichten zu verstehen, in denen sich die Neuzeit vorstellte und selbst zu verstehen behauptete. Es sind das jene Geschichten, in denen die Moderne ihre Werte und ihre Institutionen auslegte. Doch sind diese Geschichten uns meistenteils nur noch als Botschaften, nicht als Nachrichten überliefert.[84] Allenfalls können die Leser, die vor den endenden sechziger Jahren primär und sekundär sozialisiert wurden und somit die Werte und Institutionen der Neuzeit leben lernten, deren Geschichten verstehen – wenn sie sie nicht inzwischen überlebten und dabei vergaßen. Die jüngeren Leser wurden jedoch primär und sekundär nicht mehr im ungebrochenen Geist der Neuzeit sozialisiert. Seit die Geschich-

---

84 Eine Nachricht erlaubt es, mit dem Überbringer der Nachricht in eine rekursive Interaktion einzutreten, da der Überbringer der Nachricht diese selbst so oder doch ähnlich versteht wie der Urheber der Nachricht. Somit wird der Urheber einer Nachricht durch einen autorisierten Stellvertreter präsent. Der Überbringer einer Botschaft jedoch trat nicht in eine rekursive Interaktion mit dem Urheber der Botschaft ein. Dem Empfänger einer Botschaft bleibt also nichts anderes übrig, als auf seinen eigenen Bestand an Konstrukten zurückzugreifen. Er stellt sich bewußt oder unbewußt die Frage: Was würde mich dazu bringen, diese Botschaft zu erzeugen? Der Empfänger einer Botschaft versteht also stets nur sich selbst. Zwar versteht der Empfänger einer Nachricht auch nur sich selbst, doch konnte er zuvor seine Konstrukte an die des Absenders rekursiv angleichen.

ten, in denen die Neuzeit ihre identitätsstiftenden Werte und Institutionen einkleidete, nicht mehr im Sozialisationsverlauf erzählt werden, besteht kein unmittelbarer Sprachspielkontakt mit dieser Zeit – ihre Geschichten sind Botschaften.

Werte und Institutionen können nur in Geschichten verständlich gemacht werden, die von ihren Anwendungsfällen oder Funktionsäußerungen erzählen. So kann man vom Dritten Reich oder von der vorkonziliaren katholischen Kirche nur in Geschichten erzählen. So kann man den Inhalt, die Bedeutung und die Funktion der Norm »Handeln gemäß der Verkehrssitte« nur durch das Erzählen von Geschichten vermitteln.

Wie aber ist es erklärlich, daß die Geschichten, in welchen die Neuzeit ihre Werte und Institutionen verständlich machte, uns kaum mehr unmittelbar verständlich sind? Einer der Gründe ist die Erkenntnis, daß die damaligen Institutionen (Staaten, Kirchen, Gewerkschaften, Familienformationen) und die damals geltenden Normen sich als weitgehend unbrauchbar erwiesen. Ihre Inhalte, Funktionen und Bedeutungen wurden nicht mehr in den beiden ersten Sozialisationen vermittelt.

1. Über den Verfall der Werte

Der viel beklagte Werteverfall des konservativen Denkens zeigt deutlich das Ende der Neuzeit an, ist eine Epoche doch über ihre Werte und Institutionen zu bestimmen. Diesen Werteverfall, mit dem immer auch ein Verfall von Institutionen verbunden ist, sollen einige Beispiele belegen (eine gründlichere Behandlung dieses Themas bleibt einem folgenden Kapitel vorbehalten):

a. Über die Unbrauchbarkeit moralischer Normen

Die Normen der Moral haben die Funktion, biophile Sozialverträglichkeit zu sichern.[85] Viele moralische Normen der Neuzeit

---

85 Nicht jedes sozialverträgliche Verhalten ist biophil. So kann Sozialverträglichkeit in einem faschistoiden System ausgesprochen nekrophil sein. Hier wäre sozialunverträgliches Verhalten angezeigt, wenn es unter Berücksichtigung der Verhältnismäßigkeit lebensmehrend wäre.

wurden unbrauchbar, da sie wichtige Lebensbereiche nicht mehr erreichten, um biophile Sozialverträglichkeit sicherzustellen:

- Sie erwiesen sich als untauglich, den Fortschritt (den technischen wie den ökonomischen, politischen...) human zu regeln. So kam es zu Perversionen des Fortschritts (Atombombe, Manipulationen am menschlichen Genom, Polittechnik...).
- Sie erwiesen sich als untauglich, die Umwelt zureichend zu schützen.
- Sie erwiesen sich als untauglich, die Einflüsse sozialer Systeme auf Menschen sozialverträglich zu halten/zu machen. Die Staaten realisieren politischen, ökonomischen, ökologischen... Egoismus. Die Kirchen bleiben angebotsorientiert und beantworten Fragen, die niemand stellt. Vielen Unternehmen ist der Gedanke an eine Verteilungsgerechtigkeit fremd...
- Sie erwiesen sich als untauglich, das Wachstum der Menschheit zu regulieren.

Moralische Normen der Neuzeit wurden ineffizient, als sich zumindest an den Normen der Über-Ich-Funktion »moralisches Gewissen« (oder denen der neuzeitlichen Moraltheologie) kaum jemand noch ernstlich orientiert. Sie haben oft einzig und allein den Zweck, anderen Schuld zuzuweisen. Die Normenvermittler sind selbst so normenunsicher geworden, daß sie die Normen nicht oder nur undeutlich erkennbar leben und also nicht weitergeben in die Strukturen des Über-Ich der kommenden Generation.
Heute wird die Sozialverträglichkeit von Handeln, Entscheiden und Verhalten weniger durch die Angst vor religiösen Strafen (etwa Hölle), durch Schuld- oder Schamgefühle gesichert, sondern durch die Erwartung sozialer Belohnung oder durch die Angst vor sozialer Bestrafung.

b. Über die Unbrauchbarkeit politischer Werte

Politische Normen der Neuzeit wurden ineffizient, da sich niemand daran hält:

- Der Staat hat die einzige Funktion, Schaden vom Gemeinwohl zu wenden. Seit er aber in die Hände der Parteien fiel, wurde das Interesse am Gemeinwohl durch das an Machterwerb oder -erhalt ersetzt. Das höchste politische Staatsziel wird nur dann überhaupt bedacht, wenn es zufällig mit den eigenen Interessen kongruiert.
- Der politische Werteverlust wurde deutlich, als das »Gleichgewicht des Schreckens« sich als einziges Instrument für Friedenssicherung behauptete.
- Der politische Werteverlust manifestiert sich in der Tatsache, daß immer mehr politische Entscheidungen von vorpolitischen Instanzen (Bundesverfassungsgericht, Bürgerbewegungen) getroffen werden.
- Der politische Werteverlust wird manifest in der zunehmenden Herrschaft der Exekutive über die Legislative. Gesetze werden von der Ministerialbürokratie vorbereitet und von den Fraktionsspitzen ratifiziert. Das Parlament wurde funktionslos.
- Die grundgesetzliche Freiheit des Gewissensentscheids der Abgeordneten bei parlamentarischen Abstimmungen (Art. 38 GG) wurde ersetzt durch das Abstimmen im Sinne der Fraktionsmehrheit.

c. Über die Unbrauchbarkeit der religiösen Werte der Neuzeit

Viele religiöse Normen der Neuzeit wurden unerheblich,

- weil sich Religiosität immer weiter in die Kirchenferne hinein privatisierte,
- weil viele Dogmen allenfalls historisches Interesse fanden,
- weil viele moralische Vorgaben nicht mehr als sinnvoll angesehen wurden,

- weil dem ekklesialen Angebot kaum eine erhebliche Nachfrage entsprach.

d. Über die Unbrauchbarkeit der künstlerischen Werte der Neuzeit

Die neuzeitlichen Normen der Kunst wurden unbrauchbar, als das Elend dieser Welt (vor allem des Zweiten Weltkrieges) enthüllte, daß das von der Renaissance verkündete Ideal des Schönen seine Realität verlor. An die Stelle des Schönen trat das »Wahre« in der Kunst. Kunst hat das mitzuteilen, was anders nicht mitgeteilt werden kann. Kunst wurde zum Ausdruck einer konstruktivistischen Lebenseinstellung. Jeder Betrachter, jeder Hörer wird ein modernes Kunstwerk anders verstehen. Und er wird – wenn es sich um ausgewiesene Kunst handelt – im Sehen und Hören neue Konstrukte bilden und damit sein Universum weiten.

e. Über die Unbrauchbarkeit der Philosophie der Moderne

Die Werte der neuzeitlichen Philosophie degenerierten zu Unwerten. Sie versteckten sich in folgenden Geschichten:

- Die menschliche Person sei erststellig Individuum (Subjektphilosophie).
- Sie könne erfahren, wer sie sei, wenn sie über sich selbst reflektiere (Reflexionsphilosophie).
- Philosophie habe die Welt zu interpretieren (theoretische Philosophie).
- Philosophie führe zu wahrer Erkenntnis (dogmatische Philosophie).
- Allen Menschen komme das gleiche Wesen zu (Wesensphilosophie).
- Alle Menschen verfügten über die gleiche Vernunft – somit gelte allen dasselbe als vernünftig (Vernunftphilosophie).

2. Was meint »Neuzeit«?

Wenn wir »Neuzeit« definieren als eine mehr oder minder konsistente Menge autobiographischer Geschichten, die in Europa zwischen 1700 und 1970[86] entstanden und meist über lange Jahre weitererzählt wurden, verstehen wir – wie gesagt – Neuzeit, wenn wir diese Geschichten (als Botschaften interpretiert) verstehen. Es sind das die Geschichten der Naturwissenschaften ebenso wie die der Kriege, die der politischen Systeme ebenso wie die der marktwirtschaftlichen Ordnung, die der Revolutionen ebenso wie die der sportlichen Leistungen ... Die Geschichten bilden eine dialektische Einheit mit politischen, sozialen, kulturellen, ökonomischen Strukturen. Es gilt also, Botschaften zu verstehen, wenn wir Neuzeit verstehen wollen – und nicht etwa die äußeren Strukturen (etwa die Organisationsformen, die Eigentums- und Herrschaftsverhältnisse, die Verteilungsverhältnisse) politischer, sozialer, ökonomischer, kultureller, sozialer Gebilde. Diese äußeren Strukturen werden erst verständlich zusammen mit ihren Geschichten. Hier begegnen wir wieder der Dialektik von gesellschaftlichem Sein und Bewußtsein, die nicht voneinander getrennt werden dürfen. Methodisch ist der Ausgang vom Bewußtsein (das sich in den Geschichten zur Sprache bringt) vermutlich sicherer als der über das Sein, da dieses mannigfaltig und durch eine offene Menge von Geschichten interpretiert werden kann.

Ein authentisches Verstehen von Botschaften (also einer nicht rekursiv abprüfbaren Signalmenge) ist – wie gesagt – eine der schwierigsten psychischen/sozialen Prozesse, wenn Authentizität sich auf die Informationsmenge bezieht, die der Urheber der Botschaft durch die Erzeugung einer Signalmenge vermitteln wollte. Wenn es schon schwierig ist, eine definierte Botschaft zu verstehen, dann erst recht eine Epoche, die durch nichtdefinier-

---

86 Die Neuzeit dürfte mit den Revolutionen der endenden sechziger Jahre verschieden sein. Seither zerfallen politische, kulturelle, soziale, ökonomische Werte, welche die Strukturen dieser Neuzeit bildeten, in revolutionärem Tempo. Das Allgemeine Bewußtsein ändert sich qualitativ. Das Allgemeine Sein zerfällt in neue Strukturen hinein.

te, weil mehr oder minder zufällig ausgewählte Geschichten bestimmt wird. Kann man also eine Epoche überhaupt verstehen? Sicher ist das subjektive Verstehen möglich. Und dieses kann sich authentisch aussagen. Doch ist es nicht die authentische Aussage der Erzähler jener Geschichten.

3. Der Präsentismus des Verstehens

Die Neuzeit ist uns heute als Konstrukt über Vergangenheit gegenwärtig. Um sie zu verstehen, muß sie wie jede Botschaft ins Gegenwärtige gesetzt werden. Das Problem der gegenwärtigen Vergangenheit ist unter dem schon erwähnten Problemnamen »Präsentismus« seit langem bekannt.[87] Der Terminus »Prä-

---

87 Präsentismus meint, konstruktivistisch gelesen, daß uns unsere Konstrukte, wie schon verschiedentlich vermerkt, nur im Präsens zur Verfügung stehen. Das bedeutet, daß auch die, in der Absicht eine Botschaft zu vermitteln, erzeugten Signalmengen uns nur präsentisch zur Verfügung stehen. Sie sind der präsentische Bote, mit dem wir in ein virtuelles Sprachspiel eintreten können. Das geschieht, wenn wir den Autor der Botschaft methodisch mit dem Boten identifizieren, wohl wissend, daß wir den Urheber der Botschaft nicht verstehen können, sondern allenfalls seinen Boten. Wir sprechen von »methodischem Präsentismus«.
Einen solchen Präsentismus nennen wir objektiv, wenn der Verstehenwollende mit Mitgliedern seines Sprachspiels sich über die Botschaft und deren Bedeutung ohne destruktive Konflikte verständigen kann. Ein objektiver Präsentismus führt zu diskursfähigen Situationen: Eine »alte Botschaft« wird zum Spielzeug in einem neuen Spiel. Es entstehen »Schulen«, zu denen sich Dogmatiker, Exegeten, Rechtshermeneutiker... zusammenschließen. So besteht etwa unter nicht wenigen Menschen durchaus Konsens, welche Geschichten der Neuzeit für sie konstitutiv sind und was diese Geschichten bedeuten. Es gibt nur wenige kontroverse Schulen von »Neuzeit-Interpreten«. Die »Schule« der konstruktivistisch-denkenden Neuzeit-Interpreten kommt in ihren Diskursen zu durchaus konsensfähigen Urteilen über die Neuzeit und ihr Ende. Das Risiko, daß es sich dabei »nur« um einen verbalen Konsens handelt und nicht um einen realen, ist prinzipiell unvermeidbar und kann durch keine Technik endgültig ausgeschlossen werden.
Ein Verstehen von Botschaften, die sich dem methodischen Präsentismus verweigern, wobei das Verstehen davon ausgeht, daß der Bote die authentische Botschaft des Autors der Botschaft berichte, ist weitgehender Beliebigkeit ausgeliefert. Ein Beispiel solcher Beliebigkeit bilden die kon-

sentismus« wurde vermutlich erstmalig 1921 von dem unermüdlichen Mitglied der Berliner Dada-Bewegung[88] *Raoul Hausmann* (1886–1971) verwendet. Er habe das Ziel,»die entsprechenden Wirklichkeiten des geistigen Lebens... auf den Stand der Gegenwart zu bringen«.[89] 1950 wurde der Begriff in die historischen Wissenschaften von *Ch. McArthur Destler* eingeführt. Präsentismus bezeichne den Sachverhalt, daß wissenschaftliche Objektivität, in dem Sinne, daß er den ursprünglichen Sinn einer Botschaft rekonstruieren könne, für den Historiker nicht erreichbar sei. Alle Geschichtsschreibung, die über die Erhebung von Fakten hinausgehe, sei subjektiv, also subjektives Konstrukt. Der historische Forschungsprozeß sei durch die Gegenwart des Historikers bestimmt.[90] Die heftigsten Gegner des Prä-

troversen Interpretationen etwa der Heiligen Schriften des Christentums und des Islam. Solches an den Bedürfnissen, Interessen, Erwartungen und Werteinstellungen des Interpreten orientiertes Verstehen ist nicht selten der irrigen Meinung, die Lebenswelten vergangener und in Vergangenheit abgeschlossener Kulturen rekonstruieren zu können, obschon nur präsentische Konstruktionen möglich sind. Er glaubt, eine Botschaft objektiv (d. h. im Sinne einer realistischen Interpretation der Botschaftsmetapher) verstehen zu können. Ein solcher »subjektiver Präsentismus«, durch den der Interpret seine eigenen Bedürfnisse, Erwartungen, Interessen, Wertvorstellungen... in einem Pseudosprachspiel realisiert, ist daran erkennbar, daß er zu destruktiven Konflikten zwischen Subjekten, die innerhalb desselben sozialen Großgebildes sozialisiert wurden, führt. Der Dogmatismus erzeugt sich wechselseitig exkommunizierende Sozialgebilde. Ein humanes Miteinander setzt also zwingend die Akzeption des methodischen Präsentismus voraus, wenn es darum geht, irgendeine Vergangenheit (sei es die einer Person oder die einer Botschaft) zu verstehen und sich über sie zu verständigen. Wenn sich also ein Interpret einem Diskurs über eine Botschaft verweigert (weil er glaubt, irrtums- und täuschungsfrei zu wissen, was »Neuzeit« bezeichnet), spinnt er sich selbst in das Getto seiner wahnhaft verstellten Beliebigkeit ein.

88 Hugo Ball nennt »Dada« am 18. 4. 1916 in seinem Tagebuch. Er definierte »Dada« als »ein Narrenspielhaus des Nichts, in das alle höheren Fragen verwickelt sind«. Damit war eine neue Kunst- und Literaturrichtung entstanden. Hans Arp, ein Mitbegründer des Dada, war von der Veränderbarkeit der Welt durch Kunst überzeugt. Er stellte dem »Wahnsinn der Zeit« den »Ohne Sinn der Kunst« gegenüber.
89 K. Riha und R. Hausmann, Am Anfang war Dada, 1972, 130.
90 Some observations on contemp. hist. theory, in: Americam hist. Review 55 (1950), 507.

sentismus waren/sind Marxisten (etwa *I. S. Kohn, A. Loesdau, A. Schaff*). Ihnen kam es in der Nachfolge von *K. Marx* darauf an, die Existenz historischer Gesetze zu beweisen, die sicherstellen, daß (Vor-)Geschichte im Kommunismus ende. Aber auch die christlichen Kirchen lehnten den Präsentismus ab. Ihre Dogmatik lebt von der Annahme, daß Dogmen in einer Art Realismus der Botschaftsmetapher[91] von allen Menschen aller Zeiten sehr ähnlich verstanden werden.[92] Doch war der Präsentismus der Sache nach schon seit den späten zwanziger Jahren unseres Jahrhunderts Allgemeingut der meisten Historiker:

- *Berthold Georg Niebuhr* (1776–1831) stellte 1828 fest, es sei das allgemeine Los der Historiker, »nicht unabhängig von ihrem Zeitalter zu sein«.[93] Alles Vergangene könne also nur unter dem Einfluß der Gegenwart, im Spiegel des Gegenwärtig, gebrochen, verstanden werden.
- *Johann Gustav Droysen* (1808–1884) lehrte 1838, es seien Vorstellungen und Erinnerungen, »deren Zusammenfassung und Gegenwärtigkeit unser Ich umschließt«.[94] Das sich seiner nur im Präsens bewußte Ich konstruiert in diesem Präsens mit

---

91 Metaphern sind neben Theorien, Modellen und Geschichten die Gestalten, die Wissenschaftler wählen, um etwas zu erklären. Metaphern werden gewählt, wenn der zu erklärende Sachverhalt besonders kompliziert ist wie etwa »Kommunikation« oder »Dreifaltigkeit«. Die Neuzeit entwickelte eine Reihe von Kommunikationsmetaphern. Kommunikation sei Informationstransfer (Containermetapher), Kommunikation sei das Verstehen von Botschaften (Botschaftsmetapher), Kommunikation sei Dialog (Dialogmetapher). Alle diese Erklärungen sind an sich brauchbar, wenn sie nicht realistisch interpretiert werden. Auch andere Erklärungen wie Theorien und Modelle oder Geschichten rekonstruieren nicht reale Sachverhalte, sondern sind Konstruktionen unserer Großhirnrinde, die uns helfen sollen, Sachverhalte zu verstehen. Sie sind wie alle Konstruktionen soziokulturell relativ.
92 Es sei angemerkt, daß heute nicht wenige Theologen den Sachverhalt des Präsentismus akzeptieren. Die Bedingung der Möglichkeit von Dogmen überhaupt sei nicht ein gleiches zeit- und kulturübergreifendes Verständnis ihres Aussageinhalts.
93 Römische Geschichte 1 (3. Aufl. 1928), IV.
94 Historik (Hrsg.: R. Hübner, 1938), 5.

präsentischen Interessen, Erwartungen, Bedürfnissen, Werten und Erinnerungen Vergangenheit.

- *Benedetto Croce* (1866–1952) lehrte 1944: »Jede wahre Geschichte ist Geschichte der Gegenwart.«[95] Geschichten über die Vergangenheit werden mit den Augen der Gegenwart gelesen und mit den Vorstellungen der Gegenwart verstanden.

Wir begegnen in unserem Kontext einer besonderen Gestalt des Präsentismus:

- Es gilt nicht, vergangene historiographisch erhobene Ereignisse in eine Geschichte einzubinden und sie so uns verständlich zu machen,
- sondern es kommt darauf an, schon vorhandene Geschichten (und die Neuzeit ist definierbar als die Summe ihrer eigenerzählten Geschichten) als Konstruktbildungen der Vergangenheit sich in Konstrukten der Gegenwart realisieren zu lassen.

Nur so ist Verstehen von vergangenen Epochen möglich. Soll sich solches Verstehen nicht individualisieren und damit inkommunikabel werden, müssen die im Präsens Interagierenden über zureichend ähnliche gegenwärtige Konstrukte über Vergangenes verfügen.[96] Das »Organ«, das uns Vergangenes gegenwärtig macht, ist das »soziale Gedächtnis«.

---

95 Theorie und Geschichte der Historiographie, 1944, 4.
96 Vergangenheit, Gegenwart und Zukunft bilden für uns Menschen eine dialektische Einheit. Wir denken, obschon immer nur im Gegenwärtig, niemals nur das Gegenwärtig. Es ist eine nulldimensionale Mannigfaltigkeit und als solche leer. Stets werden in unserem Denken Begriffe (als Denkzeichen sind sie wichtige Inhalte der Konstrukte) aktiviert, die in Vergangenheit ausgebildet wurden und ihre Vergangenheit mit sich bringen. Zudem gehen in unser Denken auch unsere Erwartungen über Zukünftiges mit ein (etwa über das Verhalten eines Interaktionspartners). Aber es ist im Denken immer die Vergangenheit oder Zukunft in ihrer Gegenwärtigkeit präsent. Diese Tatsache, daß Wirkungen Ursachen verändern wie etwa im Fall des Dialogs zwischen zwei Menschen, läßt diese Paarbeziehung als chaotisch definieren. Sind doch gerade zeitgegenläufige Rückkoppelungen typisch für chaotische Systeme.

4. Das soziale Gedächtnis

Der Konstruktivismus geht, wegen des unausweichlichen Präsentismus der Konstrukte, von der strengen Gegenwärtigkeit *jeder* Vergangenheit aus. In diesem Zusammenhang werden heute die von *Maurice Halbwachs* (1877–1945, gestorben im KZ Buchenwald) zwischen 1925 und 1940 entwickelten Thesen[97] über das *soziale Gedächtnis* wieder lebhaft diskutiert. Wir wollen die Thesen von *Halbwachs* in konstruktivistischem Kontext lesen:

a. Was bedeutet »Gedächtnis«?

Wir unterscheiden zwei Typen von Gedächtnis: das individuelle und das soziale.

(a) Das individuelle Gedächtnis

Das individuelle Gedächtnis ist das Vermögen, Erinnerungen zu speichern (etwa die Geschichten der Neuzeit) und sie als Konstrukte im Präsens zu erzeugen. Es reproduziert scheinbar in Vergangenheit erzeugte und auf dem Neokortex gespeicherte Informationen in Gegenwart. Tatsächlich handelt es sich um Konstruktionen, die Gedächtnisinhalte aufgrund der Aktivierung vorhandener Konstrukte schaffen. Gedächtnis ist also ein theoretisches Konstrukt, das die Tatsache beschreibt, daß das Verhalten eines Organismus zu einem bestimmten Zeitpunkt durch sein Verhalten und Erleben zu einem früheren Zeitpunkt beeinflußt wurde.[98] Die Gedächtnisleistungen sind von Mensch zu Mensch sehr verschieden. Sie hängen ab von der Aktivierbarkeit und Assoziationsfähigkeit von Konstrukten, aber auch von hirnphysiologischen Vorgaben. Ohne Gedächtnis gibt es keine

---

97 M. Halbwachs, Das Gedächtnis und seine Bedingungen, (zuerst Paris 1925) Berlin-Neuwied 1966; ders., Das kollektive Gedächtnis, (zuerst Paris 1950), Frankfurt 1985. Vgl. dazu auch Alida und Jan Assmann, Das Gestern im Heute, in: Medien und Kommunikation, Weinheim (Beltz) 1990, XI.

98 W. Stern schreibt: »Gedächtnis ist die Vergangenheitsbedingtheit des Erlebens« (Allgemeine Psychologie auf personalistischer Grundlage, Den Haag ²1950, 253).

Erinnerungen, ohne Erinnerungen keine Geschichten. Deshalb ist es unverzichtbar, daß wir uns hier mit dem Phänomen des Gedächtnisses beschäftigen. Sicher gibt es Gedächtnistäuschungen, die historiographische Erlebnisse des eigenen Lebens entweder verfälschen (Allomnesien) oder die über die Eigendynamik des kognitiven Systems historiographische Erlebnisse schaffen (Paramnesien). Sie gelten – aus kaum zu rechtfertigenden Gründen – als pathologisch, wenn sie zu Handlungen führen, die anderen Menschen unverständlich sind. Beide sind jedoch nur Ergebnisse einer für jeden Menschen geltenden, autonomen, sich selbst schaffenden und organisierenden Produktion des kognitiven Systems.

(b) Das soziale Gedächtnis

Ludwig Wittgenstein wies (1945 in seinen »Philosophischen Untersuchungen«) überzeugend auf, daß Verstehen kein psychischer, sondern ein sozialer Prozeß ist.[99] Wird scheinbar Verstandenes nicht durch rekursive Interaktionen überprüft und bewährt es sich so nicht, kann man allenfalls sagen: »Ich glaube, verstanden zu haben.« Nicht aber: »Ich habe verstanden«, weil nur die Bewährung des Konstrukts, zu dem sich Verstandenes verdichtete, zu Recht von Verstehen sprechen läßt. Andernfalls würde Verstehen in die absolute Beliebigkeit gestellt und würde zu einer *Contradictio in termino* entarten, nimmt doch Verstehen alles andere als Beliebigkeit an, sondern behauptet eine weitgehende Kongruenz zwischen zwei Informationen auf verschiedenen Informationsspeichern.

Insoweit Gedächtnis Verstandenes speichert, könnte man meinen, es sei ein rein psychischer Prozeß. Sicher sind Verstehen und Erinnern an psychische Prozesse gebunden. Nun nimmt *Maurice Halbwachs* an, daß auch Gedächtnis kein psychisches, sondern ein soziales Geschehen sei. Wir wollen ihm darin insoweit folgen, als es neben dem individuellen auch ein soziales

---

99 »In dem Sinne, in welchem es für das Verstehen charakteristische Vorgänge (auch seelische Vorgänge) gibt, ist das Verstehen kein seelischer Vorgang« (PhU, 154). Verstehen kann man nur im Kontext eines Sprachspiels – und das ist immer ein soziales Spiel.

Gedächtnis gibt. Ferner vertreten wir die Meinung, daß für die Entwicklung und das Produzieren einer geschichtsphilosophisch relevanten Geschichte das soziale Gedächtnis von besonderer Bedeutung ist. Die wichtigsten von *Maurice Halbwachs* entwickelten Thesen über das soziale Gedächtnis lassen sich so zusammenfassen:

- Individuelle Erinnerungen (als Inhalte des Gedächtnisses) bilden sich, wenn sie tatsächlich (und nicht nur vermeintlich) Verstandenes speichern, nur in rekursiv-bestätigenden sozialen Ereignissen (vor allem vom Typ »Interaktion«, »Sprachspiel«). Diese Aussage ist sicherlich zu verallgemeinert. Alle mir bekannten Menschen erinnern sich auch an Sachverhalte, die niemals die kommunikative Sprachlichkeit erreichten (etwa ein Waldspaziergang, die Beobachtung eines Unfalls, die Betätigung eines Automaten...).
- Sie werden nur in tatsächlicher oder imaginierter Verbindung mit sozialen Ereignissen gegenwärtig, in denen sich Verstandenes repräsentiert. In diese Gegenwärtigsetzung gehen Interessen, Bedürfnisse, Erwartungen und Werteinstellung des Präsens mit ein. Auch hier scheint das »nur« allzusehr zu verallgemeinern. Ich kann mir durchaus vorstellen, daß ich etwas reflektierend erinnere, was weder mit tatsächlichen noch imaginierten sozialen Ereignissen verbunden ist (etwa das Lauschen des Windes in Baumwipfeln, die Beobachtung eines äsenden Rehs...). Konstruktivistisch interpretiert, ist das »Individualgedächtnis« eine Funktion des Inneren Beobachters.[100] Er beobachtet mehr oder minder interessiert den

---

100 Der erkenntnistheoretische Konstruktivismus nimmt an, das kognitive System eines Menschen erzeuge drei Beobachter:
  (a) Der Innere Beobachter erkennt im wesentlichen zutreffend die dem kognitiven System immanenten bewußten Zustände (Empfindungen, Wahrnehmungen, Erkenntnisgegenstände, Konstrukte, Begriffe, Erinnerungen, Emotionen, Interessen, Bedürfnisse, Erwartungen...).
  (b) Der Äußere Beobachter unterscheidet im wesentlichen zutreffend Ereignisse außerhalb des kognitiven Systems vom Typ »interaktionelle Handlung« und »andersgeartete Ereignisse«. Da er interak-

Ort, an dem sich die in verschiedenen Sprachspielen darstellbaren Konstrukte der Vergangenheit begegnen. Insofern jedem gelingenden Sprachspiel ein kollektives Konstrukt (der am Sprach-

tionelle Handlungen (wie alles andere, was ihm die äußeren Sinne vermitteln) stets beim Durchgang der Signale durch das limbische System als mit emotionaler Bedeutung besetzt wahrnimmt, interpretiert er die interaktionelle Handlung (etwa als bestätigend, feindselig, ablehnend, gefährlich ...).

(c) Der Verstehende Beobachter fragt den Inneren Beobachter, ob er der vom limbischen System nahegelegten Interpretation der interaktionellen Handlung folgen wolle oder nicht. Der Innere Beobachter wählt aus dem ihm zur Verfügung stehenden Repertoire eine Bedeutung aus und meldet sie dem Verstehenden Beobachter. Dieser sorgt dann für eine entsprechende Reaktion des kognitiven Systems, welches dann eine bestimmte Reaktion auf die interaktionelle Handlung anordnet, die dann zu einer somatischen Reaktion führen kann (oder nicht), etwa einer reaktiven interaktionellen Handlung. Die Einführung des dritten Beobachters erwies sich als nötig, da die beiden ersten keine gemeinsamen Sachverhalte erkennen. Verstehen aber verbindet Inhalte, die der Äußere Beobachter erkennt, mit Erkenntnissen des Inneren Beobachters.

Dieser Sachverhalt dürfte auch hirnphysiologisch gut bestätigt sein. Das von Walter Cannon und Bard entwickelte Modell läßt dem Neokortex die Chance, mehrere Interpretationsmöglichkeiten der vom limbischen System mit Emotionen besetzten Signale wählend zu prüfen und je nach dem Ergebnis, dem limbischen System hemmende oder nichthemmende Impulse zukommen zu lassen, die dann zu entsprechenden Reaktionen führen. Die folgende Skizze soll das Gemeinte verdeutlichen: Der Äußere Beobachter meldet eine Interaktion, deren Qualität als feindselig verstanden werden kann. Das limbische System besetzt sie also etwa mit Aggressivität. Der Innere Beobachter stellt folgende Interpretationen zur Verfügung: Es handelt sich (a) um einen Scherz, (b) um ein Mißgeschick, (c) um einen Angriff. Der verstehende Beobachter entscheidet sich für »Scherz«. Dann sendet der Neokortex hemmende Impulse an das limbische System. Es kommt also nicht zu aggressiven Reaktionen, sondern zu solchen, die einer scherzhaft interpretierten interaktionellen Handlung angemessen sind.

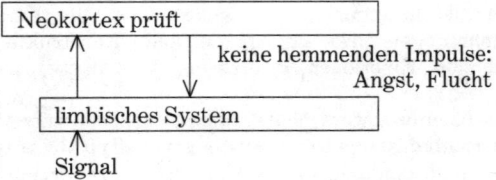

58

spiel beteiligten Mitspieler) zugeteilt werden kann, kann man es als gegenwärtigen Kreuzungspunkt verschiedener sozialer Gedächtnisse interpretieren. Soziales Gedächtnis wird also immer

---

Der Neokortex ist eine wichtige Region des Endhirns. Er überwächst die übrigen Hirnregionen. Er besteht 1. aus den primären Ursprungs- und Endigungsgebieten langer Bahnen (etwa dem »motorischen Kortex«, an den sich der »sensible Kortex« anschließt) und 2. aus den dazwischenliegenden Assoziationsgebieten, die beim Menschen den weitaus größten Teil des Kortex ausmachen. Das limbische System umfaßt die phylogenetisch alten Anteile der Endhirnhemisphäre und die Verbindungen zu subkortikalen Zentren. Es bildet keine topische Einheit, sondern faßt funktionell eng verknüpfte Kerne und Rindenbezirke zusammen. Es wird auch als »emotionales Gehirn« bezeichnet. Über drei Bahnen beeinflußt es den Hypothalamus, der die vegetativen Reaktionen steuert.

Dieses Cannon-Bordsche Modell führt zu erheblich anderen Interpretationen als ein naives (nicht-konstruktivistisches).

Naiv	*Konstruktivistisch*
Das macht mir angst.	Ich mache mir angst.
Ich fühle, daß du mich nicht magst, und das macht mich traurig.	Ich denke, daß du mich nicht magst, und bin deshalb traurig.
Du machst ihm Schuldgefühle.	Er benutzt deine Äußerungen, um sich Schuldgefühle zu machen.
Er regt mich auf.	Ich rege mich auf, weil ich negativ über ihn dachte.

Die Cannon-Bordsche Theorie erlaubt es dem Neokortex, eine Mehrzahl von Informationen zu den gegebenen Signalen auszubilden und zwischen diesen nach Maßgabe der Konstrukte auszuwählen. Das ist die Bedingung der Möglichkeit von Handeln und Entscheiden (Kontingenz) und somit auch jeder Ethik. Eine biophile Ethik verlangt, zwischen den gegebenen Alternativen die zu wählen, deren Ausgänge die bessere Biophilie-Bilanz erbringen.

Was also bedeutet »Verstehen«? Wenn der Äußere Beobachter erkennt, daß ein bestimmtes Selbstverstehen des Inneren Beobachters mittels fremderzeugter Signale, die zu Informationen verarbeitet werden, von einem äußeren Signalgeber (»Sprecher«) in der Absicht, sich verständlich zu machen, angeregt wird, sprechen wir von einer Situation, in der »Verstehen« geschehen kann. Wir können davon ausgehen, daß, wenn der Äußere Beobachter Anzeichen gelingender Konstruktbewährung (konsensuelle Handlungen nach rekursiven) feststellt, dies ein Anhaltspunkt für einen dritten, den »Verstehenden Beobachter« ist, daß er das Gesagte

erzeugt, wenn Sachverhalte in Sprachspiele eingebracht werden, die Rekursionen erlauben und so zu ähnlichen Informationen führen.

Da wir die Neuzeit als Menge von in Sprachspielen (etwa während der Ausbildungssozialisation) kollektivierten Geschichten verstehen, ist für ihr Verstehen das soziale Gedächtnis zuständig. Es objektiviert sich in interagierenden Subjekten (Individuen wie institutionalisierten Sozialgebilden). Es bewahrt aus der Vergangenheit nur das, was der gegenwärtige Bezugsrahmen zu rekonstruieren erlaubt. In ein Konstrukt wird nur das eingelagert, was sich in den Sinnrahmen des Konstrukts konsistent und kohärent eingliedern läßt. Dabei kann das Konstrukt durchaus modifiziert werden. Der Bezugsrahmen umschließt alle Erinnerungen, die im Augenblick sinnvoll zu sein scheinen. Ändert sich dieser sinngebende Rahmen, werden Erinnerungen, die nun beziehungslos geworden sind, vergessen (oder anders abgewehrt), andere – inzwischen vergessene – dagegen finden in dem neuen Sinnrahmen einen Ort und werden »wiedererinnert«. Änderungsprozesse im Sinnrahmen verlaufen im Regelfall unbewußt.

Das soziale Gedächtnis ist also insoweit sozial,

- als es Erinnerungen an vergangene und gegenwärtig anhaltende Interaktionen speichert und
- die Bildung von kollektiven Konstrukten erlaubt. Da solche kollektiven Konstrukte die Bedingung der Möglichkeit stabi-

---

»richtig« (wie vom Sprecher gemeint) verstanden hat. Der Verstehende Beobachter bildet eine Metainstanz, der die Wahrnehmungen des Inneren und Äußeren Beobachters zu dem verarbeitet, was man Verstehen nennt. Verstehen ist kein kognitiv-psychisches Geschehen, sonst könnte der Innere Beobachter das Gemeinte verstehen. Es ist aber auch kein äußeres Geschehen, sonst könnte es der Äußere Beobachter wahrnehmen. Als kognitiv-soziales Geschehen spielt es zwischen beiden und wird durch beide vermittelt. Dabei ist sorglichst darauf zu achten, daß der Verstehende Beobachter stets aus dem Angebot der vom Inneren Beobachter angebotenen Interpretationen des vom Äußeren Beobachter Gemeldeten auswählen kann.

ler Sozialgebilde – und Epochen sind Sozialgebilde – beschreibbar sind, ist das soziale Gedächtnis die Basis, ja Ursache jeder Epoche. Es speichert deren autobiographischen Geschichten. Die Neuzeit greift in ihren Geschichten auf die im Erinnern gemeinsamen oder gemeinsam gemachten Inhalte des sozialen Gedächtnisses zurück. So enthalten die Geschichten eine Menge von Bedeutungen und Regeln, aber auch kollektive Wertungen, Orientierungen, Interessen, Emotionen... die für eine gelingende Interaktion innerhalb eines nichtflüchtigen Sprachspiels von epochalem Ausmaß nötig sind. Das kollektive soziale Gedächtnis ist also bei aller Dynamik, die sich im Gegenwärtigmachen einstellt, wie jedes Gedächtnis auf die Erzeugung von Kontinuität und Dauer angelegt. Uns bleibt im Versuch, Neuzeit zu verstehen, nur das kollektive Verstehen, deren kollektiven oder kollektivierten Geschichten über Institutionen, Kunst, Technik, Wirtschaft, Religion, Moral, Politik... Sie konstituieren Neuzeit. Wir greifen auf sie zurück wie auf andere historische Daten.

(c) Das bewohnte und das unbewohnte Gedächtnis (Speicher- und Funktionsgedächtnis)

Dem »bewohnten Gedächtnis« mit seinen tatsächlich erzählten Geschichten steht das »unbewohnte Gedächtnis« mit seinen nichterzählten, unbewohnten Geschichten (etwa der Neuzeit) gegenüber.[101]

---

101 Statt von bewohnten und unbewohnten Arealen des Gedächtnisses zu unterscheiden, differenziert man heute meist zwischen Speicher- und Funktionsgedächtnis. Das »Speichergedächtnis« beinhaltet alle Erfahrungen, die einmal in die Konstrukte eingelagert worden sind. Seine Inhalte sind »teilweise verschüttet, unproduktiv, teilweise unterschwellig vorhanden, aber außerhalb der Belichtung durch Aufmerksamkeit, teilweise zu sperrig für ein ordentliches Zurückholen, teilweise schmerzhaft oder skandalös und deshalb tief vergraben... Auf kollektiver Ebene enthält das Speichergedächtnis das unbrauchbar, das veraltet und fremd Gewordene, das neutrale, identitätsabstrakte Sachwissen, aber auch das Repertoire verpaßter Möglichkeiten, alternativer Optionen und ungenutzter Chancen.« Das »Funktionsgedächtnis« bezieht sich auf den durch

Geschichten sind unbewohnt, insofern sie keinen Bezug zur Identität des gerade spielenden Sprachspiels (mit seinen Interessen, Bedürfnissen, Erwartungen, Werteinstellungen) haben und daher nicht mehr erinnert werden. Da die meisten Geschichten der Neuzeit schriftlich fixiert wurden, könnten sie, bei wechselnden Interessen, sei es der genuinen Geschichtenerzähler, sei es derer, die Neuzeit zu verstehen versuchen, zur Wiederbelebung der unbewohnten, schlafenden Geschichten kommen. Erst wenn eine Geschichte unbewohnbar geworden ist, wird sie aus

---

den aktuell vorgegebenen Sinnrahmen definierten Bereich des aktuell Erinnerbaren. »Das Funktionsgedächtnis ruft die Vergangenheit zur Bekräftigung der Gegenwart auf ... Die Vergangenheit, die das Ergebnis einer die Gegenwart fundierenden Rekonstruktionen ist, verändert sich im Einklang mit Wandlungen dieser Gegenwart.«

Das Speichergedächtnis der Subjekte mit seinen unbewohnten Regionen ist wesentlich mitverantwortlich für die relative Trägheit der Subjekte auch gegenüber manipulatorischen Einflüssen. Die Meinung, Menschen seien leicht »von außen« (also aus Regionen, mit denen sie kein Sprachspiel verbindet) in vorhersehbarer Weise manipulierbar, setzt die Container- oder Botschaftsmetapher realistisch und ist daher falsch. Dagegen sind Menschen außerordentlich leicht über soziodynamische Prozesse »von innen« (durch die in den Sozialgebilden, denen sie engagiert angehören, ausgebildeten Orientierungen, Werteinstellungen und Vorurteile) zu beeinflussen. Die Schutzbehauptung vieler Massenmedien, sie würden de facto kaum Allgemeines Bewußtsein beeinflussen, ist insoweit falsch. Nur, wenn sie nicht die Vorurteile der unkritisch Vielen in Frage stellen, können sie ohne signifikanten Einfluß bleiben. Verstärken sie Vorurteile oder bauen sie solche auf in bislang »leeren« Bewußtseinsregionen, können sie das Allgemeine Bewußtsein erheblich beeinflussen. Der Aufbau einer exogenen Moral gegenüber ganzen Branchen (Energieerzeugung, Chemie, Pharmazie, Rüstung, Verpackung, Automobile) mag davon zeugen.

Die Fähigkeit, vor allem von sozialen Großgebilden (wie Staaten, Kirchen, Großunternehmen, Parteien ...), die über schriftliche Tradition verfügen, gegebenenfalls Inhalte aus dem schriftlich fixierten »Speichergedächtnis« ins Funktionsgedächtnis wandern zu lassen, ist für die Art und Geschwindigkeit sozialen Wandels mitunter recht erheblich. Die Durchlässigkeit der Grenzen beider Gedächtnisse scheint wesentliche Voraussetzung jeden sozialen Wandels zu sein. Der Umgang mit »Geschichte« infolge der politischen Veränderungen in Deutschland 1918, 1945, 1989 ... kann das leicht belegen. Auch der Untergang der Neuzeit ist nur erklärlich, wenn man annimmt, daß bestimmte für unerheblich gehaltene Inhalte des Speichergedächtnisses ins Funktionsgedächtnis migrierten.

dem kollektiven Gedächtnis getilgt, selbst wenn sie – weil schriftlich fixiert – an und für sich reproduzierbar wäre. Geschichten, welche die Neuzeit selbst diskreditierten, werden zumeist nicht weitererzählt, können aber vom Verstehenwollenden nach-neuzeitlichen Interpreten ausgemacht werden. Das »Unbewußte« der Neuzeit kann durchaus Aufschluß geben über ihre Strukturen. Einige Beispiele für solch unbewohnte, verdrängte Geschichten seien hier erwähnt:

- Die Sozialenzyklika *Pius' XI.* (Quadragesimo anno vom 15. 5. 1931) steht nachweislich in Verbindung mit dem
  - »katholischen Faschismus« *Benito Mussolinis* in Italien,
  - dem katholischen Faschismus der Ustascha in Kroatien (deren Mitglieder zwischen 1941 und 1944 während der Dauer des von *Adolf Hitler* gestifteten »Unabhängigen Staats Kroatien« viele hunderttausend Serben ermordeten),
  - dem katholischen Faschismus des *Engelbert Dollfuß* (der als von der Christlich-Sozialen Partei gestellter Bundeskanzler Österreichs seit dem Mai 1932 der liberalen Demokratie den Garaus machte).
- Der Résistance (Mouvement units de la Résistance) gegen die deutschen Besatzer in Frankreich (1940–1945) gehörten kaum mehr als 1 Prozent der Franzosen an. Zwar wurden 115 000 von den Deutschen erwischt und deportiert. Doch ist es eine Mär, daß die Mehrheit der Franzosen sie getragen hätte und ihre Effizienz gegen Kriegsende der von zwölf bis fünfzehn Divisionen gleichgekommen wäre. Vielmehr kollaborierten zahllose Franzosen mit dem Vichy-System (so auch der französische Staatspräsident [1981–1995] *François Mitterrand*).
- Der erste Judenstaat kam, wenn man den Geschichten des Buches Josua trauen kann, durch eine Serie von geschichtlich vermutlich einzigartigen Völkermorden zustande: Ausgerottet wurden die Bewohner der Königreiche Jericho, Ai, Amoriter, Makkeda, Libna, Laschisch, Eglon, Debir. »So schlug Josua das ganze Land ... mit allen seinen Königen. Niemand ließ er entkommen; alles, was lebte, weihte er dem Untergang, wie es der Herr, der Gott Israels, befohlen hatte« (Jos. 10, 40).

- Unbewohnt sind heute auch die Geschichten der Bildungen von Staaten, sieht man einmal von den Staatsgründungen des 19. Jahrhunderts ab (*Garibaldi*/Italien, *Bismarck*/Deutschland). Nahezu alle Staaten, deren Gründung nicht mehr von der Geschichte erreicht wird, bildeten sich durch nackte Usurpation. Aber auch die einst so wichtigen Geschichten der Herrscherhäuser oder der Religionen etwa des Judentums, des Christentums, des Islam, des Buddhismus und nahezu aller anderen, vieler Revolutionen (etwa der von 1830 oder 1848 in »Deutschland«) werden nur mehr oder minder mythisch verbrämt erzählt.

Das bewohnte Gedächtnis ist erststellig verantwortlich für das Selbstbewußtsein einer Epoche, das ganz erheblich von seinen historiographisch zu erhebenden Realitäten abweichen kann (so verstehen sich die USA als letzter Hort neuzeitlicher Werte, bringen aber zugleich von Staats wegen [durch vollstreckte Todesurteile etwa oder durch ungerechtfertigte Kriege] zahlreiche Menschen um). Die dauerhaft bewohnten Geschichten konstituieren das Bewußte der »Epochen«. Es gibt kaum Geschichten, die über Epochengrenzen einander ähnlich bleiben. So könnte es sein, daß die Nach-Neuzeit die neuzeitlichen Geschichten der Naturwissenschaften oder der neuzeitlichen Kriege in Deutschland ganz ähnlich erzählt.
Sich wandelnde Werte führen zu anderen Geschichten. Die Bedeutung eines Wertwortes (etwa: Gerechtigkeit, soziale Sicherheit...) läßt sich im Kontext der Geschichten gelegentlich auch über Epochengrenzen hinaus verstehen. Häufiger aber wandeln Wertworte ihre Bedeutung.

- Die Bedeutung von »Solidarität« läßt sich etwa verständlich machen an den Aktivitäten der Gewerkschaften im 19. Jahrhundert. Sie waren Solidarverbände der oft noch ausgebeuteten Arbeiter (»Faktor Arbeit«). Heute erschöpft sich Solidarität etwa in Betroffenheit. Betroffenheit ist eine Solidaritätsform, die zu keinerlei Handlungen (außer Demos, Lichterketten) verpflichtet. So kann man sich solidarisch erklären mit Asylbewerbern, den Moslems in Bosnien, den Aidskranken..., ohne einen Finger zu rühren, die bestehenden Übelstände tatsächlich zu beseitigen. Aber wir erkennen immerhin annähernd die Bedeutung von »Solidarität«, ehe sie zur Betroffenheit verkam. Und haben dabei nicht selten ein schlechtes Gewissen.

- Oder das Wertwort »Gerechtigkeit«[102]. Es fiel als »soziale Gerechtigkeit« in die Hände der Politiker. »Soziale Gerechtigkeit« bezeichnet den Sachverhalt, daß einkommens- und/oder vermögensstärkere Mitbürger einen höheren Preis für die allgemein erbrachten staatlichen Dienstleistungen[103] aufbringen müssen als die finanziell Schwächeren. So weit, so gut. Die Regierung der Bundesrepublik Deutschland maßt sich aber seit einiger Zeit an, die Opportunitätskosten der »Reichen« über das Maß des Notwendigen im Namen der »sozialen Gerechtigkeit« unmäßig zu erhöhen. Wenn Wertworte in den Mund von Politikern geraten, ist stets höchste Vorsicht geboten.

---

102 Bis ins Heute versteht man mit Domitius Ulpianus (170–223) Gerechtigkeit als den konstanten und dauerhaften Willen, einem jeden sein Recht zu gewähren (»iustitia est constans et perpetua voluntas ius suumquique tribuendum«). Wobei Ulpian schon drei Quellen kannte, aus denen Menschen Rechte zukommen: das Gesetz, der Vertrag und die Tatsache, daß jemand römischer Bürger sei (wir würden diese dritte Rechtsquelle heute mit Menschsein [»Menschenrechte«] begründen). »Soziale Gerechtigkeit« ist entweder Gerechtigkeit – und dann ist das Adjektiv »sozial« überflüssig –, oder sie ist eine Form der scheinbar oder anscheinend sozial gerechtfertigten Ungerechtigkeit.

103 Zu den allgemeinen staatlichen Dienstleistungen zählt man vor allem die Sicherung des inneren und äußeren Friedens, die Bereitstellung einer Gerichtsbarkeit, die Sicherung der Umwelt ... und andere Aktivitäten, die ein Staat aufbringen muß, weil anders zu vergleichbaren Kosten schwerer Schaden vom Gemeinwohl nicht abgewandt werden kann. Hierher gehören vor allem die Erstellung öffentlicher Güter.

(d) Das kulturelle Gedächtnis als Form des sozialen

Das »kulturelle Gedächtnis«[104] ist eine langlebige Variante des sozialen Gedächtnisses.[105] Es speichert die »wesentlichen«, die eine Epoche definierenden Wertgeschichten und die Geschichten der mit Werten verbundenen Institutionen. Solche Geschichten werden innerhalb einer Epoche möglichst unverändert weitererzählt. Sie sichern die (scheinbare) Identität von Sozialgebilden (also auch einer Epoche). Für die hohe Zeitinvarianz sorgen vor allem ein hoher Grad an Strukturierung und Formelhaftigkeit, dann aber auch die Weisen der präsentischen Gegenwärtigsetzung durch Feier- und Gedenktage (für die Neuzeit etwa: der Reformationstag) oder Sagen (für die Neuzeit etwa: die Entdeckung Amerikas durch Kolumbus). Ein Beispiel für die Erzeugung eines kulturellen Erinnerns ist die anläßlich des 50. Jahrestages des Kriegsendes (1995) festgelegte offizielle Version: Es habe sich dabei um eine Befreiung Deutschlands vom Nationalsozialismus (und nicht etwa auch um eine Niederla-

---

104 Wir bestimmen im Gegensatz zur Neuzeit eine soziokulturelle Einheit und die eines Kulturraumes nicht durch die gemeinsame Sprache und Geschichte, sondern durch die Einheit der politischen, ökonomischen, sozialen, kulturellen, moralischen Werte. Dieser Ansatz kann zur Ausbildung transkultureller Gesellschaften führen, da er nicht mehr vorrangig die Eingliederung in eine kulturelle Einheit in der primären, sondern in der Ausbildungs- und Berufssozialisation sieht, in der die meisten ökonomischen, politischen, sozialen und kulturellen Werte internalisiert werden. Das bedeutet etwa, daß ein indischer, ein türkischer und ein deutscher Arzt kulturell einander näher stehen als ein deutscher Arzt und ein deutscher Rechtsanwalt oder Bauarbeiter.

105 Wir unterscheiden das kulturelle Gedächtnis in Schriftkulturen und in schriftlosen. Vor allen in schriftlosen Gesellschaften stellt die Verwaltung des kulturellen Gedächtnisses oft eine erhebliche Machtquelle dar. Das Machtwissen von Häuptlingen und Schamanen hat nicht selten hier seinen Grund. In schriftlosen Gesellschaften stellt die im Wissen der Ältesten niedergeschlagene Erfahrung eine wichtige Machtquelle dar. Es geht dabei nicht um das praktische Wissen von den notwendigen Überlebensstrategien (Nahrungsquellen, Wanderwege, Jagdgründe etc.) – worüber auch Frauen verfügen können –, sondern vor allem um das identitätssichernde Wissen über Sitten und Gebräuche, Mythen, Heiratsregeln etc., das fest in männlichem Besitz ist. Da die Neuzeit eine Schriftkultur entwickelte, ist diese Erscheinung in unserem Rahmen ohne aktuelle Bedeutung.

ge) gehandelt. Auch der »Historikerstreit« der endenden achtziger Jahre gehört hierher: Er endete mit der offiziellen Feststellung, die Massenmorde der Nazis an Juden seien ein geschichtlich einmaliges Verbrechen und mit allen anderen unvergleichbar.

Vor allem die Inhalte des kulturellen Gedächtnisses begründen über die gemeinsamen Werte die Identität eines soziokulturellen Gebildes – auch einer Epoche. Gehen Wertinhalte des kulturellen Gedächtnisses unter, entfallen dem Sozialgebilde identitätsstiftende Erinnerungen. Es selbst zerfällt in »Provinzen«. Und genau dieser Vorgang – des Schwindens oder gar Verschwindens wichtiger Inhalte des kulturellen Gedächtnisses der Neuzeit – läßt sich heute unschwer ausmachen (etwa am Schwinden des geschichtlichen Interesses).

Der Identitätsverlust und damit der Untergang der Neuzeit scheint auf den ersten Anschein unwahrscheinlicher zu sein, als sie die meisten ihrer Geschichten schriftlich fixierte.[106] Schriftlichkeit sollte – wie man auf den ersten Blick meinen möchte – dem kulturellen Gedächtnis besondere Konstanz und Langlebigkeit sichern. Diese Annahme ist jedoch nur sehr bedingt richtig. Die Identitätssicherung einer schriftlosen Kultur (etwa der Hopi oder der Massai) ist sehr viel unproblematischer, da zum einen die Zahl ihrer identitätsstiftenden Geschichten klein ist und zum anderen die Geschichten über Generationen hinweg mit identischem Wortlaut erzählt und über identische Riten beibehalten werden. Doch auch die Bewahrung kultureller Identität kann in schriftverfügenden Kulturen dann gewährleistet sein, wenn der wesentliche Wertbestand in einer abgeschlossenen und wohl definierten Menge von Geschichten gesichert ist (Judentum/Gesetz und Propheten/Thora, Islam/Kuran/Scharia).

---

106 Das kulturelle Gedächtnis erfährt mit dem Übergang zur Schriftlichkeit strukturelle Veränderungen. Kultureller Sinn kann jetzt auch außerhalb des menschlichen Gehirns gespeichert werden. Inhalte des sozialen Gedächtnisses werden jetzt als Botschaften speicherbar, unabhängig von
- der akzeptierten und für die Formierung von Konstrukten erheblichen Weitergabe durch die mündliche Tradition und
- der Kodierung und Aktualisierung in den Szenarien der Gegenwart.

Ist jedoch die Menge der wertinterpretierenden Geschichten potentiell offen, ist die Identitätssicherung erheblich erschwert.

So verliert eine »Kultur« durch die Ansammlung einer prinzipiell offenen Menge von Geschichten ihre Konturen. Sie wuchert aus und verliert dadurch ihre »Gestaltqualität«. Die Überlastung mit Geschichten erzeugt nicht nur Überdruß an solchen Geschichten, sondern zwingt zu einer Selektion. Die Wertgeschichten werden selektiert nach Vorgabe gemeinsamer oder individueller Konstrukte, gemeinsamer oder individueller Interessen, Bedürfnisse und Wertvorstellungen der jeweiligen Gegenwart. Vieles verschwindet endgültig im Speichergedächtnis. Die Neuzeit der USA, die erst gegen Ende des 19. Jahrhunderts begann, ist eine andere als die der Franzosen, der Briten, der Italiener, der Deutschen. Sie alle wählten unter dem Anspruch interessegeleiteter Erkenntnis aus dem Pool der Neuzeit stiftenden Geschichten jene aus, die für die Stabilisierung ihres kollektiven Narzißmus die geeignetsten waren.

Die Grenzziehung zwischen Funktions- und Speichergedächtnis wird aufgeweicht. Das jeweilige Interesse von Gruppen, Gesellschaften, Völkern läßt Geschichten ins Unbewußte verdrängen, andere werden aus dem Speichergedächtnis hervorgeholt.

	Bewahrt bleiben	Untergegangen sind
USA	Geschichten der Landnahme	Geschichten der Indianerausrottung
F	Geschichten der Revolution	Geschichten der Kooperation mit den Nazis
GB	Geschichten des Commonwealth	Massenelend in Irland

Die Schriftlichkeit sichert also, wenn sie eine große Menge von Geschichten speichert, keineswegs die »historische Identität« eines Sozialgebildes oder einer Epoche, sondern stellt sie in eine Beliebigkeit, die das Enden einer Epoche erleichtert. Solche Beliebigkeit bedeutet für eine philosophische Reflexion über das Ende der Neuzeit und erst recht über mögliche Strukturen der Nach-Neuzeit ein erhebliches Handikap. Hier wird wieder deutlich, daß gerade die rekursive Aktivitäten scheinbar überflüssig machende Schriftlichkeit dazu führt, daß Botschaften nahezu beliebig interpretiert werden können. Das bedeutet, daß der Begriff »Neuzeit«, insofern er sich unmittelbar oder mittelbar (etwa zur Interpretation von Institutionen, Wirtschaft, Kunst, Philosophie...) auf sprachliche Deutungen neuzeitlicher Sachverhalte einläßt, weitgehend einer Beliebigkeit ausgesetzt ist. Solche maßlose Beliebigkeit wird keineswegs durch den Konstruktivismus erzwungen, sondern begründet sich in der ungezähmten Menge von schriftlich hinterlassenen Geschichten, von denen jede einzelne als Botschaften ungezähmte Interpretationen zuläßt.

Um diese Beliebigkeit einzuschränken und irgend etwas Sinnvolles über Neuzeit und ihr Enden ausmachen zu können, sind einige Randbedingungen festzulegen, welche die Mengen der zu berücksichtigenden Geschichten und die ihrer möglichen Interpretationen begrenzt. Nur ein Konsens über solche Randbedingungen macht es möglich, im Diskurs über eine Epoche und ihr Schicksal zu handeln. Diese Randbedingungen sollen sein:

1. Wir beschränken uns auf Mitteleuropa und beschäftigen uns mit Geschichten, die anderswo spielen, nur insoweit, als sie für mitteleuropäische Geschichten erheblich sind. Dabei soll die Problematik dieser Randbedingung nicht vergessen werden. Die Geschichten aller Zeiten hängen, wenn sie Menschen betrafen, in irgendwelchen politischen, ökonomischen, kulturellen, sozialen Beziehungen zueinander standen, zusammen. Sie bilden die Einheit eines Konstrukts, das man »Menschheitsgeschichte der Alten Welt« nennen könnte.
2. Wir kollektivieren unsere Wertvorstellungen, indem wir die Biophilie als höchsten ethischen Wert auswählen. Von diesem Standpunkt aus werden – meist unausgesprochen – erzählte Ereignisse (Handlungen, Unterlassungen, Folgen...) als auch ökonomische, politische, soziale, kulturelle und moralische Werte und Institutionen betrachtet. Eine Geschichtsphilosophie kann – im Gegensatz zur Historiographie – nicht wertfrei agieren, da sie, wie alle Philosophie, stets ein wertendes Apriori voraussetzt.

3. Wir kollektivieren unser Interesse, indem wir die Frage nach dem Untergang der Neuzeit als für uns erheblich halten.

Der Untergang der Neuzeit ist sicherlich auch auf das Schrumpfen des Funktionsgedächtnisses zurückzuführen. Die allgemeine Erschöpfung neuzeitlicher Werte bzw. die Erfahrung ihrer Unbrauchbarkeit oder Unzulänglichkeit führten zu einer Minderung der systembildenden Inhalte des Funktionsgedächtnisses.[107] Da die Neuzeit mit der Erfindung der Druckkunst sehr bald eine Unzahl von ihr Sinn und Bedeutung gebenden, ihre Identität gegen das Mittelalter abgrenzenden Geschichten ver-

---

107 Diese Schrumpfung führt zwingend zunächst zum Zerfall großer neuzeitlicher institutionalisierter Sozialgebilde und damit auch zu dem der Neuzeit. Sie ist heute im vollen Gang und wird sich mit der Zunahme der Inhalte des kulturellen Gedächtnisses voraussichtlich beschleunigen. Der Zerfall der Vielvölkerstaaten (Sowjetunion, Jugoslawien, Somalia und später auch der Südafrikanischen Republik und der russischen Föderation) sind politische Zeugen dieses Sachverhalts. Doch auch die multikulturellen Kirchen sind dabei, in Provinzen zu zerfallen, zwischen denen kaum mehr die Gemeinsamkeit der Erinnerungen des kulturellen Gedächtnisses sinnvolle Kommunikation möglich macht. Als erste scheinen ökonomische Einheiten (Unternehmen) aus diesem Sachverhalt Konsequenzen zu ziehen: Großunternehmen gliedern sich in neu geschaffene strategische Geschäftseinheiten auf, in denen neue Geschichten entstehen können, eine eigene Identität geschaffen wird und somit ein zureichend großer Durchschnitt der Erinnerungen des kulturellen Gedächtnisses für sinnvolle Interaktionsmöglichkeiten bereitgestellt wird. Das aber bedeutet:
   • Solche Einheiten schaffen ihre eigene »Epoche«. Sie lösen sich aus dem Kontext der »Epoche« eines Großunternehmens.
   • Institutionalisierte Sozialgebilde – vor allem, wenn sie groß oder alt genug sind, um eine Unmenge von Geschichten zu produzieren – werden immer weiter zerfallen und immer ohnmächtiger und unerheblicher werden, da die in ihm spielenden Subjekte eigenes kulturelles Gedächtnis ausprägen und somit auch ein eigenes Szenario aufbauen, in denen sich das individuelle und soziale Gedächtnis erinnernd zu Bewußtsein bringt.
   • Das Tempo der Veränderung macht es zunehmend unwahrscheinlicher, Botschaften vergangener Lebenswelten auch nur einigermaßen zutreffend zu entschlüsseln. Die Rekonstruktion sozialen Seins und sozialen Bewußtseins vergangener Lebenswelten wird, da keine historische Kohärenz besteht, nahezu unmöglich. Unsere Fähigkeit, unseren sich zunehmend verengenden Sinnrahmen wieder zu weiten,

breitete (wir werden einige davon im folgenden Kapitel behandeln), kann es nicht wundernehmen, daß die Kritik der Neuzeit schon sehr früh begann. Man kritisierte ihren in zahllosen Geschichten angemeldeten Anspruch auf Rationalität (hierher gehören die Geschichten der Aufklärung ebenso wie die ihrer Philosophie und Naturwissenschaften). Dieser Anspruch verkannte, daß im Innen von Rationalität stets der Kern der Irrationalität schlummert, wie sie sich in Kriegen, in vermeidbaren Hungersnöten, in vermeidbarer Armut offenbart. Dennoch dauerte es Jahrhunderte, bis dieses Wissen um die Unvernunft im Innen der Vernunft das Allgemeine Bewußtsein erreichte. Die Einsicht, die Rationalität der Neuzeit maskiere eher schlecht denn recht Irrationalität, blieb erst den revolutionären Endsechzigern vorbehalten.

(e) Über die Funktionen des sozialen Funktionsgedächtnisses

Was sind denn die Aufgaben, welche viele dauerhafte und damit identitätsstiftende Geschichten der Neuzeit zu übernehmen hatten – und oft genug auch erfolgreich übernahmen?

- Sie dienten der Legitimation von Macht. Das Bündnis von Macht[108] und Erinnerung gründet in der Unfähigkeit von kon-

---

nimmt rapide ab. Zunehmende Intoleranz und Vorurteilsbildung sind die zwingende Folge. Mit Zerfall der Einheit der Inhalte des kulturellen Gedächtnisses (= Tradition) werden Geschichten in jeder provinzialisierten soziokulturellen Einheit anders erzählt werden.

108 »Macht« hat seinen etymologischen Ursprung im gotischen »magan«. Von hierher könnte man den Terminus definieren als die Kraft oder das Vermögen, das Mögliche wirklich zu machen. Wir folgen hier der Auffassung des Michel Foucault, der das Wesen der Macht nicht in ihren repressiven Funktionen ausmacht und ihr Zentrum nicht im Staat siedeln läßt. Jedes institutionalisierte Sozialgebilde entwickelt über soziodynamische Prozesse Machtverhältnisse zwingend, die es einer Person oder einer Gruppe von Personen erlauben, ihren Willen notfalls unter Anwendung von psychischer, sozialer oder gar physischer Gewalt gegen andere durchzusetzen. Gewalt gibt es also nicht nur im politischen, sondern auch in ökonomischen, sozialen, sexuellen, wissenschaftlichen Räumen. Sie ist also allgegenwärtig. Eine Revolte gegen bestehende Machtverhältnisse führt nur zum Aufbau neuer. (Überwachen und Strafen, 1976, 14–43;

kreter Macht, sich aus der Gegenwart zu legitimieren.[109] Konkrete Macht braucht legitimierende Geschichten, da es keine genuine Legitimation konkreter Macht gibt.[110] Sie ist stets (sieht man von den wenigen Fällen der »Delegation von unten« ab) okkupiert. Weder politische noch ökonomische Macht ist primär legitimierbar, sondern allenfalls sekundär (insofern sie schweren Schaden vom Gemeinwohl wendet, insofern sie das ökonomische Gemeinwohl mehrt...). So erfand die europäische Neuzeit ihre Geschichten von der politischen, wirtschaftlichen, sozialen, kulturellen, ja moralischen Überlegenheit über alle anderen »Kulturen«, besonders aber die Überlegenheit über jene der Kolonialvölker.

- Sie dienen der Delegitimation »überwundener Epochen«. Diese Delegitimation delegitimiert die Legitimation von Vergangenem. Geschichten über das Mittelalter erzählen von einer dunklen Nacht des Geistes, des Aberglaubens und der Intoleranz.
- Sie dienen dazu, »erfundene Traditionen« zu verfestigen. So erfand die Renaissance die Geschichte von der edlen Kunst der Antike, in deren Tradition sie stehe. Daß es sich dabei um Lügenmärchen handelte, wurde lange nicht bewußt. Die

---

Sexualität und Wahrheit 1977, 111–113; Dispositive der Macht, 1978, 68 f., 83 f.). Der Marxismus ist dagegen der Auffassung, daß Macht ein Ausdruck der jeweiligen gesellschaftlichen Verhältnisse (vor allem der Produktionsverhältnisse) ist. In Klassengesellschaften bildet sich vor allem politische Macht aus, um die Ausbeutungsverhältnisse zwischen den Klassen zu sichern (vgl. MEW 25, 799). Wir handeln hier stets von »konkreter Macht«, da Machtverhältnisse unvermeidbar sind. Konkrete Macht könnte auch immer andere sein und wird deshalb auch stets in Frage gestellt werden. Damit steht sie vor dem nicht einzulösenden Postulat, sich als diese zu legitimieren.

109 Vgl. dazu: R. Lay, Die Macht der Moral, Düsseldorf (ECON) 1990, 104 bis 120.

110 Wir sehen hier ab von der durchaus plausiblen und bedenkenswerten Theorie des Michel Foucault, die annimmt, daß jede Institution notwendig Machtstrukturen ausbildet, um zu überleben. Diese Strukturen repräsentieren sich in menschlichen Handlungen und Entscheidungen, die, um den Bestand der Institution zu sichern, deren endogene Zwecke realisieren, und das unter Anwendung von Gewalt (d. h. der Drohung, im Fall des Widersetzens Strafen zu verhängen).

Kunst der Antike kannte nicht nur, wie *Friedrich Nietzsche* treffend erkannte, das Apollinische, sondern auch das Dionysische.[111] Die Renaissance ersetzte die sozialen Tugenden der Antike durch die »Tugenden des Egoismus« (diese erst ermöglichten die Entwicklung einer kapitalistischen Marktwirtschaft und einer Mehrheitsdemokratie). Im christlichen Bereich wurde etwa die »Heiligung des Sonntags« als gottgewollt (obschon erst 321 durch Kaiser Konstantin für seine Soldaten und keineswegs für alle eingeführt) oder die 354 eingeführte Feier der Geburt *Jesu* am Tage der Feier der Geburt des Gottes *Konstantins* (des »*Sol invictus*« – der unbesiegten Sonne) als erfundene Tradition durch Recht und Feier stabilisiert.

b. Das Verstehen

Von hierher können wir bestimmen, was geschichtliches Verstehen in einer konstruktivistischen zeitgeschichtlichen Analyse in philosophischer Absicht bedeutet. Es spielt im Horizont des sozialen Gedächtnisses, meist in der spezifischen Form des kulturellen. Wir hatten schon ausgemacht, daß für das Verstehen[112]

---

111 »Psychologische Grunderfahrungen: mit dem Namen ›apollinisch‹ wird bezeichnet das entzückte Verharren vor einer erdichteten und erträumten Welt, vor der Welt des schönen Scheins als einer Erlösung vom Werden: mit dem Namen des Dionysos wird andererseits das Werden aktiv gefaßt, subjektiv nachgefühlt, als wütende Wollust des Schaffenden, der zugleich den Ingrimm des Zerstörenden kennt« (Dionysos Philosophus, WW II, 456).

112 Wir sind nicht der Meinung, Verstehen geschehe nur dann, wenn Sprecher und Hörer über identische Begriffe verfügen, wenn sie den Denkzeichen dieselben Sprachzeichen zuordnen, wenn sie über dieselbe Methode verfügen, Denkzeichen in Sprachzeichen und Sprachzeichen in Denkzeichen (als Informationen zu Signalen und Signale zu Informationen) zu wandeln. Verstehen setzt einzig und allein voraus, daß beide entweder interaktionell erfolgreich ein Sprachspiel schaffen oder im selben Sprachspiel interagieren. Ebenso sind wir nicht der Ansicht, daß das Erheben von Bedeutungen mit den Methoden der Linguistik (etwa in Lexika realisiert) oder der Philosophie (also vor allem im Fragen nach zureichenden Gründen etwa mittels der transzendental-logischen Frage nach der

einer interaktionell vermittelten Bedeutung (also etwa einer Nachricht oder einer Botschaft) der Verstehende Beobachter eine nicht verzichtbare Rolle übernimmt. Er bildet das Konstrukt des Verstandenen. (Geschichtliches) Verstehen ist also ein Sonderfall des (geschichtlichen) Erkennens. Der Verstehende erkennt, daß er eine der vielen Geschichten, welche identische Signale erzeugen können, versteht – sie zu einem Konstrukt formt. Insofern er versteht und nicht nur zu verstehen glaubt, muß er das Verstandene interaktionell bewähren, muß Verstehen zu einem sozialen Ereignis werden lassen. Was aber bedeutet »Bewährung von Konstrukten«?

- Dieses Bewähren geschieht optimal in Kommunikationsgemeinschaften, in denen sich verschieden Verstandenes zur Sprache bringt – um endlich, nach oft langen rekursiven Prozessen, zu einer Geschichte zu kommen, die von allen in ähnlicher Weise verstanden und erzählt wird. Wenn die Ähnlichkeit der Erzählung erhalten bleibt, obwohl sich bei den verschiedenen Mitgliedern der Kommunikationsgemeinschaft Interessen, Erwartungen, Bedürfnisse geändert haben, kann man annehmen, daß ein neues kollektives Konstrukt erzeugt wurde.
- Dieses Bewähren kann aber auch geschehen, wenn sich eine Person einer bestehenden Institution anschließt und in rekursiven Interaktionen sich das von der Institution standardisierte Konstrukt zu eigen macht.

So versucht dieses Buch mit den mit ihm (und virtuell mit seinem Urheber) geführten Rekursionen über Geschichten der Neuzeit, ein kollektives Konstrukt zu erzeugen von dem, was »Neuzeit« und »Ende der Neuzeit« meint. Es soll also der Prä-

---

Bedingung der Möglichkeit von Verstehen überhaupt) geschehen kann, da wir nicht der Meinung sind, daß »Bedeutungen« in Analogie zu »Dingen an sich« abgehandelt werden können und müssen. Sie können nicht vom Äußeren Beobachter erkannt werden, sondern allein vom Verstehenden. Dieser konstruiert im Verstehen Bedeutungen. Konstruieren die tertiären Beobachter aller in einer Interaktionsfolge Beteiligten ähnliche Bedeutungen, Regeln, Emotionen..., konstruieren sie ein Sprachspiel.

sentismus objektiviert werden. Dabei müssen sich alle Beteiligten darüber im klaren sein, daß ein solches Konstrukt niemals eine reale Epoche betreffen kann, zum einen, weil es sie nicht »objektiv gibt«, zum anderen, weil alles Verstehen Selbstverstehen ist. Neuzeit läßt sich also nicht anders verstehen denn als ein Konstrukt, in das ausschließlich Erfahrungen, Bedürfnisse, Erwartungen, Interessen und Werteinstellungen der Gegenwart eingehen. Und diese Gegenwart hat die Neuzeit schon überwunden. Sie lebt idealtypisch weiter in ihren erinnerbaren Geschichten – und nirgends sonst. Man möchte meinen, daß sie auch weiterlebt in den Institutionen, die sie schuf: in Staaten, in Kirchen, in Unternehmen, in Ausbildungsstätten... Doch das ist nicht der Fall, denn diese Manifestationen des sozialen Seins änderten sich mit der Veränderung des sozialen Bewußtseins, selbst wenn sie etwa aufgrund ihrer Verfassung, ihrer Satzung vermeinen, in alter Identität weiterzuleben. Der qualitative Bruch mit den Werten und Institutionen der Neuzeit läßt keine Institution, ja keine Person in ihrer alten Identität überleben. Die Annahme einer überlebenden Identität gründet zumeist in der Unfähigkeit, den Präsentismus praktisch zu machen, und in dem Glauben, man könne Vergangenheit verstehen.

Von hierher wird evident, daß Verstandenes niemals in einem semantischen Sinne »wahr« (frei sein von Täuschungen und Irrtum) ist oder auch nur sein kann. Der Verstehende Beobachter kann sich immer täuschen und irren.[113] Nur wenn wir uns dieses (trivialen) Sachverhalts bewußt sind, wird unser philosophi-

---

113 Dagegen ist eine Bestimmung einer Aussage als »pragmatisch wahr«, die folgende drei notwendige Bedingungen erfüllt, unter bestimmten Umständen sinnvoll:
- Sie muß innerhalb eines Sprachspiels von allen beteiligten Verstehenden Beobachtern als frei von Täuschung und Irrtum akzeptiert und verwendet werden (das festzustellen ist nicht ganz einfach),
- sie muß in einer im Sprachspiel anerkannten Weise die Welt, in der sie gelten soll, angeben, und
- sie muß nützlich sein. Das bedeutet vor allem: Ihre Verwendung muß Konstrukte derart bewähren (helfen), daß personales Leben eher gemehrt denn gemindert wird.

scher Versuch, die Neuzeit und ihr Ende zu verstehen, niemals einem Dogmatismus verfallen.

Wenn wir das Konstrukt »Neuzeit« erzeugen, generieren wir ein Modell. »Modelle« sind wissenschaftliche oder vorwissenschaftliche Konstrukte, die eine sehr komplex miteinander verzahnte Menge von Daten (in unserem Fall historiographischen Daten, von denen uns Geschichten erzählen) so weit reduzieren, daß zunächst ein Begriff (ein Denkzeichen) gebildet wird, der sich mit anderen Begriffen zu Aussagen verbindet, die in »verständliche« Sätze übersetzt werden können.

4. Kapitel
Geschichten aus der Zeit des Übergangs (1500–1650)

Philosophie der Geschichte hat wie alle Philosophie die Aufgabe, unser Nicht-Wissen verantwortet zu verwalten. Und dieses Nicht-Wissen ist nicht etwa behebbar oder auch nur qualitativ zu mindern (das können wir allenfalls quantitativ durch die Eliminierung einiger aus einer potentiell unendlichen Zahl von Irrtümern und Täuschungen). Gedanken über das Ende der Neuzeit machen uns deutlich, daß wir nur Nicht-Wissen verwalten. Und solchem fundamentalen Nicht-Wissen (das allenfalls jenseits nachgewiesenen Irrens und Getäuscht-Werdens spielt) begegnen wir schon im Versuch, die Frage nach dem Beginn der Neuzeit zu stellen. Welche Möglichkeiten haben wir, den Beginn einer Epoche festzumachen, von der wir bestenfalls über ein kollektives Konstrukt verfügen? Wir unterstellen mit unserer Frage nicht, daß dem Denkzeichen »Neuzeit« etwas entspricht, das unabhängig von unseren kognitiven Systemen existiert. Welche sinnvolle Frage kann uns aber zum Schlüssel werden, das Tor unseres Unwissens wenigstens hin auf Verantwortung zu öffnen? Die Frage könnte lauten: Welcher Art sind die Signale, die es uns erlauben, Informationen zu bilden, die den Begriff »Neuzeit« als sinnvoll erscheinen lassen? Wenn es uns gelingt, festzustellen, daß das Ende der Epoche »Vor-Neuzeit«, die wir gemeinhin Mittelalter nennen, durch einen erheblichen Schwund an politischen, sozialen, kulturellen, ökonomischen Werten und Institutionen auszumachen ist, wenn wir zudem feststellen, daß ihr nach einem längeren desorientiertem Interstiz eine Welt anderer politischer, ökonomischer, sozialer und kultureller Werte und Institutionen folgte, scheinen wir mit diesen über mehrere Jahrhunderte beständigen anderen Werten und Institutionen den Anfang eines Zustandes erwischt zu haben, dem wir den Begriff (das Konstrukt) »Epoche« zusprechen.

Wie schon gesagt, stehen uns diese Werte konkret[114] nur in Form von Geschichten zur Verfügung, die zumeist eingebunden sind in die Geschichten politischer, ökonomischer, sozialer, kultureller Institutionen oder gar deren Geschichten selbst sind.

Das endende Mittelalter war eine Zeit voller Katastrophen. Schon im 13. und 14. Jahrhundert bahnte sich der Niedergang der entscheidenden Mächte des Hochmittelalters an. Zahlreiche Verwerfungen charakterisieren den Zustand Mitteleuropas. Vor allem der Zusammenprall von geistlicher und weltlicher Gewalt zeigt das Zerbrechen der alten Strukturen. Starke strukturelle Veränderungen hatten das »Heilige Römische Reich Deutscher Nation« umgestaltet, obschon seine politische Verfassung seit dem 13. Jahrhundert unverändert geblieben war. Freie Argumentation und Kritik verbanden sich mit dem Entstehen von Akademien und Universitäten.[115] Inbrünstige Heiligenverehrung ging Hand in Hand mit Inquisition und Hexenwahn. Die Bauern sahen sich in ihrer wirtschaftlichen und sozialen Bedeutung gemindert, da die Geldwirtschaft und damit der Handel in den Städten blühte. Zahlreiche Bauernrevolten bezeugen diese Unzufriedenheit. In der zweiten Hälfte des 15. Jahrhunderts besorgten Fernhandel und vor allem bergbauliche Großbetriebe für Anhäufung von Kapital in wenigen Händen. Monopole für den Handel mit Salz, Alaun, Bern-

---

114 Was ein Wertwort oder eine Norm meint, ist nur aus seiner Verwendung in Geschichten auszumachen. Eine abstrakte Definition ist wenig hilfreich, denn die in ihr vorkommenden Begriffe wären erneut zu definieren. Dagegen ist eine Geschichte, die einen Anwendungsfall eines Werts oder einer Norm erzählt, sehr viel aufschlußreicher, die tatsächliche Bedeutung dieser Norm oder dieses Wertes immer im Vorbehalt des präsentistischen Mißverstehens zu begreifen.

115 Seit der Mitte des 11. bis zur Mitte des 13. Jahrhunderts entstanden Universitäten in Parma, Bologna, Oxford, Modena, Perugia, Padua, Neapel, Salamanca, Siena und Paris. Kaiser Friedrich I. (1152–1190) und die Päpste Alexander III. (1159–1181) und Honorius III. (1216–1227) verliehen ihnen Lehrfreiheit und eine eigene Gerichtsbarkeit. Mit beiden war es nicht immer gut bestellt. Vor allem manche Päpste griffen drastisch in die akademische Lehrfreiheit ein. Dennoch bildeten sich in Italien und Spanien Bereiche aus, in denen die bestehenden religiösen, aber auch politischen Verhältnisse kritisch gesehen wurden. Für den von uns betrachteten Raum blieben sie von nur mittelbarer Bedeutung.

stein, Erze und Gewürze entstanden. In Mitteleuropa führte dies alles zu einem ökonomischen Schrumpfungs- und Isolierungseffekt.[116] Unerfreulich war auch die Wahl des Genuesen *Innozenz VIII.* (1484–1492) zum Papst. Weder sein Charakter noch sein Lebenswandel konnten seine Zeit überzeugen. Seine finanzielle Lage zwang ihn, die Insignien seiner Würde – Tiara und Mitra – vorübergehend römischen Bankhäusern zu verpfänden. Mit den muslimischen Türken traf er Absprachen, die seine Zeit als unmoralisch qualifizierte. In seiner Bulle »*Summis desiderantes affectibus*« vom 5. 12. 1484 verstärkte er den Dämonenglauben des Volkes und gab den Hexenprozessen neuen Auftrieb. Sein Nachfolger, der Borgiapapst *Alexander VI.* (1492–1503), bestach durch sein eindrucksvolles Auftreten und seine Beredsamkeit. Um seine Hausmacht zu sichern, verschleuderte er angeblich unveräußerliche Teile des *Patrimonium Petri* an seinen Sohn *Juan.* Seine Tochter *Lucrezia* vermählte er aus politischen Gründen hintereinander mit *Giovanni Sforza* und *Alfonso von Bisceglia.* Manches Verbrechen seines Sohnes *Cesare* billigte er, nachdem er den Siebzehnjährigen zum Kardinal ernannt hatte. Vom türkischen Sultan *Bajazit* erbat er sich Hilfe gegen den Franzosenkönig *Karl VIII.*, dessen Heer dennoch am 31. 12. 1494 Rom eroberte. Noch konnte der Papst die mahnende Stimme *Girolamo Savonarolas* am 23. 5. 1498 durch Strick und Feuer ersticken, doch sein Tod führte zum Ruf nach Reformen der Kirche.

Schauen wir uns auch die Situation des Heiligen Römischen Reiches gegen Ende des 15. Jahrhunderts an: Die Jahre 1486 bis 1500 sind geprägt durch die Gegnerschaft der Reichsstände (Reichsfürsten, Reichsgrafen, Reichsprälaten und Reichsstädte) zum Kaiser. So nahm in den Jahren 1485 bis 1493 der Kaiser *Friedrich III.* (1452–1493) keinen Einfluß auf die Erweiterung der Reichsverfassung. Während in der zweiten Hälfte des 15. Jahrhunderts nahezu alle europäischen Länder ein zentralregiertes starkes Staatswesen aufzubauen begannen, beschloß ein Reichstag zu Worms 1495 (einer der 45 Reichstage,

---

116 Friedrich Merzbacher, Europa im 15. Jahrhundert, in: Propyläen Weltgeschichte (PWG) 6, 377.

die in Worms stattfanden) gegen den Willen Kaiser *Maximilians I.* (1493–1519) am 7. August 1495 eine Reichsreform, welche die Macht der Stände vergrößerte und den dauernden Fehden durch einen »ewigen Landfrieden« ein Ende machen sollte. Als Instrument, friedliche Lösungen herbeizuführen, wurde das Reichskammergericht etabliert. Es sollte einen festen Sitz erhalten und von der Krone unabhängig sein. Um das Gericht und ein Reichsheer zu finanzieren, bewilligten die Stände der Krone den »gemeinen Pfennig« als eine der Krone zustehende Kopfsteuer. Den Durchbruch bei den Verhandlungen verdankte man den Franzosen. Im Mai 1495 bedrohten sie Rom, und Maximilian geriet in Zugzwang. Dennoch erwies sich die geplante Neuordnung als Flop. Es fehlte dem Reich eine Verwaltungsorganisation, den »gemeinen Pfennig« einzutreiben. Der Kaiser starb arm wie eine Kirchenmaus. Mit geborgtem Geld wurde der Gründer des Habsburgischen Weltreiches 1519 bestattet.

Die fortdauernde Ohnmacht des Heiligen Römischen Reiches hatte zur Folge, daß sich Österreich, Böhmen und Ungarn unter Führung des Hauses Habsburg 1526 zu einem Staat zusammenschlossen. Deutsche Kaiser entstammten seitdem dem Hause Habsburg, das nach dem Erwerb Burgunds zur hegemonialen Gewalt Mitteleuropas wurde. Das Heilige Römische Reich zerfiel zusehends. Doch besteht Geschichte nicht nur aus politischen Geschichten.

Zwischen 1300 und 1500 dürften sechzig bis siebzig Millionen Menschen Europa bevölkert haben – ohne Wachstum. Seuchen, Kriege und Hungernöte begleiteten das endende Mittelalter und bestimmten noch weitgehend die demographische Entwicklung der Übergangszeit (1500–1650). Die arbeitende Bevölkerung litt zum großen Teil an dauernder Unterernährung. Aus dieser Zeit (1300–1650) sind uns zahllose Geschichten überliefert, die über hohe Preise, über die Verwüstung von Orten und Feldern durch Kriege, über hohe Abgaben an die Herrschenden und Kriegskontributionen erzählen. Wenn wir sie zusammen sehen, bildet sich das Konstrukt einer Subsistenzkrise gewaltigen Ausmaßes. In lang andauernden Krisen dieser Art zerbrechen Normen und Werte. Überleben ist alles.

Dennoch begann sich die Krise um 1500 zu wandeln:

- In West- und Mitteleuropa geht die Getreideproduktion zurück. Grund für den Rückgang ist ein gestörter Arbeitsmarkt (hohe Nachfrage nach Arbeit, weil starke Abwanderung in die Städte/hohe Löhne für die Landarbeiter/sinkende Nachfrage nach Arbeit). Die osteuropäische Gutswirtschaft aber erwirtschaftete Überschüsse, die zum Teil diesen Rückgang kompensieren kann.
- Die weniger arbeitsintensive Viehzucht nimmt zu. Damit steigen der Fleischkonsum und der Handel mit Fellen, Wolle, Butter.
- Bislang ungenutzter Boden (Sümpfe, Moore) wird kultiviert.
- In den Städten werden handwerkliche Produkte hergestellt, die nicht den überkommenen Zunftordnungen unterliegen. In Frankreich kommen 1515 die ersten Manufakturen auf, um den Massenbedarf bestimmter Güter zu befriedigen. Handwerker arbeiten unter einem Dach (»Fabrik«). Das wachsende Industrievermögen erlaubt es, im Osten Getreide einzukaufen. Von besonderer Bedeutung sind Fabriken, die Textilien und Glaswaren herstellen. Ferner entsteht ein »Verlagssystem« (Arbeiter arbeiten in Heimarbeit im Auftrag von »Verlegern«).
- Verstärkt werden Pflanzen wie Hanf und Flachs angebaut, welche die Erzeugung von Textilien ermöglichen.
- Es entwickelt sich langsam ein lukrativer Überseehandel, der mit dem Namen großer Handelshäuser *(Bardi, Peruzzi, Medici, Fugger, Welser)* verbunden wird. Doch auch die Hanse erlebt in der zweiten Hälfte des 16. Jahrhunderts eine neue Blüte.
- Den Reichsständen, welche die Macht des Kaisers einschränken, entstehen mit den Landständen (Adel, Klerus, Städte) Konkurrenten im Kampf um die Macht.

Nicht wenige Autoren lassen die Neuzeit mit folgenden Geschichten beginnen:

- 1453 wurde Konstantinopel von dem türkischen Sultan Mehmet II. erobert. Damit vernichtete er das Reich des letzten byzantinischen Herrscherhauses der Paläologen in Morea. Der letzte byzantinische Kaiser, *Konstantin XI.*, fällt im Kampf. Damit endete das auf spätantiken Fundamenten errichtete Byzantinische Reich, das dem europäischen Humanismus wichtige Impulse gab. Im gleichen Jahr endete der »Hundertjährige Krieg« (1339–1453), nachdem Englands Feldherr *Talbot* in der Schlacht von Castillon gefallen war.

- 1492 suchte *Christoph Kolumbus* in spanischem Auftrag einen westlichen Seeweg nach Indien und entdeckte dabei Kuba und Haiti. Schon im folgenden Jahr wußte man, daß *Kolumbus* nicht einen Seeweg nach Indien gefunden, sondern einen neuen Kontinent entdeckt hatte, denn schon 1493 teilte ein Schiedsspruch des Papstes die Neue Welt zwischen Spanien und Portugal auf. Doch noch anderes ereignete sich 1492. Die Araber verloren mit Granada ihren letzten Stützpunkt in Spanien, das nun zur Großmacht aufsteigt. Der Großinquisitor *Torquemada* vertrieb alle glaubenstreuen Juden aus Spanien. Im gleichen Jahr wurde *Alexander VI.* Papst. Mit der Entdeckung Amerikas veränderte sich das Bild von Erde und von Welt. Es begann die Geschichte kolonialer Gründungen.

- 1517 forderte *Martin Luther* mit seinen 95 Thesen, die er zu Wittenberg veröffentlichte, die etablierte römische Kirche in den Ring. Im gleichen Jahr brach am Oberrhein ein Bauernaufstand mit religiös begründeten sozialen Forderungen aus. Die Portugiesen fassen auf Ceylon Fuß und erreichen auf dem Seeweg Kanton. *Giralomo Frascatori* (1483–1553) wendet sich gegen die von der Kirche vertretene »Katastrophentheorie«, nach der die versteinerten Lebewesen durch die Sintflut umgekommen seien. Als *Luther* am Weihnachtstag des Jahres 1520 die päpstliche Bulle, die ihm den Bann androhte, öffentlich verbrannte und der Papst ihn im folgenden Jahr bannte, setzte er die »Reformation« in Gang.[117] Sie führte zu einer poli-

---

117 1521 verhängt zudem der Wormser Reichstag über Luther die Reichsacht. Um dessen Leben zu retten, wird Luther von Friedrich dem Weisen, dem Kurfürsten von Sachsen, als Junker Jörg auf die Wartburg gebracht. Hier beginnt er seine Bibelübersetzung.

tische, kulturelle, soziale und ökonomische Strukturen verändernden Sicht der Dinge.

Ich bin der Ansicht, daß diese Ereignisse zwar die Werte- und Vorstellungswelt des Mittelalters erschütterten, nicht aber schon die Neuzeit begründeten. Diese genannten Geschehnisse schufen nicht eine neue Werte- und Vorstellungswelt, sondern erschütterten die alte. Sie sind zwar notwendige Voraussetzungen für die Ausbildung der Werte und Institutionen der Neuzeit, lassen vielleicht gar manche deren Strukturen vorher ahnen. Doch sie erzeugen zunächst eine Welt, die in keiner Weise zu sich selbst, zu ihrer Identität fand. Alte Institutionen zerfallen, ohne daß neue ihre Rolle schon übernommen hätten. Renaissance, Humanismus und früher Absolutismus sind zwar Versuche, der Zwischenzeit Ordnung, Werte und Institutionen zu geben. Aber sie erweisen sich nicht als zureichend tragfähig, um eine neue politische, soziale, ökonomische und kulturelle Epoche zu begründen.

So scheint es also angemessen zu sein, das Mittelalter mit den letzten Jahrzehnten des 15. Jahrhunderts enden zu lassen. Ihm folgt eine etwa 150 Jahre während Übergangszeit. Die mittelalterlich-feudale politische und ökonomische Grundstruktur blieb noch etwa 150 Jahre lang erhalten, wennschon sich in dieser Übergangszeit zahlreiche Modifikationen einstellten, die für die politischen und ökonomischen Systeme der Neuzeit erheblich werden sollten.

Gerade Übergangszeiten (also auch die vom Mittelalter zur Neuzeit) bergen ein großes Maß an Ungleichzeitigkeit. So entwickelte sich im italienischen Humanismus und in der florentinischen und römischen Renaissance schon vor 1500 das Nachmittelalter aus, während es in Mitteleuropa bis zur Mitte des 17. Jahrhunderts während sollte. Hier begannen sich etwa im Barock nachmittelalterliche Strukturen durchzusetzen. Zudem sind die Ereignisse von 1453, 1492 und 1517 von den Geschichtenschreibern der Neuzeit als bemerkenswert selektiert worden. Alle Daten, die den Zerfall von Werten und Normen bezeugen, werden nicht genannt. Hier sind etwa für Mitteleuropa – für die kurze Zeit von 1499 bis 1545 – zu erwähnen:

- 1499: Die *Fugger* kontrollieren den europäischen Kupfermarkt. Die ersten Sprengladungsgeschosse werden entwickelt.
- 1500: Vorübergehend (bis 1502) tritt neben den Kaiser eine ständische Reichsregierung. Es beginnen in Mitteleuropa zahlreiche soziale Unruhen, die 1524/25 in einem großen Bauernkrieg enden.
- 1502: Es entsteht ein selbständiger Stand juristisch geschulter Verwaltungsbeamter. Das deutsche Recht kann die neuen wirtschaftlichen Verhältnisse nicht mehr regulieren. An seine Stelle tritt das römische Privatrecht. *Erasmus von Rotterdam* veröffentlicht sein »*Enchiridion militis christiani*«, eine nichtreformatorische Kirchenkritik. Der französische Astrologe und spätere Leibarzt *Karls IX.*, *Nostradamus*, wird geboren († 1566). Seine Vorherschau der Geschichte ist bis heute verbreitet. Oft jedoch täuschte er sich auch: So sagte er – fälschlich – das baldige Ende der katholischen Kirche voraus. Die erste Zeitung erscheint *(Newe zeytung von orient und auffgange)*.
- 1508: *Maximilian I.* (1459–1519), der »letzte Ritter«, nimmt, ohne vom Papst gekrönt worden zu sein, den Titel »Erwählter Römischer Kaiser« an.
- 1509: *Jakob Fugger*, der Reiche (1459–1525), finanziert dem Kaiser mit 170 000 Dukaten den Krieg gegen Venedig. Die Politik fällt zum erstenmal in die Hände des Monopolkapitals. Der Sklavenhandel mit Schwarzen nach Amerika beginnt seit 1514 unter dem Einfluß des (seit 1522) Dominikaners *Las Casas*.
- 1511: Kaiser *Maximilian I.* plant, Papst zu werden.
- 1512: *Nikolaus Koppernik* (1473–1543) veröffentlicht seinen »*Commentariolus*«, in dem er erstmals die Grundzüge eines heliozentrischen Weltbildes vorstellt.
- 1514: *Niccolò Machiavelli* (1469–1527) verfaßt sein Werk »*Il Principe*«. Das Haus *Fugger* bringt den von *Johann Tetzel* 1506 erfundenen Ablaßhandel in seine Hände. Das Kapital bemächtigt sich zum erstenmal religiöser Gebräuche.
- 1517: Die Flamen erhalten von *Karl I.*, von 1516 bis 1556 spanischer König (und von 1530 bis 1556 als *Karl V.* Kaiser des Römischen Reiches Deutscher Nation), das Monopol, mit Negersklaven für die spanischen Kolonien zu handeln.

- 1519: *Karl V.* wird durch die finanzielle Unterstützung der *Fugger* (gegen die Kandidatur *Franz' I.* von Frankreich) zum Kaiser gewählt, nachdem der sächsische Kurfürst *Friedrich der Weise* seine eigene Wahl ablehnt.
- 1520: Beginn der Spättäufer-Bewegung.
- 1525: Großer Bauernkrieg. *Thomas Müntzer* (* 1489) enthauptet.
- 1527: Kaiserliche Söldner erobern und plündern Rom, »Ende der Renaissance«. *Theophrastus Bombastus* von Hohenheim, genannt *Paracelsus* (1494–1541), verbrennt in Basel Bücher über scholastische Medizin.
- 1530: Papst *Clemens VII.* krönt in Bologna *Karl V.* zum Kaiser. Es ist die letzte Kaiserkrönung durch einen Papst. Das Papsttum verliert seinen politischen Einfluß. Eine erste Reichspolizeiordnung regelt Gewerbe, Maße und Gewichte, Wucher, Bettelei, Unzucht, Apothekenwesen.
- 1531: In Antwerpen wird die erste Börse mit Weltgeltung eröffnet.
- 1534: *Ignatius von Loyola* gründet die Gesellschaft Jesu. *Luther* veröffentlicht seine vollständige Bibelübersetzung.[118]
- 1542: *Papst Paul III.* (1468–1549, Papst seit 1534) verschärft die Inquisition. Er gründet eine aus sechs Kardinälen bestehende »*Congregatio Romanae et universalis inquisitionis*«. Die Inquisition ist eine im hohen Mittelalter erfundene Methode, Ketzer (zunächst Waldenser und Albingenser) zu entlarven und zu eliminieren. Papst *Gregor IX.* (1170–1241, Papst seit 1227) hatte schon 1231/32 den Bischöfen die Inquisition aus der Hand genommen und zur Chefsache erklärt. Zugleich richtete er eine päpstliche Zentrale in Sachen Inquisition ein.
- 1545: Auf Anordnung *Karls V.* ruft *Paul III.* das Tridentinische Konzil ein. Es dauert – mit Unterbrechungen – bis 1563.

---

118 Vor Luther gab es über 120 Übersetzungen der Bibel ins Deutsche. Davon wurden vierzehn in hoch- und drei in niederdeutscher Sprache gedruckt. Dennoch war Luthers Bibelübersetzung ein wichtiges Ereignis. In den ersten vierzig Jahren nach ihrem Erscheinen im Druck durch die Druckerei Hans Lufft in Wittenberg wurden 100 000 Exemplare verkauft.

Dieses Konzil ist das erste Signal der neuen Zeit. Auf die Phase der Normen- und Werteunsicherheit reagiert die römische Kirche als erste – und zwar recht rigoros. Durch eine Vielzahl von Dogmen sucht sie dem Katholizismus ein neues Fundament zu geben. Aber es sollte noch mehr als hundert Jahre dauern, ehe die Beschlüsse von Trient das Allgemeine Bewußtsein erreichten (wenn sie es denn je erreicht haben). Zugleich aber bedeutet die Dogmenflut eine realistische Gefahr für die auf diese Weise zementierte und damit weitgehend unbeweglich gewordene Institution »Kirche«.

Daß die Neuzeit noch lange nicht angebrochen war, mögen folgende Daten belegen:

- 1553: Königin *Mary I.* verfolgt und mordet Protestanten in England. Dafür verfolgt und mordet 1571 *Elisabeth I.* Katholiken.
- 1559: Der Index von Büchern, die von Katholiken nur mit bischöflicher Genehmigung gelesen werden dürfen, ohne sich die Strafe der Exkommunikation zuzuziehen *(Index librorum prohibitorum)*, wird unter Papst *Pius IV.* (1499–1565, seit 1559 Papst) erstmalig herausgegeben.
- 1562–1598 wurden die Hugenotten (französische Kalvinisten) blutig verfolgt, obschon die tolerante *Katharina von Medici*, Mutter und Regentin des noch unmündigen *Karl IX.* (1560–1574), sie durch das Edikt von Saint-Germain-en-Laye (1662) unter staatlichen Schutz stellte.[119] Aber das durch den Bruch des Edikts durch den Herzog *von Guise, François I. de Lorraine*, am 1.3.1562 angerichtete Blutbad von Vassy veranlaßte die Hugenotten in acht blutigen, mit wechselndem Erfolg geführten Kriegen, sich zu verteidigen. König *Heinrich III.*, der 1585 den achten Hugenottenkrieg begann, wurde 1589 ermordet. Sein Nachfolger wurde der Hugenotte *Heinrich IV. von Navarra*, der allerdings, um der Einheit Frankreichs willen, 1593 zum Katholizismus übertrat. Er ge-

---

119 Das hinderte sie nicht daran, in der Bartholomäusnacht 1572 etwa 2000 Hugenottenführer ermorden zu lassen.

währte jedoch im Edikt von Nantes am 13. 4. 1598 seinen ehemaligen Glaubensgefährten freie Religionsausübung. Nach seinem Tod (1610) kam es immer wieder zu neuen Hugenottenverfolgungen, die erst mit der Französischen Revolution enden sollten.

- 1600 (am 17. 2.) wurde *Giordano Bruno* (* 1548) nach siebenjähriger Haft in den Kerkern der Inquisition in Rom verbrannt, weil er die Unendlichkeit des Kosmos und die Vielzahl gleichberechtigter Welten lehrte. Im gleichen Jahr wurden die für das Mittelalter so typischen, seit Jahrhunderten oft bordellartig betriebenen Badestuben wegen der Verbreitung der Syphilis in Deutschland behördlich geschlossen. Wie mittelalterlich die Periode noch geprägt war, mag bezeugen, daß die Alchemie um 1600 ihren Höhepunkt erreichte.
- 1608–1768 gründeten vor allem die Jesuiten in Paraguay Indianerreservate (Reduktionen) mit begrenzter Selbstverwaltung und wirtschaftlicher Autarkie, um die Indianer »zur Kirche und zur Zivilisation zurückzuführen«. Die ihnen verordnete Frömmigkeit scheint uns Heutigen recht bigott zu sein. Doch schützte die Reduktion sie vor den wirtschaftlich-ausbeuterischen Interessen des kolonialen Handels. Sie wurden erst 1768 mit Beginn der industriellen Revolution liquidiert.
- 1616: Die Schriften des *Kopernikus* (Koppernigk) wurden, weil sie ein heliozentrisches Weltbild vertraten und es gar noch zu begründen versuchten, auf den Index gesetzt. *Galilei* versprach, die Kopernikanische Lehre nicht als wahr zu vertreten.
- 1618–1648 wütete ein auch religiös motivierter dreißigjähriger Krieg in Mitteleuropa. 15 000 Dörfer wurden zerstört. »Daß die große Masse der Menschen nur Opfer waren, wie immer im Krieg, noch mehr so als später, heißt nicht, daß sie ohne Interesse gewesen wären. Es wurde viel Politisches geschrieben und gedichtet in jenen Jahren, häufig mit Religiösem untermischt oder in der Form des Religiösen.«[120] Die

---

120 Golo Mann, Das Zeitalter des Dreißigjährigen Krieges, in PWG, 7, 171.

Gründe dieses Krieges sind ebenso irrational wie seine Zeit. Hätten sich Österreich und in seinem Gefolge Spanien, Bayern und Rom 1621 zusammengeschlossen, um den Protestantismus zu vernichten, wäre dieser Krieg nach den Regeln der Bewahrung der habsburgischen Gesamtmonarchie unvermeidlich gewesen. Aber darum ging es nicht. *Ferdinand II.* war so sehr an Rechtsnormen orientiert, daß er niemals den Augsburger Religionsfrieden[121] von 1555 gebrochen hätte. Niemand wollte einen großen Krieg. Er speiste sich aus verschiedensten Quellen: Die ständische Revolution in Böhmen-Österreich und der Konfessionsstreit in Deutschland mögen die wichtigsten gewesen sein. Schritt für Schritt rutschte man ins Verderben. Die ersten Schritte mögen die Gegenreformation in der Oberpfalz und die Ächtung der Pfalzgrafen *Friedrich* gewesen sein. Vermutlich war das der »Punkt ohne Rückkehr«.

- 1619: *Lucilio Vanini* (* 1584) wurde als Ketzer verbrannt, weil er die göttliche Kraft mit den Naturgesetzen gleichsetzte. Im gleichen Jahr begann Nordamerika, Negersklaven zu importieren.
- 1633: *Galilio Galilei* (1564–1642) wurde als Ketzer verurteilt. Um sein Leben zu retten, schwor er ab. Seine »Dialoge« werden 1633 indiziert. Erst 1822 wird es Katholiken wieder erlaubt, sie zu lesen.
- 1638 wurde in England die Folter abgeschafft. Hier begann die Neuzeit ihre ersten Spuren zu legen.
- 1650 begannen weiße Siedler in Nordamerika, systematisch Indianer auszurotten.

In dieser Zeit des Übergangs zwischen Mittelalter und Neuzeit bildete sich eine Fülle politischer (der frühe Absolutismus), ökonomischer (der frühe Merkantilismus), kultureller (Renaissance) und philosophischer (Humanismus) und religiöser (Reformation und Gegenreformation) Geschichten um Werte und

---

121 In diesem Friedensschluß erhielten die Stände (mit Ausnahme der reformierten) – nicht aber deren Untertanen – Religionsfreiheit (»Cuius regio, eius religio!«).

Institutionen heraus, die für die Neuzeit von erheblicher Bedeutung werden sollten. Da das hier Begonnene möglicherweise in einzelnen Geschichten die Neuzeit überleben und uns in der Nach-Neuzeit wiederbegegnen könnte, seien sie hier – ohne jeden Anspruch auf Vollständigkeit – etwas ausgeführt.

Wir beginnen mit jenen Geschichten, die uns berichten, wie man versuchte, das Wertedefizit durch die Rückbesinnung auf Werte des Konstrukts, das man sich damals von »Antike« machte, zu füllen.

1. Die Rückbesinnung auf die »Antike« in Humanismus und Renaissance

Selbstredend konnte es sich bei dieser Rückbesinnung, die das mit dem Ende des Mittelalters entstandene Wertevakuum füllen sollte, nur um die Ausbildung ein Konstrukts handeln, das sich, an einigen historiographischen Daten der Antike ausgerichtet, im Nachmittelalter ausbildete.

a. Geschichten über den Renaissance-Humanismus

Das Wort »Humanismus« wurde 1808 von *Friedrich Immanuel Niethammer* (1766–1848) zur Bezeichnung einer veralteten Pädagogik verwendet. »Humanismus« umfaßt für ihn alles das, was zur Ausbildung der höheren Natur des Menschen beiträgt und deshalb nicht »vom Vorwurf der Einseitigkeit und Überspannung freigesprochen werden« kann.[122] Im heutigen Sprachgebrauch verwendet »Humanismus« als erster vermutlich *Johannes Voigt* (1786–1863). Er bezeichnet mit »Humanismus« 1859 eine Epoche und eine geistige Haltung, die das Streben der Neuzeit nach Humanität am Beispiel der Griechen und Römer festmacht.[123] Humanismus ist also das »Erlebnis menschlicher Per-

---

122 F. J. Niethammer, Der Streit des Philanthropinismus und Humanismus, 1808, 39.

123 J. Voigt, Die Wiederbelebung des klassischen Altertums oder das erste Jahrhundert des Humanismus, 1859. Das Wort »Renaissance« wurde in

sönlichkeitsformung durch die Antike als klassische Lehrmeisterin«[124]. Der Renaissance-Humanismus sah im Studium der antiken Schriftsteller einen Weg zu einer humanen Bildung, die sich von manchen philosophischen und theologischen Vorgaben des Mittelalters ablöste. Die Befreiung von kirchlicher Dogmatik und eine diesseitige Lebensgestaltung waren wichtige Ziele. Nicht mehr der in ständische Gliederungen eingebundene Mensch ist das Ideal gelingenden Menschseins, sondern der »allgemein gebildete Mensch« *(uomo universale)*. Die antike Gleichsetzung des perfekten Redners *(orator perfectus)* mit dem guten Mann *(vir bonus)* wurde übernommen, bis die »*Philosophia christiana*« des *Erasmus von Rotterdam* (1469–1536) die beiden ungleichen Qualitäten voneinander ablöst.

Zunächst gedieh der Humanismus außerhalb von Wissenschaft und Universität: Politiker und Dichter wie *Francesco Petrarca* (1304–1374)[125] und sein Schüler *Lino Colluccio Salutati* (1331 bis 1406) besannen sich gegen die politischen und kulturellen Auflösungserscheinungen in Italien auf die Werte des alten Rom. Nicht selten wird jedoch auch Bezug genommen auf die christliche Antike (*Augustinus* war ein gern gelesener Autor). Ab 1400, besonders aber nach dem Fall von Konstantinopel, kamen zahlreiche byzantinische Gelehrte wie *Basileios (Johannes) Bessarion* (1403–1472), zunächst Erzbischof von Nikaia, dann römischer Kardinal,[126] und byzantinische Philosophen wie *Georgios*

---

seiner heutigen Bedeutung durch das 1860 von Jakob Burckhard veröffentlichte Werk »Die Kultur der Renaissance« eingesetzt. Zuvor diente es als »Rinascita« zur Kennzeichnung einer Epoche italienischer Geschichte.

124 E. Hoffmann, Pädagogischer Humanismus, 1955, 233.

125 Eine schöne Geschichte erzählt von dem neuen Verhältnis des Menschen zur Natur. So bestieg Petrarca den Mont Ventoux (nordöstlich von Avignon). Das Gipfelerlebnis verschmilzt mit einer Lektüre der »*Confessiones*« des Augustinus zu einer neuen Selbsterfahrung: Der Mensch erscheint als vollkommenster Teil der Natur, verstanden als Schöpfung. Eine neue Religiosität bahnt sich an.

126 Unter dem 31.5.1468 schrieb er dem Dogen Cristoforo Moro einen Brief, in dem folgende Sätze stehen: »Bücher (gemeint sind vor allem die der antiken Schriftsteller) sind voll Worten der Weisen, voll von Beispielen aus alten Zeiten, voll von Bräuchen, Gesetzen und Religion. Sie leben,

Gemistos Plethon (1355–1452) nach Italien und brachten die in Byzanz, das nie ein Mittelalter kannte, erhaltenen Traditionen der griechischen Antike in den Humanismus ein. Zentrum des humanistischen Denkens war Florenz. Hier hatten seit 1375, beginnend mit *Lino Coluccio Salutati,* mehr als ein Jahrhundert hindurch Humanisten das Amt des Kanzlers inne.[127] 1397 wurde auf Betreiben *Salutatis* mit dem Griechen *Manuel Chrysoloras* zum erstenmal nach 700 Jahren in Italien ein Griechischlehrer angestellt.[128] *Ambrosius Traversari,* der Kamaldulenser (1386–1439),[129] *Giannozzo Manetti* (1396–1459),[130] *Palla di Nofri*

---

verkehren und sprechen mit uns, lehren, bilden und trösten uns, zeigen uns Dinge, die unsrem Gedächtnis besonders fern stehen, so als ob sie gegenwärtig sind, und stellen sie uns vor Augen. So groß ist ihre Macht, Würde und Hoheit und sogar göttliche Kraft, daß wir alle, gäbe es nicht diese Bücher, ungebildet und unwissend wären, kein geschichtliches Wissen um die Vergangenheit, kein Beispiel, ja keine Kenntnis von menschlichen und göttlichen Dingen hätten. Dasselbe Grab, das den Leib des Menschen deckt, würde auch ihre Namen verschütten« (zitiert nach Eugenio Garin, a. a. O., 451).

127 Es ist nicht verwunderlich, daß die Vertreter der untergehenden Welt des Mittelalters dieses Phänomen mit äußerster Arglist beäugten. In Florenz wurde unter der Kanzlerschaft Salutatis der Konflikt mit dem Papsttum in Avignon hart ausgefochten. Schon hatte Petrarca mit erheblichem Publikumserfolg die römische Kirche der Korruption bezichtigt. Solche und ähnliche Vorwürfe wurden nun zu vernichtenden Urteilen in einer neuen, dem Vorbild der Antike verpflichteten Prosa von Männern herausgestellt, die, wennschon sie aus antiken nichtchristlichen Quellen schöpften, streng katholisch gläubig waren.

128 Mit Manuel Chrysoloras begann nicht nur die Migration zahlreicher Meister des Griechischen nach Florenz. In einer politisch unruhigen Zeit setzte die neue Erforschung der griechischen Kultur mit der Übersetzung des Werks Platons über den Staat ein.

129 Er durchstöberte zwischen 1432 und 1434 ganze Handschriftenlager in den Klöstern Mittel- und Norditaliens. Es galt ihm und vielen seiner Mitsuchenden nicht nur, die Botschaft Jesu zu kennen, sondern aufgrund seriöser Quellenforschung auch ihre Verbindung mit den Werten der Antike zu interpretieren.

130 Der Humanismus brachte eine Reihe von beachtlichen Werken über die Würde des Menschen hervor. Eines der bekanntesten verfaßte 1452 Giannozzo Manetti unter dem Titel »De dignitate et excelentia hominis«. Aber auch die Abhandlung »Oratio de hominis dignitate« des Giovanni Pico della Mirandola (1486) und die des Charles de Bovelle, »Liber de sapiente« (1509), sind hier zu nennen.

Strozzi (1373–1462),[131] der berühmte Bankier *Cosimo de Medici* (1389–1464)[132] und sein Bruder *Lorenzo* (1395–1440) waren angesehene Florentiner Humanisten. In Florenz wurden auch die antike Architektur (etwa die Bauten und Schriften [vor allem die zehn Bücher *»De architectura«*] Vitruvs [† nach 27 v. Chr.]) und damit die griechische Kunst wiederentdeckt. So wurde der Grundstein für die Ausbildung der Renaissance gelegt.

Zunächst war der Humanismus (wie auch die Renaissance) eine italienische Angelegenheit. Er wird getragen von den Höfen der Fürsten (etwa der *Medici* in Florenz, der *Este* in Ferrara) und den Päpsten (etwa *Pius II.*). Erst durch das Konzil von Konstanz (1414–1418) und das von Basel (1431–1459) überschritt im ausgehenden 15. und beginnenden 16. Jahrhundert das neue Denken die Alpen. *Jacobus Faber* (1450–1536) brachte den Humanismus nach Frankreich, Kardinal *Francisco Jiménes de Cisneros* (1436–1517) nach Spanien und *John Colet* (1467–1519) nach England. In Mitteleuropa wird der Humanismus erst vertreten durch *Erasmus von Rotterdam* und *Ulrich von Hutten* (1488 bis 1523). Zentren des mitteleuropäischen Humanismus wurden Nürnberg (*Charitas Pirckheimer* [1467–1532]), Augsburg (*Konrad Peutinger* [1465–1547]), Heidelberg (*Rudolf Agricola* [1444 bis 1485]) und Straßburg (*Jakob Wimpfeling* [1450–1528]). Die Reformation stand sicherlich nicht unerheblich unter dem Einfluß des Humanismus: *Philipp Melanchthon* (1497–1560), *Ulrich Zwingli* (1484–1531), *Martin Bucer* (1491–1551), *Johannes Calvin* (1509–1564) waren dem Humanismus verpflichtet.

Das Denken des Humanismus blieb voraufklärerisch und stellt insoweit keinen klaren Bruch zu dem des Mittelalters dar. Der im

---

131 Der später aus Florenz verbannte Politiker und Diplomat Palla di Nofri Strozzi, der sich aus Konstantinopel wichtige griechische Texte besorgte, verzeichnete 400 Handschriften, unter denen sich alle bekannten Werke des Cicero, des Livius, des Seneca und des Vergil befanden. Aber auch griechische Werke hatte er zu eigen: Hesiod, Theokrit, Xenophon, Platon, Aristoteles, Plotin...

132 Cosimo de Medici war das Haupt der Volkspartei von Florenz und lenkte als Herzog Cosimo I. dreißig Jahre lang die Geschicke des Florentiner Stadtstaates. Die von ihm entwickelte Rechtspflege kannte keine politischen Verbrechen.

Selbstverständnis der Humanisten geleistete Bruch zum Mittelalter erschöpft sich von Beginn an in der Gegnerschaft zur Scholastik. Auch erreichte das humanistische Denken kaum die Universitäten. Sie blieben weitgehend der Spätscholastik verpflichtet. Aus dem Lehrangebot der Universitäten übernahm der Humanismus vermutlich nur das mittelalterliche Trivium.[133] Das Denken führt nicht hin zu einer »vernünftigen Selbständigkeit«, sondern bleibt, ganz im Geist des Mittelalters, im Meinungsstreit historischer Autoritäten befangen. Allenfalls der Kampf des Erasmus gegen Aberglaube und dogmatische Erstarrung kann als ein voraufklärerisches Moment interpretiert werden.

b. Geschichten der Renaissance

Es ist, »wenigstens was das 15. Jahrhundert angeht, schwierig, einem triumphierenden Humanismus eine Renaissance im Embryonalzustand entgegenzusetzen, so als wäre der Humanismus der Augenblick der Bestätigung des Menschen durch die Geisteswissenschaften und die Renaissance die Eroberung der Natur durch die Naturwissenschaften gewesen«[134]. Es gibt keinen klaren Schnitt zwischen Humanismus und Renaissance. Diese war die künstlerisch gestaltete Außenseite des Humanismus. Und so kann es auch kaum verwundern, daß sie diesem – mit zeitlichen Überschneidungen – folgte.

Nicht zu übersehen ist jedoch, daß diese Zeit des Übergangs auch eine Zeit hoher künstlerischer Blüte war. Seit dem 19. Jahrhundert wurde es üblich, jene Periode der im endenden 14. Jahr-

---

133 Zu den »Artes liberales« zählte man seit der römischen Antike jene Wissenschaften, die von den »freien Bürgern« gepflegt wurden. Die Spätantike bildete einen Kanon von sieben Fächern aus: Grammatik, Rhetorik, Dialektik, Arithmetik, Geometrie, Astronomie und Musik. (Varro zählte um 150 v. Chr. noch die Architektur und Medizin dazu.) Vor allem durch Martianus Capella (lebte im 5. Jahrhundert in Karthago) wurde dann das Siebenersystem für das MA verbindlich. Die »mathematischen Disziplinen« Arithmetik, Geometrie, Astronomie, Musik wurden zum Quadrivium, die grammatikalisch-literarischen Fächer Dialektik, Rhetorik, Grammatik zum Trivium zusammengefaßt (erstmals im 5. Jahrhundert n. Chr. bei Boethius belegt).

134 Eugenio Garin, Die Kultur der Renaissance, in PWG 6, 438.

hundert einsetzenden Rückbesinnung auf die Werte und die kulturellen Ausdrucksformen der Antike Renaissance zu nennen.[135] Doch handelte es sich selten um eine Nachahmung der Antike, sondern vielmehr um Versuche, das nach dem Mittelalter und seiner Kultur sozialer Bindungen aufkommende individuelle Streben mit antiken Vorgaben in Einklang zu bringen. Unter *Lorenzo il Magnifico Medici* wird etwa ab 1469 Florenz Mittelpunkt der frühen Renaissance und des hohen Humanismus.

Die in der Hochrenaissance entwickelten Kunstauffassungen wurden im wesentlichen von *Donato Bramante* (1444–1514) in der Architektur, von *Leonardo da Vinci* (1452–1519) und *Raffaelo Santi* (1483–1520) in der Malerei und von *Michelangelo Buonarroti* (1475–1564) in der Bildhauerei weiterentwickelt.

Die Bauten der aufblühenden Städte, in denen sich die Renaissance besonders profilierte, sind in Italien zu bewundern. Die Bauten des *Cosimo di Medici* füllen ganze Werke. Auch daß Papst *Nikolaus V.* (1447–1455) großartige Bauten in Rom errichten wollte, ist unbestritten. 1492 ließ *Ludovico Sforza*, Herzog von Mailand, die Stad Vigevano weitgehend abreißen, um die Piazza Grande nach den von *Bramante* in den Jahren 1475–1485 entwickelten Plänen zu vergrößern.[136] Im gleichen Jahr ließ *Ercole d'Este*, Herzog von Ferrara, nach den Entwürfen *Biagio Rosettis* Ferrara erweitern. Um 1505 ordnete *Bramante* in Rom die päpstlichen Paläste und die Via Giulia neu. 1504–1506 ent-

---

135 Die geistesgeschichtliche und ästhetische Form der Geschichtsschreibung des 19. Jahrhunderts, vor allem die Schrift Jacob Burghardts, »Die Kultur der Renaissance« (1860), machten diesen Begriff bekannt. Die Renaissance wurde zum Ausdruck einer von der eigenen Gegenwart her nur positiv zu bewertenden Epoche. Sie wurde zur Wiege der Moderne hochstilisiert.

136 Die Idealstadt Filarte, von Antonio Averlino zwischen 1460 und 1464 in Wort und Zeichnung entworfen, eine eindrucksvolle Phantasterei. Ihr zugrunde liegt die Übereinstimmung von Mensch und Architektur – ein Ideal, dem auch heute noch die großen Architekten vergebens nachjagen. Ihren Namen erhielt die Stadt nach Ludovico Sforza. Leonardo da Vinci forderte ebenfalls, die Stadt als Ausdruck der Würde des Menschen zu gestalten. So sei der Architekt Erbauer eines Kosmos, in den der Mensch eingefügt, der höchste und vollkommenste Ausdruck einer Kultur sei (vgl. Eugenio Garin, a. a. O. 528).

warf *Bramante* den Plan der Peterskirche. 1516 gestaltete *Antonio da Sangallo* in Florenz die Piazza della SS. Anunziata... In der Architektur werden die von riesigen Kuppeln überwölbten antiken Zentralbauten nachempfunden. So von den Florentinern *Filippo Brunelleschi* (1377–1446)[137] und *Leon Battista Alberti* (1404–1472). Sie finden ihren Höhepunkt in der von *Michelangelo* entworfenen Kuppel des Petersdoms in Rom.

Die frühesten nichtarchitektonischen Zeugnisse der Hochrenaissance waren neben *Leonardos Abendmahl* (1495–1498) die Skulptur der Pietà von *Michelangelo* (1498–1500).[138] Bestimmte Gestalten *Michelangelos* und einige apokalyptische Zeichnungen *Leonardos* von Sintfluten und Weltuntergängen lassen an die Drohbotschaften *Savonarolas* denken. Da die Malerei der Renaissance unzählige gewichtige Namen kennt, sei hier auf eine Aufzählung verzichtet. Allen gemeinsam war die Entdeckung des Menschlichen nicht in seiner abstrakten Wesenheit (wie ihn das Mittelalter sah), sondern in seiner konkreten Würde und Schönheit und Wahrheit. Die Schönheit der Menschendar-

---

137 Leon Battista Alberti, der in verschiedenen Büchern den Humanismus zur Sprache brachte, sah in Filippo Brunelleschi den vollendeten Typos des neuen Künstlers. Er habe wenig gelesen, sondern mehr über die Weise nachgedacht, wie die Alten ihre Bauwerke zustande gebracht haben, und sich bemüht, deren musikalischen Proportionen wiederzufinden.

138 Bernhard Berenson schreibt über beide: »Vergißt man, daß sie Maler waren, so bleiben sie große Bildhauer; vergißt man, daß sie Bildhauer waren, bleiben sie Architekten, Dichter und sogar Männer der Wissenschaft. Keine Form, die sie nicht versucht hätten, und keine, von der man sagen könnte: diese drückt voll und ganz aus, was ich meine... Und wir empfinden, daß der Künstler größer ist als sein Werk und daß der Mensch riesenhaft über den Künstler herausragt.« In diesem Sinn ist die Tätigkeit der Künstler nicht eine Manifestation der Renaissancekultur unter anderen: Sie ist sozusagen der sie beschließende Ausdruck (Eugenio Garin, a. a. O., 528 f.). Berenson schreibt über Leonardo da Vinci: »Er faßte nichts an, was sich nicht in ewige Schönheit verwandelt hätte. Handele es sich um die Sezierung eines Schädels, um die Struktur eines Grases oder um die Anatomie von Muskeln: mit seinem Instinkt für die Linie und das Helldunkel setzte er sie für immer in lebendige Werte um; und das absichtslos, denn die meisten dieser zauberhaften Entwürfe wurden hingeworfen, um wissenschaftliche Spekulationen zu illustrieren, die gerade im Augenblick seinen ganzen Geist gefangenhielten« (zitiert nach Eugenio Garain, a. a. O., 530).

stellung war das Ergebnis genauer anatomischer Studien. Davon zeugen die Gemälde *Tizians* (1490–1519), *Raffaels* (1483 bis 1520), *Leonardo da Vincis* (1452–1519).

Um einiges verzögert läßt sich auch in der Musik des 16. Jahrhunderts der Ausbruch aus dem Mittelalter wahrnehmen: Mit *Orlando di Lasso* (1532–1594) erlebte die Polyphonie ihre späte Blüte. Bei *Giovanni Pierluigi Palestrina* (1525–1594) wird ein neues Verhältnis von Musik zur Sprache deutlich. In den Mittelpunkt rückt nicht nur die Frage nach der Verständlichkeit des Textes, der in der mehrstimmigen polyphonen Stimmführung fast völlig verdeckt wurde, sondern zunehmend, durch die Einführung solistischer Momente, eine für die Renaissance typische Individualisierung und Ausdrucksverstärkung. Der Mensch und seine Stimme werden von einem Instrument zum Menschlichen zurückgeführt.

Die von Florenz und Rom ausgehende Renaissance erreichte die meisten europäischen Länder erst im 16. und 17. Jahrhundert. Bestimmend auch für diese Renaissance war das Zusammenspiel von technischen, mathematischen und naturwissenschaftlichen Erkenntnissen, von der Nachahmung der Natur und der Vorbildlichkeit der Antike.

Um 1500 Zeit herrschte in Mitteleuropa noch der Geist der Spätgotik. *Hieronymus Bosch* (1450–1516), *Tilmann Riemenschneider* (1460–1531), *Hans Holbein der Ältere* (1465–1524), *Albrecht Dürer* (1471–1528), *Lucas Cranach der Ältere* (1472–1553) sind wohl die bekanntesten Vertreter dieser Epoche. Das Nebeneinander von spätmittelalterlicher Kunst (in Mitteleuropa) und nachmittelalterlicher in Italien mag deutlich machen, wie schwer eindeutige Grenzziehungen sind. Unsere Epochenteilung will jedoch nur für Mitteleuropa gelten.

Wie fahren fort mit Geschichten aus der Übergangszeit, in denen sich noch Vorstellungen des Mittelalters objektivieren, und solchen, die einfachhin von wertfreier Egozentrik erzählen.

2. Geschichten über die Entwicklung der neuzeitlichen Egozentrik

Zeiten des Übergangs sind Zeiten zerbrochener sozialer Werte. Nicht mehr ein Gemeinwohl steht im Mittelpunkt des organisierten Interesses, sondern das Eigenwohl. Es nimmt wunder, daß gerade mit dem Humanismus, der sich so sehr der Antike verpflichtet fühlte, wichtige soziale Tugenden, welche zumindest die Polis-Kultur der Griechen bestimmte, untergingen. Die Techniken der Dialogik *Platons* wurden kaum mehr kultiviert, obschon ihre Anwendung es ermöglicht, über herrschaftsfreie Kommunikation zu einer optimalen Problemlösung zu finden.

a. Geschichten über den frühen Absolutismus

Das ständische Element des Mittelalters wird ab 1500 zunehmend abgelöst durch ein völlig verändertes soziales Bewußtsein. Aus dem Bürger des späten Mittelalters wird der Untertan, dem der Souverän als Fordernder, aber auch als Schützender gegenübersteht. Die herrschende Schutzfunktion kann so weit gehen, daß sich der Landesvater selbst für das Seelenheil seiner Untertanen verantwortlich weiß. Erst die Französische Revolution wird versuchen, aus Untertanen wieder Bürger zu machen.
In den religiösen Kriegen des 16. und 17. Jahrhunderts tritt der Herrscher als friedenssichernde Macht auf. Dieses veränderte Bewußtsein führt bald auch zu verändertem Sein, dem frühen Absolutismus. Dem frühen Absolutismus ging ein Jahrhundert politisch-sozialer und wirtschaftlicher Strukturwandlungen voraus. Die älteren feudal- und ständestaatlichen Ordnungsgefüge waren unter dem Druck wachsender Friedlosigkeit zerbrochen. Die bestehenden Normen des Mittelalters (mit Ausnahme der göttlichen Legitimierung staatlicher Gewalt) versagten. Das hatte territoriale wie soziale Auflösungserscheinungen zur Folge.
»Absolutismus« bezeichnet eine Regierungsform, in welcher der Herrscher den Alleinbesitz der Herrschaftsgewalt beansprucht, ohne in deren Ausübung an die Mitwirkung oder auch nur die Zustimmung politischer Stände oder anderer politischer Organe

gebunden zu sein. Seine theoretische Begründung fand der frühe Absolutismus in der Staatsphilosophie des *Jean Bodin* (1529 bis 1596).[139] In seinem Werk *»Les six livres de la République«* stellt er 1576 den Begriff der Souveränität des Monarchen in den Mittelpunkt seiner Staatslehre. Der Monarch verfügt über die absolute, ihm von Gott gegebene unteilbare Staatsgewalt, die, weil von Gott gegeben, an keine Zustimmung Dritter (etwa der Untertanen oder eines Parlaments) gebunden ist. Diese absolute Gewalt ist jedoch keine despotische Willkür. Weil sie von Gott verliehen wird, ist sie von göttlichem Gebot und dem Naturrecht begrenzt.[140] *Bodin* forderte, wennschon er die Staatsgewalt durch göttlichen Willen legitimierte, dennoch das öffentliche Leben zu enttheologisieren und den Staat für seine rein weltlichen Zwecke zu stärken. Vermutlich ist er einer der ersten Vertreter, die aus staatsphilosophischen Gründen eine Trennung von Kirche und Staat einfordern.

Der entfaltete Absolutismus entstand in Frankreich. So entwickelte sich in Frankreich seit *Heinrich IV.* (1553–1610, König seit 1585) in der Folge konfessioneller Bürgerkriege des 16. Jahrhunderts (als Kalvinist war der König seit 1581 Führer der Hugenotten) ein erstes absolutistisches Herrschaftsmodell. Nachdem die monarchische Herrschaft erschüttert war und die

---

139 Jean Bodin war zunächst Karmelitermönch. Nach einem gerade noch lebend überstandenen Häresieprozeß studierte er 1548 in Toulouse Jura. 1561 trat er als Advokat ins französische Parlament ein. 1572 entging er nur knapp dem Massaker der Bartholomäusnacht. Er brach als erster mit dem Staatsdenken des Ständewesens und ersetzte es durch die Theorie des absoluten Herrschers, des Absolutismus. Zu den Rechten, die dem Menschen von Natur aus zukommen, rechnet er die Toleranz. Wir begegnen also zu Beginn des Absolutismus schon seiner aufgeklärten Variante. In seiner Schrift Colloquium heptaplomeres (1593) vertiefte er seine Forderung nach religiöser und politischer Toleranz. Auch seine Theorie der Erkenntnis geschichtlicher Ereignisse (Methodus ad facilem histororiarum cognitionem, 1566) ist heute noch durchaus lesenswert.

140 Eine Gegenposition, die der absolutistischen Praxis gerechter werden dürfte, vertritt Niccolò Machiavelli (1496–1527). Nicht mehr Verantwortung vor Gott oder dem eigenen Gewissen, sondern die Verantwortung vor dem Staat, als dessen Schöpfer und Wahrer er sich versteht, wird zum Maßstab des politischen Handelns des »Fürsten«. Diese nicht mehr religiös begründete Staatsphilosophie ist schon ganz und gar neuzeitlich.

Kirche, konfessionell gespalten, als Integrationkraft ausfiel, schien das Ende des Chaos nur auf der Machtbasis eines starken Staates möglich. Der Absolutismus dehnte sich bald, gebrochen an den unterschiedlichsten nationalen Vorgaben,[141] auf ganz Europa aus. In der katholischen Kirche, die im 19. Jahrhundert feierlich die Staatsform der liberalen Demokratie verdammte, ist der theokratische Absolutismus bis ins Heute erhalten geblieben.

b. Geschichten über den frühen Merkantilismus

»Merkantilismus« bezeichnet die wirtschaftlichen Anschauungen und Praktiken sowie die wirtschaftlichen Bestrebungen der absolutistischen Staaten zwischen dem 16. und 18. Jahrhundert. Wirtschaftstheoretisch und -politisch steht er zwischen den Wirtschaftstheorien der Scholastik und neueren Theorien, die Staat und Wirtschaft voneinander trennen.[142] Der Merkantilismus war niemals ein geschlossenes Lehrgebäude, sondern ein Komplex von wirtschaftlichen oder wirtschaftspolitischen Ratschlägen, Regeln, Methoden, die alle das eine Ziel verfolgten, den wirtschaftlichen Wohlstand des eigenen Landes zu mehren – ein Wohlstand, der sich in der Finanzkraft des absolutistischen Herrschers objektivierte. Die Mittel für Heer, Hofhaltung, Beamtenapparat waren bereitzustellen. Dazu galt es, mittels der gezielten Lenkung durch die staatliche Gewalt folgendes zu erreichen:

---

141 In England etwa begrenzte die von englischen Baronen dem König Johann abgetrotzte »Magna Charta libertatum« seit 1215 die königlichen Rechte: Städte erhielten eigene Privilegien, die Lehen wurden erblich, Steuern konnten nur mit Zustimmung der Barone erhoben werden, die Geistlichen wählten die Bischöfe.

142 Staat und Wirtschaft haben in diesen Theorien verschiedene Interessen. Während der Staat die öffentliche Liquidität steigern möchte, versucht die Wirtschaft auf das eingeschossene Kapital möglichst hohe Renditen zu erwirtschaften. So kam es dazu, daß man einen von politischen Vorgaben freien Wirtschaftskreislauf forderte. Da in der Regel der Staat mehr auf eine funktionierende Wirtschaft angewiesen ist als die Wirtschaft auf einen funktionierenden Staat, siegt auf die Dauer zumeist die Wirtschaft mit ihren Interessen – bis hin zur Ausbeute des Staates in der Gegenwart.

- Die gewerbliche Produktion im Inland war durch Subventionen oder andere Privilegien zu fördern (Wirtschaftsexpansion).
- Ebenfalls galt es, durch ähnliche Maßnahmen den Binnen- wie aktiven Außenhandel zu fördern. Der Export wurde gestützt, der Import vor allem solcher Waren, die mit den im eigenen Land produzierten konkurrieren könnten, wurde durch Zölle erschwert. Neue Absatzmärkte wurden mit politischer Hilfe erschlossen. Die Infrastruktur (damals vor allem die Handelsstraßen zu Land und zu Wasser) wurden ausgebaut und gesichert.
- Die verfügbaren Produktivkräfte wurden etwa durch die Subventionierung von Manufakturen und Handelskompanien, ja der Entwicklung neuer Industriezweige gestärkt und entwickelt.

Bei der einseitigen Orientierung auf die Entfaltung der industriellen Produktion, die sicherlich auch darin begründet war, daß sie zu erheblichen Steuereinnahmen führte, wurde die Landwirtschaft meist gröblichst vernachlässigt.[143] Der Staat ist also sowohl als Erzeuger und Erhalter des Wirtschaftssystems Subjekt wie auch als Steuernutzer Objekt der merkantilistischen Wirtschaftspolitik *(F. Heckscher).*
Der frühe Merkantilismus setzte – naiv noch, wie er war – den Zustrom von Geld und Edelmetallen und den Besitz von Geld mit nationalem Reichtum gleich. Wer über Geld verfüge, könne Soldaten bezahlen, sie gut ausrüsten und ernähren. Geld wurde also als gespeicherte wirtschaftliche Macht betrachtet *(A. Kruse).* Eine gesamtwirtschaftliche Sicht (wie Gedanken über einen volkswirtschaftlichen Kreislauf, der sich durch eine Kette von Tauschaktionen vollzieht und das eingebrachte Betriebskapital

---

143 Vermutlich war diese Vernachlässigung ein Grund, warum sich die Physiokraten in der zweiten Hälfte des 18. Jahrhunderts wieder auf die Bedeutung der Landwirtschaft für die Volkswirtschaft besannen. Sie strebten ein landwirtschaftliches Königreich (Royaume agricole) als aufgeklärt-absolutistisches System an. Sie gingen davon aus, daß allein die Landwirtschaft produktiv sei, weil nur sie einen Reinertrag (produit net) abwerfe und einen Zuwachs an Volksvermögen ermögliche.

rentabel reproduziert) gab es nicht. Einkommen privater Haushalte, Arbeitslosenrate und Geldwertschwund blieben unberücksichtigt. Daß dauernde Exportüberschüsse zu einem mangelnden Güterangebot im eigenen Land und damit zu einem Nachfrageüberhang mit der Folge inflationärer Prozesse führen kann (und meist auch führt), wurde nicht bedacht. Die mit einer Inflation verbundene Verarmung der eigenen Bevölkerung konnte zur politischen Destabilisierung führen. Aber auch das war dem Merkantilismus unbekannt oder für ihn uninteressant. Daß eine zeitweilige passive Außenhandelsbilanz durchaus ein Zeichen zunehmenden Wohlstands einer Volkswirtschaft sein kann, wurde als absurd abgewiesen.

In Deutschland entwickelte sich der Merkantilismus als Kameralismus. »Camera« war die für den fürstlichen Haushalt zuständige Behörde. Während der klassische Merkantilismus seine Ziele durch die planmäßige Förderung eigenständiger Produktivkräfte zu großgewerblichen Betriebsformen zu erreichen suchte, sah der Kameralismus, neben hohen Staatseinkünften, auch in der ökonomischen Autarkie ein zentrales Ziel politischer Eingriffe in die Wirtschaft.

Es ist recht leicht aufzuweisen, daß auch heute nicht wenige deutsche Politiker der Gegenwart den Kameralismus keineswegs überwunden haben. Nun hätten die merkantilistischen Strategien eigentlich zum Erliegen jedes zwischenstaatlichen Handels führen müssen und damit zur Unmöglichkeit, eine aktive Außenhandelsbilanz zu erwirtschaften. Wenn jeder Staat mit allen Mitteln seine Ökonomie zu stärken versucht, wird der Wettlauf um die Stärkung dem Staat teuer werden, so daß er kollabiert. Wenn Importe erschwert werden, werden auch Exporte kaum mehr möglich. Doch führten verschiedene Interpretationen von Merkantilismus sowie Inkonsequenzen bei der praktischen Durchführung, wie sie allen ökonomischen Theorien eigen sind, dazu, daß der internationale Handel nicht zum Erliegen kam.

c. Geschichten über Reformation und Gegenreformation

Die Begriffe »Reformation« und »Gegenreformation« bezeichnen zunächst einen religiösen und kirchlichen Wandlungsprozeß. So eingeengt, sind sie jedoch geeignet, die Menge und Komplexität der Ereignisse zu verschleiern, die seit dem frühen 16. Jahrhundert das gesamte soziale Leben sowie das politische Machtgefüge Europas veränderten.[144] Zahlreiche Mißstände in der Rechtsorganisation und der Seelsorge der Kirche, die Verweltlichung des Klerus im Schnittbereich profaner Interessen, die mangelnde Integration des humanistischen Zeitgeistes durch die Theologie ließen seit langem eine Reformation der Kirche an Haupt und Gliedern erwarten. Zwar hatte das Papsttum die Krise der Schisma- und Konzilszeit einigermaßen schadlos überstanden – aber an eine Reformation dachte es nicht. Die »Reformation« als Epoche ist ein Konstrukt, das eine Vielzahl historiographisch erhebbarer Reformationen einschließt. Die wichtigsten Reformationen waren:

- die *Martin Luthers* in Deutschland (seit 1517),
- die *Ulrich Zwinglis* in der Schweiz (seit 1522),
- die *Johannes Calvins* in Genf und Westeuropa (seit 1541),
- die Entstehung der anglikanischen Kirche (seit 1534) und des Puritanismus in England,
- das Konzil von Trient für die katholische Kirche (1543–1563).

Diese historiographisch erhebbaren Ereignisse beziehen sich keineswegs nur auf die Erneuerung oder die Regenerierung des christlichen Glaubens, sondern bestimmen zugleich den sich mindernden Einfluß der römischen Kirche als eines politischen, ökonomischen, sozialen und kulturellen Machtfaktors. Das zeitigte seine Folgen:

- Glaubens- und Religionskriege in Frankreich (1562–1598), in Deutschland (1618–1648), in England (1642–1649) veränder-

---

144 Vgl. dazu: Der Große Plötz, Freiburg (29. Aufl.) 1980, 604 ff.

ten die bestehenden ökonomischen, politischen und sozialen Strukturen innerhalb dieser Länder. Die Kirche wird nicht mehr als ein alle europäischen Gebiete verbindender Ordnungsfaktor akzeptiert. Europa zerfällt als kulturelle und gesellschaftliche Einheit.

- In England, Frankreich und vor allem in Spanien verstärken sich Nationalismen, die schon seit dem »Großen Abendländischen Schisma« (1378–1417)[145] erkennbar waren, jedoch zumeist bis ins 16. Jahrhundert ohne erhebliche ökonomische, soziale und kulturelle Wirkung blieben, weil ihnen der wachsende und auch politische Zentralisationsprozeß des Papsttums entgegenwirkte. Die Konzilien von Pisa (1409), von Konstanz (1414–1418) und Basel (1431–1449) können zwar den Zerfallsprozeß verlangsamen, kaum aber stoppen. Das Heilige Römische Reich Deutscher Nation fiel schon seit geraumem als politischer Machtfaktor aus.

- Die zunehmende Italienisierung von Papsttum und Kurie (und damit die Rückbildung der katholischen auf eine italieni-

---

145 Das Große Abendländische Schisma war ein Höhepunkt kirchlicher Entwicklung. Im Streit um die Vorherrschaft von Konzil und Papst erzwang es eine Situation, in der das Konzil sich über den Papst stellen mußte. Die römische Kirche war mit drei Päpsten gleichzeitig geschlagen. Wer davon der »richtige« war, war kaum entscheidbar. So rief auf Initiative des römischen Königs Sigismund (* 1368, König von Ungarn [1387], König von Mähren [1419], Römischer König [1410], Kaiser [1433], † 1437) einer der drei – vermutlich der »richtige« –, Papst Johannes XXIII., das Konzil von Konstanz (1414–1418) ein. Er hoffte, vom Konzil gegen die mit ihm rivalisierenden Päpste Gregor XII. und Benedikt XIII. anerkannt zu werden. Das Konzil setzte jedoch alle drei ab und erklärte in dem Dekret »Haec sancta« (6. 4. 1415) die Oberhoheit des Konzils über den Papst. Es wählte Martin V. zum Papst (1417) und stellte so die kirchliche Einheit wieder her. Doch mit Martin V. machte das Konzil den Bock zum Gärtner. Er und seine Nachfolger versuchten, den Konziliarismus zurückzudrängen. So gab Martin V. seinem Konzilslegaten auf dem Konzil zu Pavia-Siena eine Auflösungsvollmacht mit, um zu dokumentieren, er stehe über dem Konzil. Eugen IV. verurteilte in der Bulle »Etsi non dubitemus« 1441 den Konziliarismus, ohne ihn jedoch ausschalten zu können. Noch während des Tridentinums, besonders aber in den Gallikanischen Artikeln von 1682 lebte er fort. Im Febronianismus und am Vorabend des 1. Vaticanums wurden konziliaristische Ideen wieder lebendig. Erst das Unfehlbarkeitsdogma von 1870 machte ihm ein Ende.

sche Nationalkirche) beschleunigte den Zerfallsprozeß. Die ersten Anzeichen reformerischer Forderungen gegen die italienische Kirche kamen von *John Wiclif* (1320–1384) und *Jan Hus* (1370–1415). Noch ist die von einer katholischen auf eine italienische verkommene Kirche stark genug, diese Forderungen abzuweisen. Sie steht am Vorabend der Reformationen zwar noch als geschlossenes und weltumspannendes System da, das jedoch nur noch durch seine streng hierarchische, vorwiegend mit fiskalischen Aufgaben betraute Bürokratie zusammengehalten wird.

- Zwar kann sich der Protestantismus nur in den Ländern durchsetzen, in denen die Herrscherhäuser den Katholizismus nicht zum integralen Bestandteil ihrer absolutistischen Macht eingebaut hatten. Doch spätestens mit dem Augsburger Religionsfrieden (1555) wird die Frage der Konfession auch in Mitteleuropa zu einer politischen Sache, zu einem wichtigen Instrument des Absolutismus.

In Mitteleuropa begann der Zerfall zentralkirchlicher Macht mit dem reformatorischen Auftreten *Martin Luthers*. Die Zeit war reif für eine Revolution. Obschon *Luther* zunächst sehr viel weniger kirchenkritisch dachte als etwa *Hus* und andere Vorreformatoren, trat er eine Lawine los, die manches Alte und Selbstverständliche unter sich begrub. Der Kairos einer Reformation von unten war gekommen. In Deutschland entwickelten sich gegen die »italienische Kirche« gerichtete nationalkirchliche Strömungen, volkstümliche antirömische Affekte verbanden sich mit humanistischer Kirchenkritik. All das vereinigte sich zum religiös-prophetischen Ingenium *Luthers* wie in einem reißenden Strom. »In dem einsamen Ringen des Augustinermönchs um die Gnade und Gerechtigkeit Gottes entschied sich die Zukunft des abendländischen Christentums.«[146] Seine innere Kirchenkritik bezog sich auf die kirchliche Lehre von der Rechtfertigung durch das Handeln.[147] Seine äußere richtete sich seit

---

146 Vgl. Heinrich Lutz, Der politische und religiöse Aufbruch Europas, in: PWG 7, 31.
147 In einer autobiographischen Abhandlung schreibt er 1545: »Bis ich Tag

dem Herbst 1517 auf den Ablaßhandel. Niemand dachte damals an eine Kirchenspaltung. Die öffentliche Meinung Deutschlands folgte *Luther*, dem man aktuelle romfeindliche Reformwünsche unterstellte, ohne jedoch den theologischen Hintergrund zu begreifen. Dennoch begründet er innerhalb kurzer Zeit eine nationale, volkstümliche Bewegung, die sich, begünstigt durch die Schwäche des Reichs, zu einer von *Luther* keineswegs erwünschten allgemeinen Volkserhebung ausweitet.

Die erste römische Reaktion war eher schwach. Als 1518 der Prozeß gegen *Luther* eröffnet wurde, sah sich Papst *Leo X.* aus kirchenpolitischen Gründen genötigt, dessen Landesherrn, den sächsischen Kurfürsten, als Kaiserkandidaten gewinnen zu wollen. So wurde der römische Prozeß mehr als ein Jahr unterbrochen.

Erst im Sommer 1520 erging die Bannandrohungsbulle *»Exsurge Domine«* an *Luther*. Doch sie blieb ohne Wirkung auf die öffentliche Meinung. Selbst als Luther sie öffentlich verbrannte, änderte sich in Deutschland nichts. Wohl aber in Rom. Es reagierte mit dem Bannspruch und forderte vom frischgewählten Kaiser *(Karl V.)*, *Luther* mit der Reichsacht zu belegen und damit vogelfrei zu machen. Jeder konnte ihn ungestraft töten. Dabei stand der *»Fall Luther«* zunächst gar nicht zur Debatte. Im Gegenteil: Der Kaiser war beeindruckt von *Luthers* revolutionärer Schrift: *»An den christlichen Adel deutscher Nation«*

---

und Nacht grübelnd, durch Gottes Barmherzigkeit auf den Zusammenhang der Worte (des Römerbriefs über die Gerechtigkeit Gottes) aufmerksam wurde..., begann ich die Gerechtigkeit Gottes als eine solche zu verstehen, kraft welcher der Gerechte als ein von Gott (mit Gerechtigkeit) Beschenkter lebt, nämlich aus dem Glauben. Und ich verstand, daß dies gemeint sei: es wird durch das Evangelium jene Gerechtigkeit Gottes enthüllt, durch die uns der gnädige Gott Rechtfertigung zuteil werden läßt auf dem Wege des Glaubens, wie geschrieben steht: Der Gerechte lebt aus dem Glauben. Da fühlte ich mich ganz neugeboren und wie durch offene Pforten in den Himmel eingetreten. Und von da an zeigte mir die ganze Heilige Schrift ein anderes Gesicht...« Vermutlich werden die meisten theologisch gebildeten Katholiken heute dieser Interpretation der Gerechtigkeit Gottes (also einem nichtphilosophischen Gerechtigkeitsbegriff folgend) zustimmen können. Es erscheint ein Rätsel, daß diese Lebenserfahrung Luthers das Angesicht Europas verändern sollte.

(1520).[148] Nach langem Hin und Her wurde *Luther* vor den Reichstag geladen, nicht um zu disputieren, sondern um zu widerrufen. Begleitet vom kaiserlichen Herold, wurde die Reise Luthers durch die Städte und Dörfer Hessens und Frankens zu einer Triumphfahrt. Alle Augen richteten sich auf Worms, als *Luther* am 17.5.1521 zum erstenmal vor dem Reichstag erschien. Am nächsten Tag hielt er seine Verteidigungsrede. Sie schließt mit den berühmten Worten: »Wenn ich nicht durch das Zeugnis der Heiligen Schrift oder durch klare Vernunftgründe überzeugt und überwunden werde, so bleibe ich überwunden durch die von mir angeführten Schriftstellen, und mein Gewissen bleibt im Worte Gottes gefangen, und ich kann und will nicht widerrufen, da es beschwerlich, ungut und gefährlich ist, wider das Gewissen zu handeln. Gott helfe mir, Amen!« Obwohl der Kaiser nun über *Luther* im »Wormser Edikt« die Reichsacht[149] verhängte und die Verbreitung der Schriften *Luthers* verbot, war für die Reichsstände der Fall Luther keineswegs abgeschlossen – und damit begann die Reformation.[150]

---

148 1520 verfaßt Luther seine großen programmatischen Schriften:
- »An den Adel deutscher Nation, von des christlichen Standes Besserung«,
- »Von der babylonischen Gefangenschaft der Kirche«,
- »Von der Freiheit eines Christenmenschen«.

149 Die Reichsacht bedeutete den Ausschluß aus der weltlichen Friedensgemeinschaft. Den frühen Gemeinwesen auf deutschem Gebiet fehlte ein ausgebildetes juristisches Vollstreckungssystem, so daß sie auf die Mitwirkung der ganzen Rechtsgemeinschaft angewiesen waren. Nach germanischem Recht konnte der in die Acht erklärte Verbrecher von jedermann getötet werden.

150 Was war denn das Neue an Luthers Lehre, das ihn aus der römischen Tradition entließ?
- Er lehrt das allgemeine Priestertum aller Gläubigen. Ein besonderes Priestertum gäbe es nicht. Papst, Bischöfe und Priester verraten durch ihren Anspruch auf ein besonderes Priestertum die Jesusbotschaft.
- Er lehrt die Heilige Schrift als die alleinige Quelle christlicher Wahrheit (»sola scriptura«). Die römische Kirche gründet ihre Macht zu Unrecht auf dem Anspruch, als einzige Institution auch die Tradition als genuine Glaubensquelle authentisch zu verwalten. In der Lehre von der Unmittelbarkeit des Christen zu Gott wird deutlich, daß auch

Gegen seinen Willen, doch in seinem Namen, kam es zu mancherlei Wirren und revolutionären Bewegungen:

- 1521: Ausbruch der »Wittenberger Wirren«. Während *Luthers* Abwesenheit drängen *Andreas Karlstadt* (eigentlich *Bodenstein*) und *G. Zwilling* auf die praktische Verwirklichung der reformatorischen Gedanken. Sie führen die deutschsprachige Messe und den Laienkelch ein, erklären die Mönchgelübde für unverbindliche Absichtserklärungen und verlangen die Abschaffung der religiösen Bilder durch den Rat der Stadt. *Luther* konnte nach seiner Rückkehr im März 1522 die Unruhen weitgehend beilegen, doch blieben die Ereignisse wichtig für die Entwicklung einer reformatorischen Liturgie.
- 1523 brachte den Reichsritteraufstand mit *Franz von Sickingen* (1481–1523) gegen die katholischen Fürsten. Er unterlag jedoch im April den verbündeten Fürsten von Trier, Hessen und der Pfalz.
- 1524/25 ereignete sich eine gewaltsame Erhebung der Bauern und einiger Städte in Süd- und Mitteldeutschland, der sogenannte Bauernkrieg unter Ritter *Florian Geyer* (in Franken), *Thomas Müntzer* (in Thüringen), *Michael Gaismaier* (in Tirol), um die soziale Lage zu erleichtern. Der Bauernkrieg ist auch nach den Geschehnissen von 1989 die größte politisch-

---

Luther unter dem Anspruch der individualisierten Wertewelt der Zwischenzeit steht. Es dürfte also nicht die egozentrischen Wertsetzungen der Neuzeit gewesen sein, die Luther gegen das Mittelalter (mit seinem Fragen nach dem »Wie bekommen wir einen gnädigen Gott?«) fragen läßt: »Wie bekomme ich einen gnädigen Gott?«, sondern das Fehlen sozialer Werte nach dem Kollaps des Mittelalters.
- Er lehrt, daß allein der Glaube (und nicht die Werke) das ewige Heil eines Menschen bewirken könnten (»sola fides«). Auch hier läßt sich in der einseitigen Betonung des Bewußtseins vor dem Sein eine Position des Dazwischen ausmachen.
- Er behauptet, die Verkündigung des Wortes Gottes und nicht die Eucharistie seien der Mittelpunkt eines christlichen Gottesdienstes. Die Symbolwelt des Mittelalters ging unter, und das Wort tritt in den Mittelpunkt. Hier schimmern die ersten Anzeichen neuzeitlichen Bewußtseins auf.

soziale Massenbewegung der deutschen Geschichte. Er setzte sich zwar aus einer Menge von meist unkoordinierten Einzelaktionen zusammen, doch zeugte er von erheblichem Potential an revolutionärem Bewußtsein in Deutschland. Er begann im Juni 1524 in der Landgrafschaft Stühlingen im südlichen Schwarzwald. Ende Februar 1525 stellte der bibelkundige Kürschnergeselle *Sebastian Lotzer* die »Zwölf Artikel«[151] der Bauernschaft in Schwaben zusammen. Sie wurden zum Manifest der Bauernbewegung. Seit Mai 1525 gelang es in Oberdeutschland dem Schwäbischen Bund unter *Georg Truchseß von Waldenburg, im Elsaß unter Herzog Anton von Lothringen*, in Thüringen unter Landgraf *Philipp von Hessen*, in einer Reihe blutiger Schlachten die Erhebung niederzuwerfen.

- 1534/35 kam es zur Entstehung der radikalen Täufergemeinden der Hutterischen Brüder in Mähren[152] und der Spättäufer in Münster,[153] obschon 1529 das Reichsrecht die Täuferei unter Todesstrafe gestellt und das »Augsburger Bekenntnis« von 1530 die Wiedertaufe energisch abgelehnt hatte.

Luther will jedoch keine Revolution, keine qualitative Veränderung des Allgemeinen Seins, sondern nur des Bewußtseins. So bindet er seine Reformation zurück an das deutsche Landesfür-

---

151 Die »Zwölf Artikel« forderten neben alten Ansprüchen der Freiheit der Jagd, des Fischens, der Holzung, die Unparteilichkeit der Rechtsprechung, jetzt auch die Abschaffung ungerechter Fronen, Aufhebung der Leibeigenschaft, Wahl des Pfarrers durch die Gemeinde ein.
152 Die Hutterischen Brüder bildeten eine nach Jakob Huter benannte Gruppe der Täufer. Sie lebten etwa seit 1528 in Gütergemeinschaft. Auf Brüderhöfen in Mähren führten sie einen Produktions- und Konsumtionskommunismus ein. In den USA bestehen noch etwa 170 Brüderhöfe mit 15 000 Hutterischen Brüdern. Jakob Huter wurde 1528 in Klagenfurt Täufer und gewann trotz heftiger Verfolgung durch die Kirche zahlreiche Anhänger. Auf mehreren Reisen nach Mähren verband er sich mit täuferischen Gemeinschaften und wurde 1533 ihr Bischof und Organisator. Er starb 1536 auf dem Scheiterhaufen.
153 Nachdem 1531 die Lehre Luthers in Münster Eingang gefunden hatte, setzten sich die Täufer durch und errichteten 1534 unter Johann von Leiden ein sozialistisch-demokratisches Reich, das schon 1535 durch den Bischof von Münster blutig niedergeschlagen wurde.

stentum und erklärt sich gegen jede politische Umwälzung. Er scheint der fatalen Meinung gewesen zu sein, man könne das Allgemeine Bewußtsein ohne revolutionäre Folgen für das Allgemeine Sein verändern. Die von seiner Reformation ausgelösten Religionskriege versuchen das Allgemeine Sein gewalttätig dem Allgemeinen Bewußtsein anzupassen. Das in seiner Entwicklung blockierte Allgemeine Sein bricht sich einen kriegerischen Weg, um das Allgemeine Bewußtsein einzuholen. Die Zeit bis 1550 bleibt nicht zuletzt wegen dieser Spannung zwischen altem Sein und neuem Bewußtsein eine Zeit des Übergangs.

Innerhalb weniger Jahre breitet sich das Luthertum als stabilisierender Faktor politischer Herrschaft aus: Zunächst erreicht es den Norden, Osten und Süden Deutschlands, dann Livland (1522), Schweden (1527), Finnland, Dänemark und Norwegen.

Die katholische Kirche reagiert verzögert mit einer Gegenreformation.[154] Damit ist nicht erststellig eine Rekatholisierung von Gebieten gemeint, die zur Reformation übergetreten waren, sondern eine Reformation der katholischen Kirche selbst als Reaktion auf die Bildung reformatorischer Kirchen.

Die Selbstreform der katholischen Kirche wird weitgehend getragen von neu gegründeten Orden:

- dem Oratorium der göttlichen Liebe (1517–1527),
- den Theatinern (1524),
- den Kapuzinern (1528),
- den Jesuiten (1534),
- den Ursulinen (1544),
- den Oratorianern (1575).

Die Gegenreform ordnete den Katholizismus wieder unter der päpstlichen Autorität und band die katholische Kirche zurück

---

154 Im 18. Jahrhundert kommt der Begriff »Gegenreformation« in der protestantisch-deutschen Geschichtsschreibung auf. Er bezeichnet zunächst die gewaltsame Rekatholisierung protestantisch gewordener Gebiete. In der zweiten Hälfte des 19. Jahrhunderts wird der Begriff zur Bezeichnung einer Epoche verwendet, die nach 1550 auf die Reformation folgt. Er umfaßt vor allem den Wandlungsprozeß innerhalb der katholischen Kirche selbst – in Reaktion auf die Reformation Luthers.

an die absolutistischen Staatsmächte. So darf es nicht wundern, wenn mit dem Zerfall des Absolutismus, gegen den sich die Kirche mit aller Gewalt wehrte, auch die gegenreformatorisch erstarrte Kirche an Einfluß verlor.

d. Geschichten über die Auswirkung der Entdeckungen

1460 starb *Heinrich der Seefahrer*, der die Atlantikinseln erforschte und besiedelte. 1470 erreichten die Portugiesen die Guineaküste und bemächtigten sich der Reichtümer jenes Gebietes (Gold, Elfenbein, Pfeffer), nachdem sie schon zuvor (seit 1441) den ertragreichen Handel mit Negersklaven begonnen hatten. Seitdem waren ökonomische Gründe die wichtigsten Triebfedern, neue Länder zu entdecken. Der zweitwichtigste dürfte der in Spanien und Portugal noch nicht untergegangene Geist der Reconquista gewesen sein, der sich um die »Bekehrung« der Einwohner der neu entdeckten Gebiete zum Christentum mühte. 1492 überquerte *Christoph Kolumbus* den Atlantik und »entdeckte« Amerika. *Vasco da Gama* umsegelte 1498 das Kap der Guten Hoffnung und erreichte Indien. Damit begann eine neue Epoche der Menschheitsgeschichte. Die »europäische Weltgeschichte« nahm ihren Anfang.

Die epochale Bedeutung dieser Geschehnisse war schon den Zeitgenossen bekannt. Der spanische Chronist *Lópes de Gómera*[155] bezeichnet die Entdeckung Amerikas als »das größte Ereignis seit der Erschaffung der Welt, ausgenommen die Fleischwerdung und der Opfertod unseres Erlösers«[156]. Grundlegend für das Weltbild, das zu den Entdeckungsreisen führte, waren antike Vorstellungen über die Gestalt der Erde. Die Erkenntnis der Kugelgestalt der Erde wurde seit den Pythagoreern im 5. vorchristlichen Jahrhundert Gemeingut antiken Wissens. *Erasto-*

---

155 Er beginnt seine »Historia de las Indias« mit dem Aufruf: »Die Welt ist so weit und so schön und hat eine solche Verschiedenartigkeit des Hervorgebrachten, daß es den in Erstaunen versetzt, der es recht bedenkt und betrachtet.«

156 Zitiert nach Richard Konetzke, Überseeische Entdeckungen und Eroberungen, in: PWG, 6, 537.

stenes errechnete um 200 v. Chr. den Erdumfang mit 39 700 Kilometern. Die erste rein naturwissenschaftliche Abhandlung des christlichen Abendlandes handelte über den Magneten,[157] dessen Eigenschaften schon in Europa (vermutlich von Chinesen entdeckt und über arabische Vermittlung oder die asiatischen Steppenvölker bekannt gemacht) lange zuvor benutzt worden sind.

Die Europäisierung weiter Teile Amerikas (eng verbunden mit der Christianisierung) zerstörte die einheimischen kulturellen, sozialen, ökonomischen und politischen Strukturen. Das bestärkt den europäischen Narzißmus bis in die Gegenwart. Die Neue Welt revanchierte sich durch die sich schnell ausbreitende Syphilis und mit einer Welle inflationärer Geldentwertungen (durch den Import von Edelmetallen aus Amerika sinkt der Wert dieser Metalle).[158] Der Anspruch auf die koloniale Besitznahme außereuropäischer Länder entstammt der Tradition der Kreuzzüge: Es gelte, Heiden zu missionieren. Entsprechend werden in den verschiedenen Teilungsverträgen (1431 Medina del Campo, 1479 Alcacovas, 1494 Tordesillas) den Vertragspartnern vom Papst Missionssphären als Kirchenlehen zugewiesen. Da durch diese Praxis alle Staaten außer Portugal und Spanien von der Bildung von Kolonien ausgeschlossen werden, wenden Frankreich (seit 1532), dann aber auch die von Rom »abgefallenen« Staaten England und die Niederlande das »Recht der tatsächlichen Besetzung« an und langsam auch durch. Damit werden aus »Missionssphären« und päpstlichen Kirchenlehen eigentliche Kolonien möglich, der Papst verliert seinen Einfluß als Schiedsmann. Zugleich vertreten diese Staaten das Recht auf das »freie Meer«. Doch selbst die Niederländer monopolisieren dann den Besitz des Meeres, als sie in Ostasien Kolonien gründen.

---

157 Petrus Peregrinus, De magnete, 1269.
158 Während des 16. Jahrhunderts inflationieren die Preise – vor allem die für Lebensmittel – um etwa das Fünffache. Dieser Geldwertschwund traf vor allem die von Geldrenten lebende adelige Mittelschicht, aber auch die noch kleine Schicht der Lohnarbeiter, da die Löhne den Preisen nur zögerlich folgten.

5. Kapitel
Geschichten über die
beginnende Neuzeit

Denn jedem Anfang wohnt ein Ende inne...

Um 1650 beginnen sich aus den Ansätzen des Übergangs eine neue stabile Werteordnung und neue institutionalisierte soziale Systeme herauszukristallisieren, die es uns erlauben, das Konstrukt »Neuzeit« zu bilden. Es sei daran erinnert, daß Epochen wie alle soziokulturelle Einheiten chaotische Systeme sind. Solche Systeme können lange Zeit bestimmten Regeln gehorchen und somit stabil erscheinen. Doch aus uns unbekannten Gründen kommt es zu Instabilitäten, an deren Ende die Ausbildung von Bifurkationspunkten stehen. An solchen geschichtlichen Punkten sind immer wenigstens zwei Ausgänge in etwa gleich wahrscheinlich. So war zu Beginn der Neuzeit im Politischen der Zerfall der alten Königreiche in ständische Gebilde nach Art des Heiligen Römischen Reiches ebenso möglich wie eine nationale Staatsbildung auf dem Territorium dieses Reiches. So wäre religiös der Untergang der römischen Kirche in die Bedeutungslosigkeit ähnlich wahrscheinlich gewesen wie ihr erneutes Erstarken. So wäre es denkbar gewesen, daß sich aus den Zünften und frühindustriellen Gebilden Produktionsgenossenschaften gebildet hätten, wie es denkbar war, daß es zu einer Blüte des Privatkapitalismus kam. Vieles, wenn nicht alles war offen in der Mitte des 17. Jahrhunderts. Der Dreißigjährige Krieg schuf mancherlei Alternativen eines Neuanfangs in Mitteleuropa. Dabei sind jedoch die Entwicklungen in den benachbarten Ländern zu bedenken, deren ökonomische, soziale, kulturelle Praxis auf die Mitte Europas nicht unerheblich abfärbten.
Ein Beispiel für einen solchen Bifurkationspunkt stellt die englische Revolution dar. Sie begann mit einem Zentralismus von Kro-

ne und Altar und endete mit der Niederwerfung *Oliver Cromwells* (1599–1658) und seiner »Demokratie« im Jahre 1660. Alles hätte ganz anders ausgehen können. England hätte die erste europäische Demokratie werden und damit das politische, ökonomische, soziale und kulturelle Angesicht Europas fundamental verändern können. Wie kam es zum Höhepunkt dieser Revolution? Nachdem Oberst *Prides* auf Befehl des Königs im Dezember 1648 das Unterhaus *(House of Commons)* »gesäubert« und damit den »Vertrag von Newport« gebrochen hatte, machte man dem König kurzen Prozeß: Er sei des Hochverrats schuldig, da er gegen das eigene Volk Krieg geführt habe. Am 29. 1. 1649 wurde er hingerichtet. Elf Jahre übernahm das Parlament die Regierungsgeschäfte. Bis 1658 übernahm *Oliver Cromwell* als Lordprotektor die oberste Exekutive. Die neue Regierungsform erwies sich als Erfolg. Die Außenpolitik war eindrucksvoll: Der holländische Krieg wurde vorteilhaft beendet, die Handelsinteressen wurden mit günstigen Verträgen gesichert. Innenpolitisch scheiterten royalistische Erhebungen. England war zur »Demokratie« geworden. Doch sie löste sich am 16. 3. 1660 selbst auf. Am 29. 5. 1660 zog König *Karl II.* aus dem Hause Stuart unter dem Jubel des Volkes in London ein. Das Experiment war gescheitert. Erst 1919 wurde das Unterhaus demokratisch gewählt.

Während die Werteordnungen des endenden 15. Jahrhunderts bis zur Mitte des 17. Jahrhunderts das Ziel verfolgten, dem Wertechaos, das den Zerfall des Mittelalters begleitete, vor allem durch die Orientierung am Konstrukt »Antike«, das sie sich schufen, so viel Ordnung zu geben, daß politisches, kulturelles, soziales und ökonomisches Leben wieder möglich wurde, erzählen die Geschichten der beginnenden Neuzeit von neuen Werten und Normen, die sich von denen des Mittelalters qualitativ unterscheiden. Den Anfang dieser Epoche kann man sehr zutreffend als Summe von mittelalterlichen Orientierungen und geistigem Absolutismus beschreiben. Die mittelalterlichen, vor allem religiösen Orientierungen (etwa der Vertäuschungen verhindernde »Gott« des *Descartes* oder der Absolute Raum, der nach *Newton* das *»sensorium Dei«* sei, oder die Übernahme der mittelalterlichen Impetustheorie) wurden jedoch schon bald abgeworfen – es blieb der geistige Absolutismus.

Die Identität einer Epoche bestimmt ihre Werte, die sich in Interaktionen wie in Institutionen normativ auslegen. Was sind die wichtigsten Werte dieser Neuzeit? Hier sind vor allem zu nennen:

- das Verfügen über sicheres, täuschungsfreies und irrtumsloses Wissen, das sich in Institutionen wie Staat, Religion, Philosophie und Naturwissenschaften normativ auslegt,
- das egozentrische[159] Nutzenstreben, das sich in der frühen Marktwirtschaft normativ auslegt,
- die Idee des (zunächst wissenschaftlichen und technischen, dann auch sozialen und ökonomischen) Fortschritts, der sich im Bildungswesen und der Ökonomie normativ auslegt,
- die Idee einer allen (gesunden) Menschen gemeinsamen Vernunft (Export europäischer Werte in die Kolonien), die sich aber auch in jenen Institutionen auslegt, die diese Gemeinsamkeit, ja die (europäische) Vernünftigkeit in Frage stellen könnten (Irrenhäusern).

Dieser mentale Absolutismus ist charakterisiert durch einige Annahmen:

- die absolutistische Annahme, die realistisch interpretierte Container-Metapher[160] erkläre, was Kommunikation sei. Nur so ist es möglich, daß sich mit den Konzil von Trient eine Dogmatik entwickelte, die in einigen hundert Dogmen davon aus-

---

159 »Egoismus« bedeutet seit dem endenden 19. Jahrhundert eine nur den eigenen Absichten nachgehende Lebenseinstellung. Es wird – wie typisch! – ohne jede negative Wertung verwendet. Gemeinsame Zwecke treten als handlungsleitende Werte in den Hintergrund. Der moralische Egoist ist nach I. Kant ein Mensch, »welcher alle Zwecke auf sich selbst einschränkt, der keinen Nutzen worin sieht als in dem, was ihm nützt, auch wohl als Eudämonist bloß im Nutzen und eigenen Glückseligkeit, nicht in der Pflichtvorstellung den obersten Bestimmungsgrad seines Willens setzt« (KpV; AA 5, 38).

160 Die realistische Interpretation der Container-Metapher nimmt – wie schon angedeutet – an, daß miteinander kommunizierende Menschen ihre Informationen in Container (Worte, Sätze, Satzfolgen) packen können. Der Container entleere sich dann beim Hörenden oder Lesenden. Dieser

ging, daß alle Menschen bei zureichender Vorbildung (ob katholisch oder nicht) diese in ganz der gleichen Weise verstehen würden. Diese irrtümliche Interpretation der Metapher wurde schon von der Aufklärung als Täuschung entlarvt. Die Aufklärung – noch nicht über sich selbst aufgeklärt – nahm für sich in Anspruch, im Namen der Vernunft Menschen aus ihrer »selbstverschuldeten Unmündigkeit«[161] zu befreien. Der Irrtum der noch nicht über die eigenen Grenzen aufgeklärten Aufklärung lag in der Tatsache verborgen, daß im Inneren der Vernunft immer auch die Unvernunft, im Inneren des Verstandes auch immer das Unverständnis haust. Spätestens seit *Karl Marx* wissen wir, daß Vernunft immer unter dem Anspruch des selten toleranten Interesses steht. So waren Auschwitz für die Nazis, Archipel Gulag für die Bolschewisten, Hiroshima für die US-amerikanischen Militärs ausgesprochen vernünftige Veranstaltungen. Mit diesen Scheußlichkeiten endeten die Vernünftigkeit und die Aufklärung der Neuzeit – sie führte sich selbst in der Annahme einer allen Menschen gleichartigen Vernünftigkeit ad absurdum.

- Die absolutistische Intoleranz, die sich im Exerzitium absolutistischen Vernunftglaubens ausbreitete, machte die Neuzeit zu einer recht intoleranten Zeit. Das Anderssein des anderen wurde meist nicht akzeptiert – und wenn schon, dann als dem

---

verfüge nun über dieselbe Information wie der Sprechende, der Schreibende. Wir können heute soziograpisch wie hirnphysiologisch beweisen, daß diese Erklärung von Kommunikation falsch ist: Im Container stecken ausschließlich Signale, die von verschiedenen Großhirnrinden zu verschiedenen Informationen verarbeitet werden. So ist die Annahme absurd, ein »Dogma« würde bei Menschen bei unterschiedlicher religiöser Sozialisation zu auch nur ähnlichen Informationen führen.

161 Seine berühmte Abhandlung über die Beantwortung der Frage »Was ist Aufklärung« beginnt Kant mit den Sätzen: »Aufklärung ist der Ausgang des Menschen aus seiner selbst verschuldeten Unmündigkeit. Mündigkeit ist das Vermögen, sich seines Verstandes ohne Leitung eines anderen zu bedienen. Selbstverschuldet ist diese Unmündigkeit, wenn die Ursache derselben nicht am Mangel des Verstandes, sondern der Entschließung des Mutes liegt, sich seiner ohne Leitung eines anderen zu bedienen. Sapere aude! Habe Mut, dich deines eigenen Verstandes zu bedienen! ist also der Wahlspruch der Aufklärung (AA 8, 35).« Diese Sätze können als das Manifest neuzeitlichen Denkens gelten.

Eigenen unterlegen und unterwertig. Menschen beschimpften andere (Schwarze, Indianer, Juden, Aborigines) als Untermenschen, die es zu dezimieren, ja auszurotten gelte. Die Intoleranz der Wahrheit und einer Moral materialer Normen ersparte es Menschen, eigenverantwortlich in Situationen, nach formalen Normen verantwortet zu handeln und zu entscheiden und nach eigenverantwortlich übernommenen handlungsleitenden Werten ihr Leben zu organisieren.

- Diese moralische Entmündigung durch den Absolutismus der Wahrheit und der Moral wurde durch materiale Normen setzende Institutionen (Staat, Kirchen) gestützt und nahezu unüberwindlich gemacht.
- Doch auch durch Vermassung – vor allem durch die Massenmedien begünstigt – des Allgemeinen Bewußtseins kam es zur Ausbildung absolutistischer Vorurteile über Rassen, Völker, Berufe, Politiker...
- Durch den Absolutismus materialer Normen kam es zu einer alleinigen Kultur sekundärer Tugenden wie Gehorsam, Pünktlichkeit, Sauberkeit, Ordnung, Zuverlässigkeit. Dagegen wäre nichts einzuwenden, wenn nicht zugleich die primären unterdrückt worden wären. Zu den primären Tugenden zählen:

- Zivilcourage, sich gegen allgemeines Vorurteil aufzulehnen,
- ziviler Ungehorsam im Sinn der Epikie.[162]
- Konfliktfähigkeit als Fähigkeit, notwendige von überflüssigen und lösbare von unlösbaren Konflikten zu unterscheiden, überflüssige Konflikte zu meiden, notwendige Konflikte mit einem Minimum an psychischem, sozialem und zeitlichem Aufwand zu lösen und mit unlösbaren leben zu lernen.

Die einseitige Kultur sekundärer Tugenden führt zwangsläufig zur Ausbildung faschistoider Strukturen in allen sozialen Systemen (Familien, Unternehmen, Parteien, Staaten) und damit zu

---

162 »Epikie« ist nach Aristoteles ein Merkmal der Tapferkeit. Sie fordert, eine Norm sei dann gegen ihren Wortlaut auszulegen, wenn ein vernünftiger Normengeber diese erwarte, um das eigentlich durch Befolgung der Norm angestrebte Ziel zu erreichen.

einem Untergang der Neuzeit, der einem Selbstmord zum Verwechseln ähnlich sieht.

1. Geschichten über die Begründung der Neuzeit

Nun seien die fundamentalen und den vieldimensionalen Absolutismus bezeugenden Geschichten der Neuzeit erzählt. Hier ist vor allem an vier zu denken. Sie beseitigten zwar die fundamentalen Ungewißheiten, die nach dem Zusammenbruch der mittelalterlichen Werte und Institutionen entstanden waren. Sie ersetzten sie aber durch das scheinbare feste Fundament einer Dogmatik, die unmenschlich endete. Wir wollen zunächst die vier Geschichten aufzählen, um sie dann zu kritisieren.

- Die religiöse Verunsicherung wurde aufgehoben durch die Rezeption der Beschlüsse des Konzils von Trient.
- Die philosophische Verunsicherung wurde aufgehoben durch die Philosophie des *Descartes*.
- Die politische Verunsicherung wurde aufgehoben durch einen profanen Absolutismus.
- Die wissenschaftliche Verunsicherung wurde aufgehoben durch die Begründung scheinbar exakter Naturwissenschaften durch *Newton*.

– Die Rezeption des Konzils von Trient

Das Konzil von Trient, gab – gegen Ende des 17. Jahrhunderts weitgehend rezipiert – dem religiösen Glauben der Katholiken, der durch Humanismus und Reformation sich in Rückbesinnung auf die Antike oder das Leben *Jesu* aus den jahrhundertealten Traditionen der Kirche entlassen hatte oder sich doch entlassen fühlte, durch eine Unzahl von Dogmen[163] wieder ein sicheres Fundament.

---

163 Diese Dogmen wurden im Sinne einer realistischen Interpretation der Botschaftsmetapher verstanden. Das Konzil ging also davon aus, daß alle

- Die Philosophie des *René Descartes* (1596–1650)

Sie wollte dem philosophischen Relativismus des Humanismus der praktischen Beliebigkeit die strenge Form absoluten Geltens entgegensetzen, indem sie (vermutlich in Unkenntnis, daß *Sokrates* schon diesem Spuk das Aus bereitet hatte) die Gewißheit zum Wahrheitskriterium erhob.

- Die exakten Naturwissenschaften

Sie beanspruchten, für die in der Erkenntnis experimentell oder durch Messung gesicherten »Naturgesetze«[164] ein sicheres Fundament des Wissens zu liefern. Hier steht am Anfang *Isaac Newton* (1643–1727).

- Der profane Absolutismus

Der profane, aufgeklärte Absolutismus unterscheidet sich vom frühen darin, daß er nicht mehr der herrschenden Gewalt ihre Grenzen durch göttlichen Willen (seien es die Gebote, seien es das »Naturrecht«) zieht. Im Sinne der Aufklärung zieht allein die Vernunft dem Herrscherwillen Grenzen. Da aber die Vernunft allen Menschen gemeinsam ist, gründet in ebendieser Vernünftigkeit auch die Rechtfertigung der absoluten Herrschaft. Jede andere Form von Herrschaft gründet weniger in der Vernünftigkeit und ist somit abzulehnen.

Menschen die von ihm verkündeten Dogmen, wennschon nicht identisch, so doch recht ähnlich verstehen würden. Die realistische Interpretation der Botschaftsmetapher ist nicht nur naturwissenschaftlich widerlegt, sondern auch soziographisch. Werden doch viele dieser Dogmen von verschiedenen katholischen Theologen sehr verschieden interpretiert.

164 Daß alle »Naturgesetze« Konstrukte unseres kognitiven Systems sind und wie alle Erklärungen nicht »Welt an sich« beschreiben, ging im Enthusiasmus der Erklärungseuphorien unter.

Damit seien, so schien es, dem unsicheren Zustand der Normen-verunsicherung durch Enden der Beliebigkeit und die Siche-rung von Absolutem in den drei wichtigen menschlichen Erfah-rungsbereichen der Religion, des Wissens um sich selbst und der Natur ein für allemal ein Ende gesetzt. Erzählen wir nun die Geschichten, die zu den scheinbar neue Fundamente legenden Sicherheiten gehören.

a. Die Geschichten vom Konzil von Trient

Am 28. 11. 1518 appellierte *Martin Luther* gegen den Papst an ein Allgemeines Konzil, obschon das 5. Laterankonzil erst im Vorjahr zu Ende gegangen war. Immer wieder wurde das Begehren *Luthers* aufgegriffen. Nicht der Papst sei höchste Instanz im Urteil über das, was rechtgläubig sei. Allein ein All-gemeines Konzil könne beurteilen, ob die Lehren des Wittenber-gers häretisch seien.

Es ist durchaus verständlich, daß die Päpste *Leo X.* (1475–1521, Papst seit 1513), *Hadrian VI.* (1459–1523, Papst seit 1522) und *Clemens VII.* (1478–1434, Papst seit 1523) sich weigerten, ein Konzil einzuberufen, da sie das Wiedererwachen des Konziliaris-mus[165] befürchteten.

Erst *Paul III.* (1468–1549, Papst seit 1534) erkannte, daß ein Herauszögern die Sache nur noch schlimmer mache. Er kündig-te deshalb im Frühjahr 1535 die Berufung eines Allgemeinen Konzils an. Obwohl Frankreich das Konzil ablehnte, weil es von ihm eine Stärkung der päpstlichen Macht befürchtete, berief der

---

165 Der Konziliarismus vertritt die Meinung, ein Allgemeines Konzil sei die höchste kirchliche Instanz. Bereits Kaiser Friedrich II. appellierte gegen den Papst Gregor IX. an ein Allgemeines Konzil. Seine praktische Bedeu-tung erlangte der Konziliarismus im Großen Abendländischen Schisma (1387–1417), jener Kirchenspaltung, da zwei oder gar drei Päpste gleich-zeitig Anspruch auf die oberste kirchliche Gewalt anmeldeten. Nach dem Tod Gregors XI., der kurz zuvor aus dem Exil in Avignon nach Rom zurückkehrte, wurde am 8. 4. 1378 Urban VI. gewählt. Die Kardinäle, öffentlich von dessen Unfähigkeit überzeugt, erklärten am 2. 8. 1378 die Wahl für erzwungen und damit für ungültig. Sie wählten am 20. 9. 1378 Clemens VII., der nach seiner Wahl nach Avignon ging. Die Doppelwahl

Papst am 2. 6. 1536 das Konzil, deren Präsident (ab 1538) *Kardinal Lorenzo Campeggio* (1474–1539)[166] war, nach Mantua ein. Der Schmalkaldische Bund[167] lehnte die Einladung, zum Konzil auf Reichsgebiet zu erscheinen, aus Furcht, wieder der Reichsexekution in Glaubenssachen unterstellt zu werden, ebenso ent-

spaltete die ganze abendländische Christenheit. Diesen Notstand sollte ein Allgemeines Konzil beheben. Da das Konzil der Kardinäle in Pisa (1409) die beiden Päpste absetzte und Alexander V. wählte, die Abgesetzten sich aber nicht den Kardinälen fügten, gab es drei Päpste. Erst das Konzil von Konstanz brachte die Lösung. Johannes XXIII. (Nachfolger des Alexander V.) wurde 1415, Benedikt XIII. wurde 1417 vom Konzil abgesetzt. Gregor XII. erklärte notgedrungen seinen Verzicht. Das Restschisma um Benedikt XIII. blieb ohne erhebliche Bedeutung. Das Konzil wählte nun 1417 Martin V. zum Papst. Damit hatte die abendländische Christenheit wieder einen allgemein anerkannten Papst. Die Vorgänge machten jedoch auch deutlich, daß sich das Konzil über die Institution des Papsttums stellte.

166 Lorenzo Campeggio war einer der schillerndsten Gestalten der damaligen katholischen Kirche. Zunächst lehrte er an den Rechtsfakultäten in Padua, Venedig und Bologna. Nach dem Tod seiner Frau (1509) wurde er Priester und trat in den diplomatischen Dienst der römischen Kurie ein. 1511 betraut ihn der Papst zur ersten auswärtigen Mission bei Kaiser Maximilian I. Als Kardinallegat gelang es ihm am 6. 7. 1524, die »Regensburger Einigung« zwischen Bayern, dem Haus Österreich, Salzburg und den Bischöfen von Straßburg bis Brixen herbeizuführen, um das Wormser Edikt durchzusetzen. Das Wormser Edikt wurde vom Reichstag von Worms 1521 über Luther verhängt. Kaiser Karl V. genehmigte es unter dem 8. 5. 1521. Am 26. 5. 1521 wurde es von den nicht mehr vollzählig anwesenden Reichsständen gebilligt und vom Kaiser unterzeichnet. Es verhängte über Luther die Reichsacht und verbot die Lektüre und Verbreitung seiner Schriften. Es wurde aber erst auf dem Nürnberger Reichstag (1524) als Reichsgesetz anerkannt. Seine Durchführung scheiterte am Widerstand der evangelischen Reichsstände, die sich zum Gotha-Turgauer Bündnis zusammenschlossen. Die Regensburger Einigung bedeutet den Beginn der konfessionellen Parteibildung.

167 Der Schmalkaldische Bund wurde formell am 27. 2. 1531 gegründet, um die Reichsexekution in Glaubenssachen, die der Reichsabschied 1530 androhte, abzuwehren. In diesem Bund schlossen sich die evangelischen Reichsstände zusammen. Zuvor hatten hessische und kursächsische Juristen Luther und Melanchthon mit einigem Aufwand die These abgerungen, es bestehe ein Widerstandsrecht gegen den Kaiser, wenn dieser in Glaubenssachen angriffe. Der Bund ermöglichte die ungehinderte Ausbreitung der Reformation in den Beitrittsländern. 1537 wurde er um zehn Jahre verlängert. Glaubensgrundlage war die *Confessio Augustana*.

schieden ab wie der Franzosenkönig *Franz I.*, der sich durch die spanisch-habsburgische Macht bedroht fühlte. Damit war das Konzil zunächst vereitelt.

Auch seine Verlegung nach Vicenza (Kirchenstaat) blieb erfolglos. Die Eröffnung wurde nach zweimaliger Verschiebung auf unbestimmte Zeit vertagt.

1541 schlug *Karl V.* Trient als Konzilsort vor, da diese Stadt auf dem Boden des Reichs lag. Nach einigem Zögern rief *Paul III.* das Konzil zum 1. 11. 1542 nach Trient ein, mußte jedoch schon am 29. 9. 1543 die Suspension des Konzils verfügen. Erst als sich der französische König im Frieden von Crépy-en-Laonnois unter dem Druck der spanisch-habsburgischen Übermacht bereit erklärte, ein Konzil in Trient zu dulden, konnte der Papst den 15. 3. 1545 als Eröffnungstermin festlegen.

Am 3. Adventssonntag 1545 wurde es dann auch tatsächlich eröffnet. Es begann mit 34 Teilnehmern (drei Legaten, dem Ortsbischof, vier Erzbischöfen, 21 Bischöfen und fünf Ordensgenerälen) und repräsentierte so keineswegs den Episkopat der katholischen Kirche. Im Frühsommer des Folgejahres stieg die Teilnehmerzahl auf immerhin 66. Aus Deutschland waren nur ein Weihbischof aus Mainz und der Prokurator aus Trier erschienen. In der vierten Sitzung wurde ein Dekret über die Quellen der Offenbarung, in der fünften eines über die Erbsünde verabschiedet. Am 13. 1. 1547 wurde anläßlich der sechsten Sitzung einstimmig das Dekret über die Gnade angenommen. In der siebten Sitzung entschied das Konzil, daß *Jesus* genau sieben Sakramente eingesetzt habe. Dann machte das Konzil vier Jahre Pause.

Die zweite Sitzungsperiode wurde von *Julius III.* (1487–1555, Papst seit 1550) am 1. 5. 1551 eröffnet. Auf ihrer dreizehnten Sitzung verabschiedeten die Konzilsväter am 11. 10. 1551 das Dekret über die Eucharistie. Am 24. 1. 1552 erschienen die protestantischen Gesandten Württembergs und Kursachsens. Da sie sich aber weigerten, ihre Bedingungen, die sie dem Konzil stellten, aufzugeben, kam es nie zu Beratungen mit den Protestanten. Am 28. 4. 1552 vertagte sich das Konzil ein zweites Mal. Die Pause sollte zehn Jahre währen.

Auf *Julius III.* folgten die Päpste *Marcellus II.* (1501–1555, Papst 1555) und *Pius IV.* (1499–1565, Papst seit 1559). Erst

Pius IV. (1499–1565; Papst seit 1559) eröffnete am 18. 1. 1562 die dritte Sitzungsperiode. Diesmal waren immerhin 109 Kardinäle und Bischöfe erschienen, des weiteren vier Ordensgeneräle und vier Äbte. Eine neue Situation ergab sich, als am 13. 11. 1562 der lothringische *Charles de Lorraine,* Herzog von Guise, genannt Kardinal von Lothringen (1524–1574), seit 1538 Erzbischof von Reims und seit 1547 Kardinal,[168] mit dreizehn französischen Bischöfen erschien, die sich auf die Seite der Opponenten gegen das Konzil stellten. Kontrovers war das Verhältnis von Papst zu Bischöfen. Dieser Gegensatz machte das Konzil zunächst arbeitsunfähig. Erst als Kardinal von Lothringen, *Louis de Guise,* bewirkte, daß der Kaiser den Papst abmahnte, sich einer kirchlichen Reform durch das Konzil nicht zu widersetzen, konnte das Konzil fortfahren. Dem neuen Konzilspräsidenten Kardinal *Giovanni Morone*[169] (1509–1580) gelang es, den Streit beizulegen. Nach zehn Monaten der Unterbrechung nahm das Konzil seine Arbeit wieder auf. Die 23. Sitzung am 14. 7. 1563 wurde zum Wendepunkt. Man klammerte die Frage des päpstlichen Primats aus, wies die protestantische Lehre vom Bischofsamt ab, legte die Einsetzung des Priesteramts durch *Jesus* fest und verpflichtete die Bischöfe, Seminare für die Klerikerausbildung einzurichten.

Am 3. 12. 1563 schloß das Konzil. 1564 bestätigte der Papst die Konzilsbeschlüsse.

Das Konzil zementierte die Spaltung der Reformatoren von der römischen Kirche. In den zahllosen dogmatischen Aussagen legte es den Grundstein für eine vorwiegend von Dogmatikern

---

168 Charles de Lorraine war ein sehr ehrgeiziger Mann. Er versuchte seinem Haus die Krone Frankreichs zu sichern. Zusammen mit seinem Bruder François übte er unter Franz II. die tatsächliche Macht aus. Er war ein unversöhnlicher Gegner der Hugenotten.

169 Giovanni Morone erfuhr ein eigenartiges Schicksal. Ab 1536 war er päpstlicher Nuntius in Deutschland und nahm in dieser Funktion an den Religionsgesprächen von Hagenau (1540), Worms und Regensburg (1541) teil. 1555 schickte der Papst ihn als seinen Legaten zum Reichstag nach Augsburg. 1557–1559 wurde er von Papst Paul IV., der offenbar der Ansicht war, sein Nuntius habe sich in Deutschland von der lutherischen Häresie anstecken lassen, wegen Häresieverdachts eingesperrt. 1560 rehabilitiert, wurde er drei Jahre später Konzilspräsident.

regierte Kirche. Die Kirche fiel damals in die Hände der Professoren der Dogmatik. Diese entwickelte ihre eigene Welt, die mit jener der Menschen oft wenig zu tun hatte. So trug das Konzil von Trient schon den Keim des Untergangs des tridentinischen Katholizismus in sich.

b. René Descartes und die Geschichten von der absoluten Begründung des Wissens

Descartes ging in seinem *»Discours de la méthode pour bien conduire sa raison, et chercher la verité dans les sciences«* (1637) vier Schritte, um sicheres Wissen (und nicht nur Meinen) über existierende Sachverhalte zu gewinnen:

Erster Schritt: »Cogito, ergo sum«
»Alsbald aber fiel mir auf, daß, während ich auf diese Weise zu denken versuchte, alles sei falsch, doch notwendig ich, der es dachte, etwas sei. Und indem ich erkannte, daß diese Wahrheit ›Ich denke, also bin ich‹ so fest und sicher ist, daß die ausgefallensten Unterstellungen der Skeptiker sie nicht zu erschüttern vermöchten, so entschied ich, daß ich sie ohne Bedenken als ersten Grundsatz der Philosophie, die ich suchte, ansetzen könne.«[170] Die Methode des *Descartes* erfuhr manche Kritik: So stellte *I. Kant* fest: Das erste, das empirische Ich, ist ein leerer Begriff; das zweite Ich ist ein transzendental-logischer. Von einem leeren Begriff könne man nicht auf ein transzendental-logisches Etwas schließen (B 155, § 24). Auch der Konstruktivismus kritisierte *Descartes* in dieser Sache: Der Innere Beobachter erkennt, daß und was ein kognitives System denkt. Er selbst ist aber »nur« ein Konstrukt.

---

170 René Descartes, Von der Methode, Hamburg (Meiner) 1960, IV, 1; 26. Descartes will es den Mathematikern gleichtun, von denen er annimmt, daß sie »Beweise, d. h. sichere und evidente Gründe, hatten finden können« (II, 11; ibd., 16).

Zweiter Schritt: Wahr sind alle Dinge, die ich klar und deutlich erkenne

»Darauf erwog ich im allgemeinen, was erforderlich ist, damit ein Urteil wahr und gewiß sei; denn soeben hatte ich ja eins gefunden, von dem ich es wußte, daß es diese Eigenschaft besitzt, und meinte daher, ich könne als allgemeine Regel annehmen, daß in dem Satz: ›Ich denke, also bin ich‹ überhaupt nur dies mir die Gewißheit gibt, die Wahrheit zu sagen, daß ich klar einsehe, daß man, um zu denken, sein muß, und meinte daher, ich könne als allgemeine Regel annehmen, daß die Dinge, die wir ganz klar und deutlich begreifen, alle wahr sind.«[171] Kritik: Daß die Evidenz Wahrheitskriterium sein und damit den Ausschluß von Täuschung und Irrtum sichern könne, hatte schon Sokrates widerlegt.

Dritter Schritt: ein Gottesbeweis

Der Gottesbeweis des *Descartes* hat folgende Struktur: Ich bin unvollkommen. Ich denke im Ich ein vollkommenes Wesen. Woher kommt mir die Idee des Vollkommensten Wesens? Die anderen Dinge außer mir sind noch unvollkommener, sie sind also nicht der Grund dieser Idee. Die Idee des Vollkommensten Wesens kann aber nicht aus dem Nichts auftauchen. Ferner kann sie auch nicht aus mir kommen, da ich selbst unvollkommen bin. Also muß sie von einem vollkommenen Wesen kommen.[172] Die Kritik verweist darauf, daß wir durchaus etwas denken können, das vollkommener ist als wir selbst, ohne daß es existiert.

---

171 Ibd., IV, 3; 27.

172 »Als ich mir nun weiter überlegte, daß ich zweifelte, daß also mein Wesen nicht ganz vollkommen wäre – denn ich sah klar, daß Erkennen eine größere Vollkommenheit ist als Zweifeln –, wurde ich auf die Untersuchung geführt, woher mir der Gedanke an ein vollkommeneres Wesen herrühren müsse, das in Wirklichkeit vollkommener ist. Was die Vorstellungen betrifft, die ich von einigen anderen Dingen außer mir hatte, wie vom Himmel, von der Erde ... so war ich bei ihnen nicht in Verlegenheit zu wissen, woher sie kämen, denn da ich nichts in ihnen bemerkte, was sie mir vortrefflicher zu machen schien, als ich es bin, konnte ich annehmen, daß sie, sollten sie wahr sein, von meiner Natur abhängen, soweit sie einige Vollkommenheit in sich schließt, und daß ich sie, sollten sie es nicht

Vierter Schritt:
Gott kann uns in der Erkenntnis der Dinge nicht grundsätzlich täuschen

»Die Vernunft sagt uns nicht, daß das, was wir so sehen oder so bildlich vorstellen, wahr sei. Wohl aber sagt sie uns, daß alle unsere Vorstellungen oder Begriffe irgendeine Grundlage in der Wahrheit haben müssen. Denn es wäre nicht möglich, daß Gott, der höchst vollkommen und höchst wahrhaftig ist, sie uns ohne irgendeine Grundlage eingepflanzt hätte.«[173] Die Kritik an dieser Behauptung stellt fest, daß hier Descartes ein typisch mittelalterliches zirkuläres Argument verwendet. Damit ich mich nicht täuschen kann, muß es Gott geben. Nun aber kann ich mich unter bestimmten Umständen nicht täuschen. Also muß es einen Gott geben. Der Faktensatz »Ich kann mich unter bestimmten Umständen nicht täuschen« ist unbeweisbar. Doch ohne diesen Gott taugt die gesamte Argumentation des *Descartes* nichts. Um so merkwürdiger ist es, daß in der Folgezeit dieser Schritt

---

sein, dem Nichts verdanke, d. h., daß sie nur wegen meiner Mängel in mir sind. Aber das konnte auf die Vorstellung von einem vollkommeneren Wesen als ich nicht zutreffen; denn sie dem nichts entlehnen, das ist augenscheinlich unmöglich, und da es sich nicht weniger widerspricht, daß das Vollkommenere aus dem weniger Vollkommenen folge und davon abhängig sei, als daß etwas aus Nichts hervorgeht, so konnte ich sie nicht von mir selbst haben, so daß nur übrigblieb, daß sie in Wahrheit von einem vollkommeneren Wesen, als ich es bin, in mich gepflanzt worden ist, von einem Wesen, das sogar all die Vollkommenheiten in sich birgt, von denen ich mir eine Vorstellung machen konnte, d. h., um es mit einem Worte zu sagen, von Gott.«

173 Ibd., IV, 8; 32. »So will ich denn annehmen, nicht der allgütige Gott, die Quelle aller Wahrheit, sondern irgendein böser Geist (Genius malignus), der zugleich allmächtig und verschlagen ist, habe all seinen Fleiß daran gewandt, mich zu täuschen; ich will glauben, Himmel, Luft, Erde, Farben, Gestalten, Töne und alle Außendinge seien nichts als das täuschende Spiel von Träumen, durch die er meiner Leichtgläubigkeit Fallen stellt; mich selbst will ich so ansehen, als hätte ich keine Hände, keine Augen..., sondern glaubte nur fälschlich, das alles zu besitzen... Aber dies ist ein mühevolles Unternehmen, und eine gewisse Trägheit führt mich zur gewohnten Lebensweise zurück« (Meditationen über die Grundlagen der Philosophie, Hamburg [Meiner] 1959, I, 12; 40 f.). In den Meditationes widerlegt Descartes diesen Gedanken ebenfalls über das »*Cogito, ergo sum*«.

des *Descartes* unberücksichtigt blieb. Damit hing die absolutistische Philosophie der Neuzeit fundamentlos in der Luft.

Es wäre nun nicht beginnende Neuzeit, wenn die großen Institutionen sich mit diesem Aufbruch an neue Ufer abgefunden hätten: 1663 setzt die katholische Kirche die Werke des *Descartes* auf den Index der verbotenen Bücher, und 1671 verbietet die Universität zu Paris die Lehre kartesianischer Philosophie.

c. Isaac Newton und die Geschichten des Mechanismus

Isaac Newton wurde knapp ein Jahr nach dem Tode *Galileo Galileis* am 4. 1. 1643 als Sohn eines Landwirts in Kensington (heute ein Stadtteil Londons) geboren. Ab 1661 studierte er in Cambridge und entwickelte hier als Student schon bahnbrechende Ansätze zur Theorie des Lichts sowie Theorien über Gravitation (1666) und die Planetenbewegungen. 1669 wurde er Nachfolger seines Lehrers, des Mathematikers *Isaac Barrow*, 1672 Mitglied der Royal Society. 1678 erschien sein Hauptwerk »*Philosophiae naturalis principia mathematica*«. Es enthält

- die drei »Axiome der Mechanik« (das Trägheitsgesetz, das dynamische Grundgesetz [Kraft und Beschleunigung sind einander proportional] und das Gegenwirkungsgesetz [Wirkung ist stets gleich der Gegenwirkung],
- die Bewegungsgleichung $f = m\, d^2 r / dt^2$ ($f = ma + v\, dm/dt$),
- die Gravitationsgleichung $f = \Gamma\, m\,(1)\, m\,(2) / r^2$.

Er bewies, daß die Gesetze, die auf der Erde den freien Fall bestimmten, auch für die Umläufe der Planeten gelten. Damit legte er die Grundlage einer universellen theoretischen Physik.

Doch in vielem war er noch dem Mittelalter verhaftet. So enthält der Zähler seiner Gravitationsgleichung nichts anderes als die Impetustheorie des 14. Jahrhunderts, nach der Körper im freien Fall um so schneller fallen, je schwerer sie sind. Um die von *Galilei* vermutete Tatsache der Unabhängigkeit der Fallbeschleunigung von der schweren Masse zu sichern, mußte er der Schwerkraft eine Gegenkraft, die Trägheit, hinzufügen. Dieses Doppelkraftmodell scheint selbst heute noch die Schulbücher zu zieren, obschon es jeden denkenden Menschen der Neuzeit beleidigen sollte. Erst *Albert Einstein* machte mit seiner allgemeinen Relativitätstheorie diesem phantastischen Zweikräftemodell des Newton ein Ende, mußte doch jeder im spekulativen Denken der Scholastik verwurzelte Physiker erkennen, daß, wenn zwei schwere Massen mit gleicher Oberflächenbeschaffenheit gleich schnell fallen, weder die Fallgeschwindigkeit noch die Fallbeschleunigung irgend etwas mit deren Schwere zu tun haben könnte. Dabei soll nicht das Verdienst *Newtons* um den Zähler, das »Quadrat der Schwerpunktentfernungen« (r^2), abgestritten werden. Es hatte erhebliche Bedeutung für die Physik.

Auch vertrat er, um die grundsätzliche Bestimmbarkeit einer Beschleunigung, wie sie in seiner Bewegungsgleichung oder dem dynamischen Grundgesetz vorkommen, zu sichern, die Theorie vom absoluten Raum, gegenüber dem Beschleunigungen bestimmbar sind. Dazu ließ er den »Mittelpunkt des Weltsystems« als absoluten Bezugspunkt jeder Beschleunigung in sich ruhen.[174] In der zweiten Auflage seiner Optik (1717) bezeichnet er diesen absoluten Raum als Sinnesorgan Gottes *(»Sensorium Dei«)*.[175]

Mit der wissenschaftlichen Begründung der Mechanik begründet *Newton* – ohne es zu wollen – eine Weltanschauung, die das 18. Jahrhundert beherrschte und erst mit der modernen Physik in den zwanziger Jahren dieses Jahrhunderts endete. Von *New-*

---

174 Principia (ed. Glasguae 1822) III, 44. Vgl. dazu R. Lay, Die Welt des Stoffes II, Aschaffenburg (Pattloch), 1966, 68 ff.

175 Optica III, q.31; ed, 1740, 328. Vgl. auch R. Lay, Die Welt des Stoffes II, a. a. O., 71. Vermutlich folgt Newton damit einer Tradition, die über Henry More (1614–1687) und Thomas Campanella (1568–1639) auf den Midrasch Bereschid bara, der im 6. Jahrhundert in Palästina entstand, zurückgeht. Es heißt da: »Weshalb umschreibt man den Namen Gottes mit makom? Weil er der Ort seiner Welt ist. Rabbi Jose ben Chalafta sagte: Wir würden nicht wissen, ob Gott der Ort seiner Welt oder ob seine Welt sein Ort sei. Da es aber heißt: ›Siehe, der Ort ist bei mir‹ (Ex. 33,21), folglich ist Gott der Ort der Welt, aber nicht die Welt sein Ort. – Es heißt nicht: Ich bin an diesem Ort, sondern ›Der Ort ist bei mir‹; was besagt: Mein Ort ist mir nebensächlich: nicht aber ich bin meinem Ort nebensächlich« (par. 68 c. 28 v. 11, ed. Wünsche, 329). Vgl. Lay, a. a. O., 60–66.

tons Physik ging als erster exakten Wissenschaft eine solche Faszination aus, daß man ihr Gelten auf alle Lebensbereiche – und nicht nur den der Physik – ausdehnte. Es entstand der Mechanismus. Wie in der Newtonschen Physik, so seien alle Naturprozesse, da sie von Materie abhängen, auf mechanische zurückzuführen. Da diese aber streng deterministisch[176] ablaufen, ist alles Geschehen deterministisch. Die Lehre von der menschlichen Willensfreiheit schien in Gefahr.

2. Geschichten der frühen Neuzeit

Nun also waren anscheinend wieder feste Fundamente gelegt, die jahrhundertelang die Neuzeit tragen sollten. Verfolgen wir ein wenig einige wichtige Geschichten über

- die Kultur (aufgezeigt in den Geschichten der Kunst und der Naturwissenschaften),
- die Philosophie (Rationalismus und Aufklärung),
- die Politik (pragmatischer Absolutismus) und
- die Ökonomie (Physiokraten und Kapitalismus) der frühen Neuzeit.

a. Geschichten der Kunst der frühen Neuzeit

Die Geschichten der Kunst der frühen Neuzeit fallen zusammen mit den Geschichten des Barocks.[177] Die frühe Neuzeit entwikkelte in der Kunst den Barock (Musik, Malerei, Architektur), in der Philosophie den Rationalismus, in der Theologie den Pietismus, in der Ökonomie die ersten Ansätze des Kapitalismus, in

---

176 Kennt man zu einem bestimmten Zeitpunkt die Impuls- und Ortskoordinaten eines Körpers exakt, kann man, solange nicht unbekannte Kräfte auf diesen Körper einwirken, alle moglichen vergangenen und zukünftigen Zustände im Prinzip errechnen. Erst die Heisenbergsche Unschärfe erlaubt es uns nicht, in beliebiger Genauigkeit gleichzeitig Ort- und Impulskoordinaten zu messen.

177 »Barock« kommt aus dem portugiesischen »barroco« = unregelmäßig (als eine Eigenschaft einer Perle), schief.

der Politik wurde der Absolutismus aus seinen religiösen Bindungen gelöst. Diesen einzelnen Strukturelementen der frühneuzeitlichen Gesellschaft seien einige Bemerkungen gewidmet, da jetzt wichtige Weichen für den weiteren Verlauf der Neuzeit gelegt wurden, die den Keim ihres Endes in sich bergen.

Um 1600 entstand aus der italienischen Renaissance ein Kunststil, der sich ab etwa 1670 über ganz Europa und die Kolonien ausbreitet und gegen 1770 plötzlich verschwindet: der Barock. In Italien erreichte er seine Hochstufe schon um 1630. Ende des 17. Jahrhunderts tritt Rom gegen Venedig, Piemont, Neapel zurück. Die frühen Ansätze in Mitteleuropa erliegen dem Dreißigjährigen Krieg. Der mitteleuropäische Barock entwickelt sich erst nach 1700.

Ist er jedoch ein wirklich Neues und damit Ausdruck einer neuen Wertewelt und nicht nur eine verspielte Form italienischer Renaissance? *Jakob Burckhardt* sah um 1855 im Barock noch ein Zerfallsprodukt der Renaissance. 1875 aber entschied er sich, ihn als deren produktive Fortsetzung zu interpretieren. In beiden Fällen repräsentiert er nicht neue Werte. Doch beide Interpretationen scheinen mir nicht zutreffend zu sein. Die Anfänge des Barocks verbinden sich mit der Gegenreformation. Sein Fortgang prägt die katholische und protestantische Welt im Zeitalter des entwickelten Absolutismus. Er endet mit Beginn der Aufklärung. Das alles könnte für eine Spielform der Renaissance sprechen.

Aber dennoch repräsentiert er Werte, die denen der Renaissance entgegengesetzt sind, und ist also Ausdruck einer neuen Zeit. Während die Renaissance Religion und Humanismus, Naturforschung und Idealismus zu versöhnen und zu vereinen suchte, bezeugt der Barock, daß dieser Einigungsversuch in den religiösen und politischen Erschütterungen des 16. und 17. Jahrhunderts gescheitert ist. Der Barock wendet sich der unmittelbar erlebten sinnlichen Wirklichkeit zu. Die neuen Spannungen zwischen Theologie und profanen Wissenschaften, zwischen erforschbarer und geoffenbarter Wahrheit prägen diese Zeit. Doch über allem Hader steht die Einheit der göttlichen Weltordnung. Dieses Spannungsfeld mit seiner transzendenten Harmonie spiegelt sich in den Denksystemen des Barocks wider, etwa in den Gedanken der Hierarchie in Kirche und Staat. Fortschritt und Beharrung, Vernunft und Glaube gleichen sich in gelebten Formen aus.

In der bildenden Kunst drängen Affekte hervor. Räume und Massen geraten in Bewegung, Licht und Farbe werden machtvoller denn je. Himmel und Erde werden miteinander verbunden. Götter und Menschen verbinden sich in Harmonie. Während die Renaissance eine vorwiegend italienische Produktion war, ist der Barock europäisch. Die wichtigsten Zeugnisse barocker religiöser Architektur in Mitteleuropa sind etwa das von *Jakob Prandtauer* gebaute Stift Melk (1702 ff.), die von *Johann Bernhard Fischer von Erlach* 1716–1722 gebaute Karlskirche (Wien), die von *Cosmas Damian Asam* (1686–1739) gebaute Klosterkirche Weltenburg (1715–1721), das von *Franz von Beer* gebaute Kloster Weingarten (1716–1722), *M. Fischer* in Rott am Inn (1758 ff.) und *Balthasar Neumanns* Vierzehnheiligen (1744 ff.). Im Palastbau erhielten vor allem Hauptraum mit Freitreppe ihre Vollendung: das Schloß Pommersfelden (1711 ff.), die von *Balthasar Neumann* gebaute Residenz Würzburg (1720–1744), der Festbau des Dresdener Zwingers (1711 ff.). Die bekanntesten mitteleuropäischen barocken Gartenpalais sind das von *Johann Lukas von Hildebrandt* (1668 bis 1745) errichtete Wiener Belvedere (1714–1724) und das durch *von Knobelsdorff* gebaute Sanssouci (1745–1747).

In der mitteleuropäischen Barockmalerei ragen die Gestalten des Flamen *Peter Paul Rubens* (1577–1640), der den gesamten Darstellungsstoff seiner Zeit in gebändigter Lebensfülle faßt, und des Niederländers *Rembrandt Harmenszoon van Rijn* (1606–1669), der ihn innerlich erleuchtet, hervor. Zu nennen sind aber auch der Flame *Anthonius van Dyck* (1599–1641), der Niederländer *Jan van Goyen* (1596–1656) und viele andere Niederländer. In Deutschland entwickelte sich – vermutlich wegen des Dreißigjährigen Krieges – keine barocke Malerei.

Die gewaltige Gestalt *William Shakespeares* (1564–1616) überragt die gesamte barocke Dichtkunst Europas. Da wir uns jedoch nur auf Mitteleuropa beschränken wollen, stellen wir fest, daß die barocke Literatur in Mitteleuropa vor allem durch Beamte (dazu gehören auch Pastoren) erzeugt wird. Die Unbe-

ständigkeit alles Irdischen wird als Grunderlebnis geschildert.
Gegen sie gilt es sich zu behaupten. Der Einsatz für gottgewollte
Werte und Tugenden gilt als höchstes Gut. Zentrum des Litera-
turbetriebes sind die protestantischen Höfe in Nord- und Mitteldeutschland. Vor allem sind hier zu nennen:

- *Martin Opiz* (1597–1639) veröffentlichte 1624 nicht nur eine
  Sammlung von Gedichten unter dem Titel »*Teuitsche Poema-
  ta*«, sondern auch das »*Buch von der Deutschen Poeterey*«,
  mit dem er die deutsche Verslehre begründete. Die neue Poe-
  sie fand bald begeisterte Anhänger.
- *Andreas Gryphius* (1616–1664) schrieb um 1649 »*Cardenio
  und Celinde*«, das erste und einzige deutsche bürgerliche
  Trauerspiel bis zu der Tragödie »*Miss Sara Sampson*« (1755)
  des *Gotthold Ephraim Lessing*, die fälschlich als erste deutsche bürgerliche Tragödie bezeichnet wird.
- *Hans Jakob Christoffel von Grimmelshausen* (1625–1676)
  verfaßte 1668 den berühmten Entwicklungsroman »*Der
  Abentheuerliche Simplicissimus Teutsch*«.
- *Johann Scheffler*, genannt *Angelus Silesius* (1624–1677), verfaßte 1657 die »*Geistreichen Sinn- und Schlußreime*«, die
  1674 unter dem Titel »*Cherubinischer Wandersmann*« erschienen.
- *Friedrich Spee von Langenfeld* (1591–1635) verfaßte 1629
  »*Die Trutznachtigall*« und 1631 die »*Cautio criminalis*«.
- *Hans Ulrich Megerle*, genannt *Abraham a Sancta Clara*
  (1644–1709), verfaßte 1679 die Bußpredigt »*Mercks Wien!*«,
  1683 die Predigten »*Auf, auf, ihr Christen!*« (Predigten wider
  die Türken), 1686–1695 die vier Bände »*Judas der Ertz-
  Schelm*«.

In der Musik schuf der Barock in der Vokalmusik gegen die Herrschaft der Polyphonie Werke mit bevorzugt behandelter Ober-
stimme. Barocke Musik ist auf überraschende Wirkung ausgelegt
und setzt in bislang nicht gekannter Form die vorhandenen
Instrumente ein. Sie hat ihren Ursprung in Italien: *Giovanni
Gabrieli* (1557–1612), *Claudio Monteverdi* (1567–1643), *Arcange-
lo Corelli* (1653–1713), *Antonio Vivaldi* (1680–1743) sind die

Hauptvertreter italienisch barocker Musik. Die Musiktheorie des Barocks entwickelte 1650 *Athanasius Kircher* in seiner »*Musurgia universalis*«. In Ländern, die sich keineswegs mit den Italienern verbunden fühlten, wie Frankreich (im kirchenpolitischen Entgegen), das protestantische Deutschland (im religiösen Entgegen), wurden neue Formen barocker Musik entwickelt, die sich deutlich von den italienischen Vorgaben unterscheiden.

In Deutschland sind *Heinrich Schütz* (1585–1672), *Dietrich Buxtehude* (1637–1707), *Johann Sebastian Bach* (1635–1750) und *Georg Friedrich Händel* (1635–1759) die bekanntesten Musikschriftsteller des Barocks, die sich vor den Italienern keineswegs verstecken müssen.

b. Geschichten der neuen Naturwissenschaften

Die Geschichten der neuen Naturwissenschaften sollen hier nicht ausführlich erzählt werden. Vielleicht genügt es, einige wichtige naturwissenschaftliche Ereignisse des 17. Jahrhunderts historiographisch zu listen, um deutlich zu machen, daß auch hier neue Werte und damit auch neue Orientierungen das Denken bestimmten. Es war der Einzug des Naturwissenschaftlichen in den Raum der Universitäten, die sich dem Humanismus so beharrlich sperrten. Damit begann eine neue Zeit.

- 1618 entdeckt *William Harvey* (1578–1657) den doppelten Blutkreislauf. 1651 verfaßt er die Schrift »*Über die Urzeugung der Tiere*«, in der er die Auffassung vertritt, alles Leben gehe aus einem Ei hervor.
- 1630: *Christoph Scheiner* (1575–1650) faßt in der Schrift »*Rosa ursina, sive sol*« seine seit 1611 gesammelten Beobachtungen über die Sonnenflecken zusammen.
- 1637: *Descartes* entwickelt eine Theorie des Regenbogens.
- 1638: *Galilei* veröffentlicht seine »*Untersuchungen und mathematischen Demonstrationen über zwei neue Wissenszweige und die Fallgesetze betreffend*«. Das war das erste neuzeitliche »Lehrbuch« der Physik.
- 1644: *Evangelista Torricelli* (1608–1647) entdeckt das Gesetz über den Ausfluß von Flüssigkeiten.

- 1649: *Otto von Guericke* (1602–1686) erfindet die Luftpumpe zur Herstellung eines Vakuums. 1654 führt er dem Reichstag an den »Magdeburger Halbkugeln« die Wirksamkeit seiner Erfindung vor. 1660 sagt er mittels eines Barometers Sturm voraus.
- 1650: *Francesco Redi* (1626–1697) widerlegt die Möglichkeit der Urzeugung von Lebewesen aus Schlamm, Staub...
- 1656: *Christian Huygens* (1629–1695) entdeckt den Orionnebel und die Gestalt des Saturnringes. 1659 beobachtet er den ersten Saturnmond. 1673 entwickelt er die Theorie der Fliehkraft und der Erdabplattung sowie den Erhaltungssatz für mechanische Vorgänge. 1680 beschreibt er die Gesetze des elastischen Stoßes.
- 1661: *Marcello Malighi* (1628–1694) entdeckt den Blutkreislauf in den Haargefäßen.
- 1662 veröffentlichen *Robert Boyle* (1627–1691) und *Edme Mariotte* (1620–1684) das Gesetz über den Zusammenhang von Druck und Volumen idealer Gase. *Mariotte* entdeckt auch den »blinden Fleck«. Zutreffend erklärt er die Höfe um Sonne und Mond.
- Um 1670 begründete *Newton* in seiner »Fluxionsrechnung« die Infinitesimalrechnung. Sie ermöglicht die allgemeine physikalische Behandlung von Bewegungsabläufen (erst 1736 veröffentlicht). 1672 zerlegt er das Sonnenlicht mit einem Prisma in die Spektralfarben und generiert eine korpuskulare Lichttheorie. Um 1683 entwickelt er seine Theorie von der Gravitation, die bis 1915, bis hin zur Entwicklung der allgemeinen Relativitätstheorie durch *Albert Einstein* (1879 bis 1955), als allgemein geltend angenommen wird. 1687 erscheinen seine »*Philosophiae naturalis principia mathematica*«, in denen er, wie schon gezeigt, das Trägheits-, Impuls-, Gravitationsgesetz vorstellte. Mit diesem Werk beginnt die theoretische Physik.
- 1673: *Antony van Leeuwenhoek* (1632–1723) entdeckt mit einem einfachen Mikroskop die roten Blutkörperchen im menschlichen Blut. 1675 beobachtet er einzellige Infusionstierchen (Protozoen). 1679 beschreibt er die Querstreifung der willkürlichen Muskeln. 1683 entdeckt er Bakterien im

menschlichen Speichel und 1695 den Blutkreislauf bei Kaulquappen.

- 1674: *Robert Boyle* (1627–1691) widerlegt die Phlogiston-Theorie, indem er nachweist, daß Metalloxide schwerer sind als die Metalle selbst vor ihrer Oxidation. In der Verbrennung wird also nichts abgegeben (Phlogiston), sondern angelagert (Sauerstoff).
- *Olaf Römer* (1644–1710) bestimmt aus der Verfinsterung der Jupitermonde die Lichtgeschwindigkeit mit 300 000 km/sec.
- 1678 entwickelt *Christian Huygens* (1629–1696) durch Beobachtung der Polarisation des Lichts im Kalkspat seine Wellentheorie des Lichts (veröffentlicht 1690). Der Streit Korpuskular- gegen Wellentheorie wurde erst durch die Interferenzversuche von *Augustin Jean Fresnel* (1788–1827) in den Jahren 1816–1821 entschieden.

c. Geschichten des Rationalismus

Das Wort »Rationalismus« kommt im 16. Jahrhundert in Frankreich auf. Zunächst bezeichnet es eine Position, die dem reinen Denken größere Bedeutung zumißt als der Erfahrung. Diesen Rationalismus, der auch das mittelalterliche spekulative Denken beherrschte, lehnt *Francis Baco von Verulam* (1561–1626) als eine Theorie ab, die es zu überwinden gelte.[178] Der neuzeitliche Rationalismus ist dagegen eine an der Theorienbildung der Mathematik und der Newtonschen Mechanik orientierte erkenntnistheoretische Position. Er steht im Gegensatz zum Empirismus, insofern er die Existenz nichtempirischer Bedingungen der Erkenntnis (etwa daß wir über eine Logik verfügen, die den objektiven Sachverhalten gerecht wird, daß beobachtete Dinge einige Zeit mit sich selbst identisch bleiben, daß es in der realen Welt nicht chaotisch zugeht, sondern Gesetze herrschen) und Erklärung (die nichts anderes sind als Produktionen unseres Erkenntnisvermögens) behauptet. Während der Empirismus eine begriffsfreie Basis des Wissens in der Erfahrung

---

178 Apophthegms, in Works ed. by J. Spedding u. a., New York 1872, 404.

annimmt, behauptet der Rationalismus den Primat nichtempirischen Wissens zumeist mit der Annahme »angeborener Ideen« oder apriorischer Grundsätze.

Die Kontroverse zwischen Empirismus und Rationalismus bestimmte weitgehend die Entstehung der Philosophie der Neuzeit in ihrer Orientierung an den neuen Naturwissenschaften, ohne daß diese beiden Begriffe üblich gewesen wären. Da der Empirist niemals Täuschung (der Sinne) und Irrtum (der Erklärung) ausschließen kann, ist er zur Grundlegung einer irrtumsfreien Wissensbasis ungeeignet. Als Begründer des klassischen Rationalismus gilt *René Descartes*.

Unter »Idee« versteht *Descartes* alles das, was vom Bewußtsein in unmittelbarer Weise erfaßt wird. Dazu zählen auch die psychischen Akte, etwa des Wollens und Fürchtens, sowie alle Bewußtseinsinhalte.[179] Von diesen Ideen im weitesten und allgemeinsten Sinn grenzt *Descartes* die »Idee im eigentlichen Sinne« *(ideae proprie dictae)* ab. Sie sind die »Bilder der Dinge« *(imagines rerum)*, nicht als Inhalte der Anschauung verstanden, sondern als dem Erkenntnissystem immanente Objekte.[180] Diese eigentlichen Ideen werden unterteilt

- in »Wahrnehmungsinhalte« *(ideae adventitiae)*,
- in »Eigenprodukte des Bewußtseins«, etwa der Phantasie *(ideae a me ipso factae)*, und
- »angeborene Ideen« *(ideae innatae)*.

Die letzteren erhalten ein besonderes Gewicht. Sie begründen die Möglichkeit der klaren und deutlichen Erfassung durch das Erkennen[181] *(»idea clara et distincta«* = *evidentia)*, das, wie gesagt, für *Descartes* Wahrheitskriterium ist. Im unmittelbar einsichtigen (intelligiblen) Inhalt der angeborenen Ideen vermeint *Descartes* aufweisen zu können, was er »objektive Realität« *(realitas objectiva)* nennt. Das Eingeborene ist jedoch

---

179 Meditationes, Obj./Resp. III, in Œuvres, hrsg. von Adam/Tannery, 7., 181.
180 Ibd., 3, 392.
181 Ibd., 7, 37 ff.

nicht als fertig vorliegender Bestand aktueller Bewußtseins-inhalte zu sehen, sondern als Potentialität des Bewußt-seins.[182]

Gottfried Wilhelm Leibniz (1646–1716) entwickelte die karte-sianische Ideenlehre weiter zum Entwurf einer »*Mathesis uni-versalis*«, einer Einheitswissenschaft, die alle formalen und alle in einem Apriori gründenden Wissenschaften zusammen-schließt. Er unterscheidet zwischen untrüglichen Vernunft- und trüglichen Tatsachenwahrheiten. *Nicole Malebranche* (1638–1715) veröffentlicht 1687 seine Arbeit »*Zur Erforschung der Wahrheit*«. In diesem Buch versucht er, eine okkasionali-stische[183] Abwandlung des kartesianischen Dualismus zwischen Ausgedehntem (etwa Materiellem, *res extensa*) und Unausge-dehntem (etwa Gedanken, *res cogitans*) vorzunehmen. Auch *Baruch Spinoza* (1632–1677) folgte in vielem den Spuren des *Descartes*. Deshalb wird er 1658 aus der jüdischen Gemeinde ausgestoßen. 1664 veröffentlichte er »*Prinzipien der carte-sianischen Philosophie, dargestellt nach der geometrischen Methode*«. In diesem Werk versucht er, die Philosophie *Descar-tes'* aus Axiomen herzuleiten. Im Jahr 1677 (seinem Todesjahr) erschien seine »*Ethik nach der geometrischen Methode*«. Das Werk ist der wichtigste Entwurf einer rationalistischen Ethik.

d. Geschichten der Aufklärung

Die Aufklärung war ein großangelegter Versuch des europäi-schen Denkens, der emanzipierten Vernunft Raum zu schaffen. Sie war jedoch keineswegs verkopft. Es kam ihr auch auf die »sittliche Bildung des Herzens« an. Sie war auch keineswegs

---

182 K. Neumann, in HWPh 4, 109.

183 Der Okkasionalismus versucht die Beziehung zwischen den Bereichen der *res cogitantes* und *res extensae*, zwischen denen eine kausale Verbin-dung nicht möglich ist, durch die Annahme »gelegentlicher Ursachen« (*causae occasionales*), d. h. eines direkten göttlichen Eingriffs »bei pas-sender Gelegenheit«, zu erklären. Leibniz modifiziert diese Theorie, indem er eine von Gott bewirkte andauernde Korrespondenz (»prästabi-lierte Harmonie«) annimmt.

egoistisch, sondern wollte das Wohl der Menschheit und nicht nur des Individuums erreichen. Der Protest gegen Dogma, Geschichte und Tradition, die alle geeignet sind, ein heteronomes Leben zu erzwingen, ist nahezu allen »Aufklärern« gemeinsam. Sie fordern im Namen der Vernunft Toleranz, Redefreiheit, Kritik und Vorurteilslosigkeit. Besonders das Wort »Kritik« bestimmt ihr Denken. In Deutschland waren es vor allem *Johann Christoph Gottsched* (1700–1766) mit seiner »*Critischen Dichtkunst vor die Deutschen*« und *Johann Jakob Breitinger* (1701 bis 1744) mit seinen Werken: »*Critische Dichtkunst*«, »*Critische Abhandlung von der Natur, den Absichten und dem Gebrauch von Gleichnissen*« (1740), die einen Weg beschritten, der von *Lessing, Wieland* und *Kant* zu Ende gegangen wurde. Die Kritik der Tradition und der Orthodoxie erreichte in Frankreich sehr bald auch die Bibel (*Richard Simons* [1632–1712]: »*Histoire critique du vieu testament*« [1678]).

In der Mitte des 18. Jahrhunderts erreicht die theologische Kritik der Aufklärung auch Deutschland. *J. J. Spalding* sieht in der theologischen Aufklärung das Ziel des sittlich verantwortet handelnden Menschen erreicht, als »eine Aussicht in die Zukunft, welche meiner bisher gleichsam eingeschlossenen und umwölkten Seele so viel mehr Luft und Freiheit gibt, mir von allen jenen finsteren Stellen in dem Plan, nach welchem die Welt regiert wird, eine vollständige Aufklärung verspricht«[184]. Die Aufklärung und die protestantische Theologie gingen in den achtziger Jahren des 18. Jahrhunderts eine oft fruchtbare Symbiose ein *(J. S. Semler).*

Andererseits begann damals auch der Kampf des Christentums gegen die Aufklärung. *Friedrich Schleiermacher* (1768–1834) kritisiert: »Diese Menschen ... sind auch nicht Gebildete zu nennen, obwohl sie das Zeitalter bilden und die Menschen aufklären und dies gern tun möchten bis zur leidigen Durchsichtigkeit.«[185] *H. Leo* meint: »Das prächtige Wort ›Aufklärung‹ könnte man sehr zweckmäßig von dem Satanswesen der Aufklärlinge rein-

---

184 J. J. Spalding, Die Bestimmung des Menschen (1748), hrsg. v. H. Stephan, 1908, 28.
185 F. Schleiermacher, Reden über die Religion, 1799, 155.

sondern, wenn man dieses letztere zum Unterscheide Aufklä-
richt nennte.«[186] Die Aufklärung wurde so zu einer antichristli-
chen Philosophie degradiert. Dennoch blieb die Aufklärung bis
zum Ende der Neuzeit eine ihrer tragenden Ideologien. Leider
gelang es ihr nicht, sich über sich selbst aufzuklären. Das Leit-
bild des autonomen und in keiner Weise fremdgesteuerten kritischen Menschen gehört in die Welt der Utopien.

e. Geschichten des pragmatischen Absolutismus

Aus der Vernunft folgt die Rechtfertigung des profan-begründe-
ten Absolutismus. Aus der Vernunft folgt aber auch das Recht
auf intellektuelle Freiheit des einzelnen, seine Ablösung von
allen Autoritäten zugunsten der Vernunft. Die Vernunft solle
alle Strukturen, die der Kultur und der Wissenschaft, der Religion und des Sozialen, der Politik und der Erziehung bestimmen.
So wurde der späte Absolutismus zum Vorläufer des politischen
Liberalismus – und damit seines eigenen Endes.
Der aufgeklärte Absolutismus wurde theoretisch begründet
durch *Thomas Hobbes* (1588–1679) und überwunden von *John
Locke* (1632–1704). Im dritten Teil seines Werks »De cive« (1642)
hält *Hobbes* den Menschen nicht für ein geselliges Wesen schon
von Natur aus. Der Naturzustand sei vielmehr gekennzeichnet
durch den Krieg aller gegen alle, zu dem der Mensch wegen seines Egoismus im Streben nach Selbsterhalt und Genuß getrieben werde. Weil jeder nur den eigenen Vorteil suche, gerate er
mit anderen in Streit. Ein solcher Zustand des allgemeinen Krieges ist aber für den einzelnen nicht vorteilhaft. Diesen Zustand
können Affekte (Furcht vor dem Tod, Verlangen nach Dingen,
die zu einem bequemen Leben nötig sind, die Hoffnung, sich diese durch Arbeit verschaffen zu können) oder die Vernunft been-
den. Die in der Natur der Menschen angelegten Regeln *(leges
naturales)* sind vernünftige Vorschriften zur Vermeidung des
ursprünglichen Kriegszustandes. Sie beruhen nicht auf allgemeiner Anerkennung oder Zustimmung, sondern sind ein Diktat

---

186 Evang. Kirchenzeitung, hrsg. E. W. Hengstenberg vom 17. 10. 1840.

der Vernunft *(dictamen rationis)*. Doch die in der Natur angelegten Regeln genügen allein nicht, sozialverträgliches Verhalten zu sichern. Es muß eine Instanz geben, die sie durchsetzt:
den Staat.

Dieser Staat repräsentiert die Einheit des Willens aller und
besitzt Macht über alle *(potestas delegata)*. Nur ein Staat mit
absoluter Gewalt kann Sicherheit und Frieden gewähren. Menschen übertragen ihre Rechte dem Herrscher und unterwerfen
sich ihm unbedingt. Er dagegen bietet ihnen Schutz und die
Chance, ein menschliches Leben zu leben. Der Staat sei eine Person, deren Wille aus der Delegation vieler Menschen hervorgehe
und für den Ausdruck des Willens aller zu betrachten sei. Im
Staate finden sich Herrschaft der Vernunft, Friede, Sicherheit,
Reichtum, Schmuck, Geselligkeit, Zierlichkeit, Wissenschaft,
Wohlwollen. Unter der Herrschaft der Affekte dagegen herrschen Krieg, Armut, Schmutz, Verelendung, Vereinsamung,
Barbarei, Unwissenheit. Herrscher im Staat kann ein einzelner
(Monarchie) oder eine Mehrheit (Aristokratie, Demokratie)
sein. Jede Staatsform hat Vor- und Nachteile. *Hobbes* scheint
aber die absolutistische Demokratie zu bevorzugen.

An das Zusammenleben im Staat knüpft sich der Unterschied
von Recht und Unrecht, Tugend und Laster, Gutem und Bösem.
Ein an sich Gutes oder Schlechtes gibt es nicht. Beide sind von
der Sozialverträglichkeit von Handlungen und Entscheidungen
innerhalb eines Staatsgebildes her zu definieren. Gestraft werden soll nicht um des vergangenen Bösen, sondern um des
zukünftigen Guten willen. Das Strafmaß ist so anzusetzen, daß
im Regelfall der Vorteil, der durch Übertretung der Gesetze
erlangt wird, dem Betroffenen etwas kleiner zu sein scheint als
die zu erwartende Strafe.

In seinem Leviathan (1651) beschreibt *Hobbes* den Staat als den
großen Leviathan, als künstlichen Menschen. Der Herrscher sei
seine Seele, die Beamten die Glieder, Räte das Gedächtnis, und
Eintracht bedeute die Gesundheit.

John Locke schrieb 1690 zwei »*Abhandlungen über die Regierung*«. In der ersten widerlegte er die 1680 erschienene »*Patri-
archia*« des *Robert Filmer* (1604–1647). Dieser versuchte, das
absolutistische Königtum theologisch zu rechtfertigen, indem er

die königliche Gewalt auf die väterliche zurückführte, die Adam (und damit alle anderen Väter) unmittelbar von Gott empfangen habe.

In seiner zweiten Abhandlung geht *Locke* – im Gegensatz zu *Hobbes* – von einem ursprünglichen Zustand allgemeiner Freiheit und Gleichheit aus. Um diesen Zustand zu erhalten, errichten Menschen den Staat. Der Staat als gemeinsame Gewalt soll gegenseitige Freiheit und Wohlfahrt sichern. Dazu muß der Staat Gesetze erlassen, die auch ihn binden.

Locke erkennt die Gefahren des Absolutismus. Sie werden am besten vermieden, wenn die Staatsgewalten der Legislative, Exekutive und Föderative nicht in einer Hand liegen. Die Legislative ist die höchste Gewalt im Staate. Sie geht vom Volk aus und sollte beim Volk bleiben. Die ausübende Gewalt hat die vom Volke gegebenen Gesetze auszuführen. Der König ist nur die Spitze der exekutiven und föderativen Gewalt. Verletzt ein König die Gesetze, handelt er verfassungswidrig, denn er handelt nicht als König, sondern als Privatperson. Im Streit zwischen Volk und König ist das Volk zur gewaltsamen Wiederherstellung des gebrochenen Rechts, zur Revolution also, berechtigt.

Mit *John Locke* naht schon das Ende des Absolutismus. Ideale einer funktionierenden monarchistischen Demokratie werden deutlich.

f. Geschichten des frühen Kapitalismus

Der praktische Merkantilismus ist eine frühe Form des Staatskapitalismus, über die schon berichtet wurde. Er wurde abgelöst von einer Wirtschaftsform, die durch zwei Merkmale definiert ist:

(a) Es gibt Privateigentum an fremder Arbeit und Produktionsmitteln, das sind Mittel wie Maschinen, Fabriken, Rohstoffe..., die benötigt werden, um die eingekaufte Arbeitskraft rentabel einzusetzen.

(b) Die Wirtschaftsprozesse werden »vom Markt« gesteuert. Die ersten, die auf diesem Sockel eine Volkswirtschaftstheorie

140

begründeten, waren die Physiokraten. Als »Physiokraten« bezeichnet man eine Gruppe französischer Wirtschaftstheoretiker, die in der zweiten Hälfte des 18. Jahrhunderts die erste nationalökonomische Schule bildeten. Als Begründer gilt *François Quesnay* (1694–1774). Physiokratische gelten als Vorläufer liberaler Wirtschaftstheorien. Ausgehend von dem schon erwähnten Grundgedanken, daß nur die Landwirtschaft im strengen Sinne produktiv sei, da nur sie einen Reinertrag abwerfe und einen Zuwachs am Volksvermögen besorge, entwickelten sie eine Theorie eines von fremden (etwa politischen) Einflüssen freien Wirtschaftskreislaufs.

Den Physiokraten folgten bald die ersten Theoretiker des Kapitalismus. »Kapitalismus« bezeichnet eine Wirtschafts- und Gesellschaftsordnung, in der die wirtschaftlichen, sozialen und politischen Verhaltensweisen und die öffentlichen Beziehungen zwischen Menschen sowie die Strukturen von Organisationen und Institutionen im wesentlichen von den Interessen derer bestimmt werden, die über privates Kapital[187] verfügen. Diese Interessen sind die Vermehrung des Kapitalstocks,[188] sein mög-

---

187 »Kapital« bezeichnet volkswirtschaftlich den Bestand an sachlichen Produktionsmitteln (Produktionskapital), in festen Anlagen (Anlagekapital) oder in beweglicher Form von Vorprodukten und Vorräten (Betriebskapital) und Forderungen aus Lieferungen und Leistungen (Geldkapital) innerhalb einer Volkswirtschaft. Gelegentlich wird auch das »Humankapital« dazugerechnet: Anlagen, Ausbildung, soziale und fachliche Performanz, Kreativität, Einsatzbereitschaft ... gehören hierher. Dieses Kapital verschafft als Erwerbs- oder Privatkapital einzelwirtschaftlich gesehen seinen Eigentümern Einkommen und/oder Einfluß. Neben Arbeit und Grund und Boden gilt es volkswirtschaftlich als wichtigster Produktionsfaktor (Produktivkapital, Sozialkapital) zur Erzeugung des Sozialprodukts.

188 »Kapitalstock« bezeichnet jenen Teil des Produktivvermögens, der als Kostenfaktor des für Produktionszwecke reproduzierbaren Bruttoanlagevermögens (Ausrüstungen, Bauten) in die Kosten-Leistungs-Rechnung eingeht. Im strengen Sinne gehört auch die verbrauchte Umwelt zum Kapitalstock. Sie müßte – volkswirtschaftlich – ebenso in die mikroökonomische Kosten-Leistungs-Rechnungen eingehen, indem etwa der Staat die Kosten für die Reproduktion der Umwelt in den ursprünglichen Zustand über Steuern erhebt.

lichst produktiver Einsatz und eine optimale Verwertung der produzierten Güter am Markt.

Werner Sombart (1863–1941) unterscheidet drei Entwicklungsphasen des Kapitalismus:

- Der Früh- und bloße Handelskapitalismus (ab 1500). Die Produktion geschieht in Handwerksbetrieben, Manufakturen oder in Heimarbeit. Als Wirtschaftssystem unterwirft er sich den Zielvorgaben des absolutistischen Staates. Die finanzielle Organisation beruht infolge der Entdeckungen und der Vermehrung des Edelmetallbestandes bei ersten Banken als Geldsammelstellen und Kreditinstituten. Wir beschrieben diesen Kapitalismus als Merkantilismus.
- Der liberale Hoch- oder Industriekapitalismus (ab etwa 1760), der sich in Wechselwirkung mit der Industrialisierung (»industrielle Revolution«) herausbildete. Er beruht auf dem freiwirtschaftlichen Wettbewerbs- und einem privaten Kapitalverwertungsprinzip. Er prägte die Periode liberaler Politik und Wirtschaft in gleicher Weise, wennschon die Wirtschaft sich gegen die Dominanz der Politik durchsetzte und keineswegs mehr im Dienste des Staates stand.
- Der Spät- oder Monopolkapitalismus (etwa ab 1880). Er entstand infolge ökonomischer Krisen, unter dem Druck sozialer Probleme und umfassender Konzentrationsprozesse. Oligopole und Monopole begrenzten den Wettbewerb. Klassenkämpferische Aktivitäten (Streiks u. ä.) bestimmen viele ökonomische Abläufe.

Wir wollen uns hier nur mit dem frühen Industriekapitalismus beschäftigen. Die späte Industriemoderne – unsere Gegenwart – soll in einem weiteren Kapitel behandelt werden. Die industrielle Revolution bezeichnet den Übergang von der Dominanz der Agrarwirtschaft zu dem der Industriewirtschaft. Es ist die gesellschaftlich wichtigste Revolution seit dem Entstehen einer Landwirtschaft und jener der Städte. Sie begann in England um 1820 und in Deutschland gegen 1850. Das Bruttoinlandsprodukt wuchs um jährlich mehr als 10 Prozent. Es kam zu einer qualitativen Veränderung der Bevölkerungsstrukturen: der Industriegesellschaft. Dieser Industriekapitalismus ist durch fünf Merkmale bestimmt:

- Das Privateigentum an Produktionsmitteln. Es scheint zur fortwährenden Reproduktion und Entwicklung der historischen Entwicklungsstufe »Industriegesellschaft« unentbehrlich zu sein. Es wird gesellschaftlich zur Produktion von Gütern genutzt.
- Das Streben nach Gewinnoptimierung. Alle privatwirtschaftlichen Vorgänge werden, soweit sie durch Anwendung und Verwertung von Kapital bestimmt werden, durch das Ziel möglichst langfristig optimierter Gewinne bestimmt. Die Orientierung an der Gewinnoptimierung ist nicht nur wegen egoistischer Wirtschaftsinteressen ökonomisch erheblich, sondern auch wegen der optimalen Allokation der Ressourcen. Nach *Adam Smith* (1723–1790)[189] führt privates Gewinnstreben zur optimalen Produktivität der Gesamtwirtschaft. Die erzielten Gewinne werden zum großen Teil reinvestiert. Es kommt so zu einer Erweiterung oder Verbesserung des Kapitalstocks.

---

189 Adam Smith wurde mit seinem Werk »An inquiry into the nature and causes of the wealth of nations« (1776) einer der frühen großen Theoretiker des Kapitalismus. Er untersucht Strukturen des ökonomischen Handelns als eines sich selbst regulierenden Systems. Sein erkenntnisleitendes Interesse besteht in dem Versuch aufzuzeigen, daß die Akte materieller Produktion ohne Regulierung durch den Staat ein sinnvolles Ganzes ausmachen. Er wendet sich gegen merkantilistische Staatseingriffe ebenso wie gegen die Bildung von Monopolen. Der Markt, eine »invisible hand«, reguliert das Gleichgewicht des ökonomischen Systems. Grundlage seines nationalökonomischen Denkens ist die Arbeitswerttheorie: Der ökonomische Wert einer Ware wird nach der in ihr vergegenständlichten gesellschaftlich notwendigen Arbeit bestimmt. Als Erläuterungsbeispiele führt er jedoch nur vorkapitalistische Tauschverhältnisse an. In seiner Preistheorie weicht er – ohne es vermutlich selbst zu bemerken – von der Arbeitswerttheorie ab und entwickelt eine Art von Theorie der Produktionsfaktoren, wobei die Faktoreinkommen gemeinsam den Preis der Ware bestimmen. Es gelang ihm nicht, die Grundrente auf der Basis der Arbeitswerttheorie zu erklären. Diese Aufgabe löste 1817 erst David Ricardo. Dennoch hatte sein Werk durchschlagenden Erfolg. Er gab mit ihm den Ökonomen recht, die staatliche Eingriffe in die Wirtschaft (außer zur Vermeidung von Monopolen) ablehnten.

- Die Marktwirtschaft. Sie bezeichnet eine Wirtschaftsordnung, in der die Produktion für den Markt und die Verwertung des Produktionsergebnisses durch den Markt geschieht.
  Es werden nicht bestimmte Güter für bestimmte Verbraucher produziert (Auftragsproduktion), es wird auch nicht die
  insgesamt notwendige Gütermenge produziert und nach
  Bedürfnissen der Verbraucher verteilt (Planwirtschaft), sondern es wird für einen anonymen Abnehmerkreis produziert,
  der, mit Kaufkraft ausgestattet, auf dem Markt nachfragt.
  Voraussetzung für die Nutzung von Marktchancen ist die
  rationale Organisation innerbetrieblicher Abläufe und die der
  Beziehungen zwischen den Beschaffungs- und Absatzmärk-
  ten.
- Es fehlen Instrumente zum Schutz der abhängig Beschäftigten vor »Ausbeutung«. Diese werden erst durch staatliche
  Aktivitäten und durch die der Gewerkschaften erreicht. Der
  frühe vom extremen wirtschaftlichen Liberalismus geprägte
  Kapitalismus (*R. Cobden* und *J. Bright*) fordert das freie und
  ungestörte Spiel der ökonomischen Kräfte ohne jeden staatlichen oder gewerkschaftlichen Eingriff in binnen- und außen-
  wirtschaftliche Abläufe – vor allem auch nicht in den Arbeitsmarkt.
- Der Gegensatz von Kapital und Arbeit. Als Folge der unterschiedlichen sozialen Stellungen der Eigentümer und der
  lohnabhängigen Erwerbsarbeiter zum Privateigentum und
  der rechtlichen Garantie dieses Eigentums entstehen soziale
  Spannungen. Aber diese Spannungen werden durch das Entstehen eines bürgerlichen Mittelstandes abgefedert. Andererseits ist jedoch auch zu bedenken: Je teurer der Faktor
  Arbeit wird, um so höher wird die Wahrscheinlichkeit, ihn
  durch den Faktor Kapital zu ersetzen (*Cobb-Douglas*-For-
  mel). Der tendenziell steigende Kapitaleinsatz führt zu einer
  strukturellen Massen-Arbeitslosigkeit, welche massiver
  soziale Spannungen erzeugen kann. Über andere dem Kapitalismus immanente Probleme wird das nächste Kapitel handeln.

Die soziale Stellung des einzelnen bestimmt sich in einer kapitalistischen Gesellschaft nach seiner Position im Produktionsprozeß. Das wäre nicht weiter tragisch, wenn diese Position nicht weitgehender Willkür unterworfen wäre und somit auch in diesem Prozeß Ungerechtigkeiten schafft. Diese könnten etwa aufgehoben werden, wenn Salär und Ansehen sich an der betriebswirtschaftlichen Wertschöpfung orientierten.

Der frühe Kapitalismus – mit seinen teils inhumanen Implikationen – wurde in England durch den Chartismus (die erste 1836 in London gegründete organisierte Arbeiterbewegung in England), vom Konservatismus (*Benjamin Disraeli* [1804–1881]) und vom politischen Liberalismus (*William Ewart Gladstone* [1809–1898]) überwunden. In Deutschland sorgte der nie ganz überlebte Kameralismus – vor allem nach Aufkommen der »sozialen Frage« (1848) – dafür, daß bis 1948 erst gar kein ökonomischer Liberalismus aufkam.

6. Kapitel
Verschwiegene Geschichten der Neuzeit

Eine Epoche ist nicht nur durch die Geschichten, die sie über sich und über andere Epochen erzählt, sondern auch durch jene zu charakterisieren, die sie ausschließlich im Speichergedächtnis konservierte – und damit aus dem Funktionsgedächtnis verbannte – und somit nicht (mehr) erzählte. Ein Verschweigen, ein Schweigen aus Vergessen gar, kann sehr aufschlußreich sein für das Selbstverständnis einer Epoche, wie es der Psychoanalyse für das Selbstverständnis einer Person schon seit langem bekannt ist. Die dazu nötige Verdrängungsarbeit erfordert von beiden – Personen wie Epochen – viel Kraft. Und einer erschöpften, kraftlos gewordenen Epoche fehlen oft die psychosozialen Energien, die Verdrängungen weiter aufrechtzuerhalten. Die verdrängten Geschichten wollen wieder zur Sprache gebracht werden. Da ein solches Zur-Sprache-Bringen aber den eigenen Narzißmus kränken würde, kommt es zu inadäquaten Reaktionen, die meist in neurotischen Formen der Abwehr auszumachen sind. Neurotisch ist eine Strategie, die den Mangel, den sie beseitigen soll, strukturell nicht beseitigen kann. Das Heute, das Dazwischen von Neuzeit und Nach-Neuzeit, strotzt von solchen inadäquaten neurotischen Reaktionen. Ihnen allen ist gemeinsam eine phantastische Realitätsablösung, die sich in politischer, sozialer, kultureller und ökonomischer Ineffizienz objektiviert.

1. Die »toten« Geschichten der Neuzeit aus psychoanalytischer Sicht

Die Psychoanalyse beschäftigt sich in ihren psychopathologischen Überlegungen vor allem auch mit Abwehrstrategien. Hier seien also zunächst einige Geschichten vorgestellt, die aufgrund von Abwehrstrategien nicht mehr erzählt werden (können). Die bekannteste Form der Abwehrstrategien ist die Verdrängung.

Kollektives Verdrängen ist eine Form der Abwehr, die einer Gesellschaft zur Verfügung steht, um (a) Ängste, aber auch (b) Schuldgefühle oder (c) die Selbstachtung mindernde Vorstellungen zu vermeiden. Welche Methoden standen und stehen ihr zur Verfügung, dieses Ziel zu erreichen?

- Wahrnehmungen werden selektiert. Manche werden in Geschichten eingebunden, andere werden aus Geschichten verbannt. So werden etwa in den USA die Geschichten, die von der Erschließung des Westens erzählen, heroisiert. Die oft gezielte Vernichtung indianischer Kulturen, Sprachen, Religionen, Völker gar wird nicht in Geschichten eingebunden. Die Geschichten von Indianerreservaten, welche der Zerstörung des indianischen Eigenlebens und der indianischen Identität bis ins Heute dienen, werden meist sorgfältig umgeschrieben.
- Historiographische Fakten werden geschaffen, um entsprechende Geschichten, die dann allerdings in das Reich der Fabel oder der Sage zu bannen wären, erzählen zu können. So ist die Geschichte der Résistance im von Deutschen besetzten Frankreich voll von solchen fabulierten Fakten. Fast jede französische Familie erfand da eigene heroische Geschichten.

Die Verdrängung ist der bekannteste Abwehrmechanismus. »Verdrängung« bezeichnet jenen Abwehrmechanismus, der keine anderen unmittelbaren Folgen hat, als daß das Abgewehrte nicht mehr in Geschichten vorkommt. Solche Verdrängungen sind in der Regel unschwer auszumachen: Es entsteht eine Lükke im Kosmos der Geschichten, obschon die Stelle der Lücke durchaus mit Fakten besetzt ist. Verweist man auf solche Fakten, wird meist sehr inadäquat reagiert, da sie in keine Geschichte eingebunden sind und also aus den Konstrukten entweder eliminiert oder gar nicht erst integriert wurden. Verdrängungen geschehen unbewußt. Unbewußt ist sowohl die Tatsache der

Verdrängung als auch das Verdrängte. Beispiele für solche Geschichtslöcher sind etwa das kapitalismuskritische Programm der CDU,[190] die Rolle der CDU bei dem Versuch, die Ostverträge[191] zu Fall zu bringen und damit die Spaltung Deutschlands irreversibel zu machen. Einen *Gorbatschow* hätte es ohne die Ostverträge niemals gegeben – eher einen Dritten Weltkrieg. Verdrängt wurde auch in der SPD die Initiative zu den Kontaktsperregesetzen vom 30. 9. 1977, welche die Bundesrepublik Deutschland in einen potentiell faschistoiden Staat verwandelten.[192] Auch daß der Vatikan nach dem Beitritt Albaniens das

---

190 Das in Ahlen am 3.2.1947 verabschiedete Wirtschaftsprogramm der CDU der britischen Besatzungszone begann mit einer harschen Kritik des Staats-, aber auch des westlichen Privatkapitalismus. Es wurden unter anderem gefordert: das Verbot von Staatsbeteiligungen an Wirtschaftsbetrieben sowie die Beschränkung des öffentlichen Besitzes von Aktien solcher Betriebe, die Vergesellschaftung des Bergbaus und der Montanindustrie, der Ausbau des Genossenschaftswesens und die Einführung reiner innerbetrieblichen Mitbestimmung.

191 Die Regierung unter Willy Brandt konnte seit 1969 eine sinnvolle Beziehung zu den Ländern im Osten der BRD aufbauen. Sie gab den Alleinvertretungsanspruch der BRD (»Hallstein-Doktrin«) auf und schloß 1970 einen deutsch-sowjetischen und einen deutsch-polnischen Vertrag, in dem die Respektierung der Grenzen an Oder und Neiße sowie der zwischen der BRD und der DDR festgelegt wurden sowie das Viermächteabkommen über Berlin. Die erst im Mai 1972 gegen den extremen Widerstand der CDU/CSU ratifizierten Verträge brachten der BRD nicht nur erheblichen Gewinn an außenpolitischem Ansehen, sondern waren auch die Voraussetzung für die »Wiedervereinigung« von 1989.

192 In den Kontaktsperregesetzen vom 30. 9. 1977 wurde festgelegt, daß die Landesregierung eines Bundeslandes zur Abwendung einer terroristischen Gefahr, die von ihr selbst – also auf dem Verwaltungswege – festgestellt wurde, eine Person, ohne daß ihr rechtliches Gehör unter Beiziehung eines Verteidigers gewährt wird, wenn sie im Verdacht steht, eine terroristische Vereinigung zu begünstigen, zunächst für vierzehn Tage in Gewahrsam halten kann, ohne daß Angehörige weder von dieser Maßnahme erfahren noch gar den Aufenthaltsort des Inhaftierten kennen. Erst nach vierzehn Tagen muß ein Gericht prüfen, ob diese Inhaftnahme mit Kontaktsperre zu Recht besteht oder nicht. Es kann diese noch einmal um vierzehn Tage verlängern. Zu allem darf der Beschuldigte nicht gehört werden. Dieses Gesetz wurde unter dem Titel »Gesetz zur Änderung des Einführungsgesetzes zum Gerichtsverfassungsgesetz« versteckt. Es sei zugegeben, daß es verschiedentlich geändert wurde (etwa Beiziehung eines Pflichtanwalts). Das Gesetz erlaubt der Exekuti-

einzige europäische Land ist, das die Europäische Menschenrechtskonvention nicht unterzeichnete, gehört zu den verdrängten Geschichten in der katholischen Kirche.[193]

Um Verdrängungen aufrechtzuerhalten und sich an die »unpassenden« Geschichten oder Ereignisse nicht ständig erinnern zu müssen, ist ein erheblicher psychosozialer Aufwand innerhalb sozialer Systeme nötig. Es werden »Energien« gebunden, die an anderer Stelle (etwa im Ökonomischen, Politischen, Sozialen oder Kulturellen) fehlen. Versagt die Verdrängung oder kann sie nicht mehr aufrechterhalten werden, kommt es zu Zuständen kollektiver Ängste oder Schuld- oder Mindergefühle, die nicht

---

ve die Einrichtung von Schweigelagern im Fall einer von ihr festgestellten terroristischen Bedrohung, ohne daß die Rechtsprechung irgendwie eingeschaltet werden könnte. Obschon das Gesetz sowohl dem Grundgesetz als auch der Europäischen Menschenrechtskonvention widerspricht, konnte noch niemals eine erfolgreiche Normenkontrollklage beim Bundesverfassungsgericht angestrengt werden.

193 Eine »bewußte Verdrängung« nennt man »Unterdrückung«. So werden etwa die von der katholischen Kirche durch die Bulle »Quadragesimo anno« (1931) ausgelösten und gestützten faschistisch-ständisch organisierten Bewegungen wie die Mussolinis in Italien, die von Dollfuß in Österreich, die der Ustascha in Kroatien, obschon sie allgemein bekannt sind, unterdrückt. Ebenfalls wird nicht zum öffentlichen Bewußtsein zugelassen, daß die Bundesrepublik auch nach dem 2+4-Vertrag keineswegs ein souveräner Staat ist, der etwa die US-amerikanischen Soldaten nach Hause schicken könnte. Sie bleibt also ein von »Schutztruppen besetztes Land«. Vor wem sie beschützt werden soll, bleibt indes unklar. Vielmehr scheint es so zu sein, daß sie für die US-amerikanische Regierung eine wichtige Brückenkopffunktion (etwa in Konflikten im Nahen Osten) besitzt. Der 2+4-Vertrag hat es in sich: So stimmten die Franzosen nur der deutschen »Wiedervereinigung« zu, wenn die DM als nationale Währung aufgegeben würde. Die 2+4-Verhandlungen führten zum »Abkommen über die abschließende Regelung in bezug auf Deutschland« und wurden am 12. 9. 1990 von Moskau als letztem der beteiligten Staaten ratifiziert, so daß die BRD vom 3. 10. 1990 an offiziell als souveräner Staat behandelt wurde. Auch daß die US-Amerikaner den befreundeten arabischen Staaten feierlich versprachen, Israel in die Grenzen vor dem Sechstagekrieg (Juni 1967) zu verweisen, um sie zur Kriegsteilnahme im zweiten Golfkrieg zu bewegen, gehört zu diesen bewußt unterdrückten Informationen. Mehr über solche unterdrückten Nachrichten finden Sie in meinem Buch »Die Macht der Unmoral« (ECON, 1993) ausführlich dargelegt.

selten aggressiv oder mit hektischer Aktivität abgeführt werden. Beide, Aggressivität wie Hektik, sind Versuche, eine sekundäre Abwehr aufzubauen. Die Verdrängung kann zu einer Verödung des Allgemeinen Bewußtseins führen, weil immer mehr Geschichten ins Speichergedächtnis verwiesen werden, weil immer mehr Fakten nicht in Geschichten eingebunden werden. Diese Verödung objektiviert sich in einem auffälligen Mangel an Geschichten, die über (politische, ökonomische, soziale, kulturelle, moralische, religiöse) Werte[194] handeln. Die Gesellschaft verliert ihre Erlebnis- und Reaktionsfähigkeit, die Herrschaft über ein Stück des emotionalen Lebens und der emotionalen Erfahrung. Es kommt zu einer Art »kollektiver Alexithymie«[195].

---

194 Erinnern wir uns: Werte werden im soziokulturellen Entwicklungsprozeß einer Gesellschaft ausgebildet und von der Mehrheit der Mitglieder eines soziokulturellen Systems internalisiert (d. h. zu eigenen gemacht) oder doch wenigstens akzeptiert. Sie enthalten Bestimmungen über das Wünschenswerte und bestimmen somit kollektive Interessen, Erwartungen und Bedürfnisse. So werden sie zu allgemeinen und grundlegenden orientierenden Maßstäben im Falle von Handlungsalternativen. Sie vermitteln Verhaltenssicherheit und soziale Geborgenheit. Aus Werten leiten sich Normen (etwa moralische oder rechtliche) und Rollen (etwa die des Politikers, des Kaufmanns, des Klerikers, des Journalisten … ab. Die Gesamtheit der in einer Gesellschaft geltenden und als gültig akzeptierten Werte bildet das gesellschaftliche Wertesystem, ein Identität sicherndes Strukturelement des sozialen Systems. Es ist in Großsystemen durch schicht- und klassenspezifische Wertemuster mehr oder minder differenziert. So werden Werte anders hierarchisiert
   • in einer Unterklassefamilie als in einer Aufsteigerfamilie oder gar in einer großbürgerlichen Familie,
   • von Adoleszenten anders und andere als von Menschen mit langer Lebens- und Berufserfahrung,
   • von Ärzten anders und andere als von Anwälten, Seelsorgern oder Psychotherapeuten,
   • von Studenten anders und andere als von Professoren, von Hilflosen anders und andere als von Helfern, von Missetätern anders und andere als von Richtern …
195 »Alexithymie« (= »Stummheit der Seele«) bezeichnet ein Syndrom, das durch zwei Symptome gekennzeichnet ist: die Unfähigkeit, die eigenen Emotionen sozial sinnvoll darzustellen, und zweitens die Unfähigkeit, sich in fremde Emotionen sozial sinnvoll einzufinden. Die nicht zu sozial sinnvollen Handlungen führende »Betroffenheit« ist eine solch alexithy-

Ich vertrete die Meinung, daß ein erheblicher Teil der Lähmung der deutschen Politik und der mangelnden Innovationsfreude der deutschen Wirtschaft und des Fehlens einer eigenständigen deutschen Kultur und des Daniederliegens eines konzeptionell organisierten Sozialwesens und des Niedergangs der mitteleuropäischen Kirchen auf solche Verdrängungen zurückzuführen ist. Lähmung, verbunden mit pathologisch erklärbarer Aggressivität, bestimmt das`Tagesgeschehen. Alles Symptome einer untergehenden Neuzeit. Sie allein könnten jedoch nur auf eine überwindbare Krise verweisen, wenn sie nicht im größeren Horizont interpretiert werden könnten. Das aber können sie.

Durch Verdrängung abgewehrt werden in der Neuzeit Geschichten kollektiver Ohnmacht. So fehlen der Neuzeit Geschichten von Leiden und Tod. Sie werden eingebunden in die Geschichten von Katastrophen, von Kriegen, von Krankheiten. Aber nicht in die Geschichten eigenen Versagens. Die Neuzeit entwickelte als Epoche einen eigenen Narzißmus, der jeden Zweifel an der eigenen Größe als Verleumdung denunzierte und den Verleumder ins Abseits stellte. Heute erscheinen die Geschichten kollektiver Ohnmacht nicht länger verdrängt werden zu können. Auschwitz und Katyn, Hiroshima und der Vietnamkrieg bezeugen die kollektive Ohnmacht neuzeitlicher Rationalität und Moral so überdeutlich, daß eine Abwehr nicht mehr möglich ist. Die Neuzeit ist dabei, ihr eigenes Enden zu begreifen.

Ein anderer sich in dem Fehlen von Geschichten historiographisch erhebbarer Daten der Neuzeit manifestierender Abwehrmechanismus ist die Reaktionsbildung (im Fall der bewußten Abwehr spricht man von Heuchelei). *Selektive Reaktionsbildung* wird immer dann eingesetzt, wenn Ambivalenzen wie Liebe–Haß, Gerechtigkeit–Unrecht, Dankbarkeit–Ablehnung... im Allgemeinen Bewußtsein auftauchen. Die als »negativ« ge-

---

mische Reaktion. Sie zeugt von einer Art Ohnmacht gegenüber dem, was in einer entsprechenden emotionalen Situation zu tun ist. Diese gelähmte alexithymische Ohnmacht ist etwa 1993/94 an den Reaktionen europäischer Staaten auf die Ereignisse in Bosnien-Herzegowina zu beobachten.

wertete Emotion wird reaktiv abgewehrt. So waren etwa in der Bundesrepublik Deutschland der siebziger und achtziger Jahre die USA ambivalent besetzt. Antiamerikanische Geschichten wurden gezielt politisch unterdrückt (weil von den entsprechenden Politikern in ihrem zutreffenden Inhalten abgewehrt). Antisemitische Geschichten wurden – unabhängig von ihrem Wahrheitsgehalt – ähnlich wie einst antinationalsozialistische Geschichten – strafrechtlich verfolgt. Die Angst der Gesellschaft vor ihrer eigenen kollektiven Aggressivität ließ diese nicht zu ja doch immer Bewußtsein repräsentierenden Geschichten zu. Sie wurden auf bizarre Weisen reaktiv abgewehrt.

Von kompensatorischer Reaktionsbildung spricht man, wenn eine bestehende Emotion durch scheinbar entgegengesetzte Gefühle und Regungen ersetzt werden. So zeugt etwa die strafrechtliche Verfolgung der »Auschwitzlüge« von einem außerordentlich starken, unbewußt abgewehrten Antisemitismus (und nicht etwa von einer Semitophilie).[196] Jede Form des Fanatismus gehört hierher. Also auch die fanatische Abwehr von Asylbewerbern durch die Einfügung des zweiten Absatzes in Art. 16 a des Grundgesetzes.[197] Solche Reaktionsbildungen (seien sie selektiv oder kompensatorisch) zeigen eine schwere neurotische Desorientierung eines Sozialgebildes an, das kaum Chancen hat, ohne wesentliche Neuorientierung seiner Werte und Institutionen (etwa innerhalb einer neuen Epoche) seinen sozialen, ökonomischen, politischen und kulturellen Aufgaben nachzukommen.

Einem dritten Abwehrmechanismus, der im Heute durchaus nicht selten aufzuweisen ist, begegnen wir in der Realitätsverleugnung. Solche Verleugnung macht sich oft fest an stabilen

---

196 Es ist schon ein rechtsphilosophisches Kuriosum in § 130,2 (3) StGB, die »Auschwitzlüge« unter Strafe zu stellen. Wie kann man einen historischen Irrtum, der nachweislich nicht böswillig zustande kam, unter Strafe stellen? Über das Zutreffen historiographischer Daten entscheidet die Historiographie und nicht das Strafrecht.

197 So können Personen in der BRD nicht mehr politisches Asyl erhalten, die aus einem Nichtverfolgerstaat (und das sind alle geographischen Nachbarn der BRD) einreisen. Hier gilt die Rechtsvermutung der Nichtverfolgung.

Vorurteilen.[198] Hierher gehören vor allem all jene Vorurteile, die andere Menschen oder Schichten oder Völker zu Feinden machen. Vor allem das Bedürfnis, die eigene Identität zu sichern und aggressives Potential vom Innen ins Außen zu lenken, macht die Produktion von Feinden nötig. Das Vorurteil, jemand sei ein nationaler Feind, sichert die eigene nationale Identität. Bis 1989 war die Sowjetunion der Feind der Bundesrepublik Deutschland. Die nationale Identität war gesichert. Aber wer eignet sich jetzt als Feind? Da das Vorurteil, die USA seien die Freunde der Bundesrepublik (was sie ganz sicher nur so lange sind, als sie sich Vorteile davon versprechen – das aber hat mit Freundschaft recht wenig zu tun), weite Bereiche des Allgemeinen Bewußtseins der »Meinungsbildner in der Bundesrepublik« beherrscht, versuchen diese den Deutschen die kollektiven oder kollektivierten Feindkonstrukte der US-Führung (einschließlich deren Neigung, Feinde zu personalisieren) als Feinde anzubiedern: *Saddam Hussein, Muhammar al-Ghaddafi, Fidel Castro, Kim Il Sung* eignen sich als Feindkonstrukte und identitätsstiftende Gegenbilder. Aber auch die öffentlich über jedes rationale Maß hinaus geförderte Angst vor Links- oder Rechtsextremismus in der Bundesrepblik Deutschland gehört hierher. So versuchte man lange Zeit im Westen der Bundesrepublik Deutschland, den so erfolgreichen Ministerpräsidenten von Brandenburg, *Dr. Manfred Stolpe* (SPD), *Dr. Gregor Gysi* (SED und MdB) und den Exministerpräsidenten der DDR und Vorbereiter der deutschen »Wiedervereinigung«, *Hans Modrow* (SED und MdB), durch die Unterstellung sozialschädlicher krimineller Handlungen zu desavouieren. Alles das zeugt von der Schwäche des politischen Systems BRD und seiner politischen, ökonomischen, sozialen und kulturellen Agonie.

Doch auch die Projektion liefert einen beliebten Abwehrmechanismus. Die mit der Selbstachtung unverträglichen eigenen Eigenschaften werden auf einen Feind projiziert. So projizieren

---

198 Vorurteile sind Urteile, die Menschen dazu bringen, ihre Überzeugunger als frei von Irrtum und Täuschung zu halten. Wie schon gezeigt gehört die Vorurteilsbildung zu den unvermeidlichen Pathologien der meisten Menschen. Sie ist insoweit »normal«.

die USA die extrem starken immanenten Aggressionen ins Außen, indem sie *Saddam Hussein, Kim Il Sung...* als Aggressoren anhassen. So projiziert die überwiegende Mehrheit der deutschen Politiker ihre eigene, gegen Fremde gerichtete Aktivität in deren Verhalten, das sie als sozialunverträglich abqualifizieren. So verfälschte etwa der Bundesminister des Inneren, *Manfred Kanther*, Anfang Juni 1994 die Kriminalstatistik in horrender Weise, um strengere Gesetze gegen straffällig gewordene Ausländer vorzubereiten.[199] Vor allem identitätsschwache Gesellschaften neigen zu solchen Projektionen.

Das Ende einer Epoche läßt sich also ausmachen an dem Umgang mit Geschichten, die eine Epoche möglichst abzuwehren versucht. Die Abwehr mißlingt und wird durch neurotische Formen der Abwehr ersetzt, endlich bricht die Abwehr zusammen, und neue, qualitativ neue Geschichten werden über diese Sachverhalte erzählt.

2. Die »toten« Geschichten der Neuzeit aus historiographischer Sicht

Nach diesen eher psychoanalytischen Bedenken des Zustandes der Bundesrepublik, in ihrem jetzigen Zustand zweifelsfrei ein Produkt der Neuzeit, im Feld zerbrechender Werte und Institutionen, seien nun die Geschichten ausführlicher erzählt, die sie, narzißtisch gekränkt, ins Speichergedächtnis verbannte und somit nicht mehr erzählte. Hierher gehören:

- Geschichten von Leiden und Tod.
- Geschichten vom Tode Gottes,
- Geschichten von den Grenzen des Fortschritts,
- Geschichten von unbeherrschbar gewordenen Institutionen,

---

199 Vgl. dazu etwa den Beitrag des in Hannover lehrenden Strafrechtlers und Leiters des kriminologischen Forschungsinstituts Niedersachsen, Christian Pfeiffer: »Politik der großen Zahl«, in: Der Spiegel 24 (1994), 53–55.

- Geschichten über das Selbstmordprogramm des Kapitalismus,
- Geschichten über den Niedergang der Demokratie,
- Geschichten vom Untergang der Moderne.

Diese Geschichten bezeugen ein Maß an Realitätsverlust der Epoche »Neuzeit«, das zwingend in den Untergang führt.

a. Die Geschichten von Leiden und Tod

Die Neuzeit erzählt keine Geschichten von normalem Leiden, normalem Sterben und normalem Tod. Normales Leiden, normales Sterben, normaler Tod verlieren ihre Würde, denn Würde birgt sich nur in Würde zusprechenden Geschichten. Leiden, Sterben und Tod müssen schon aus dem Rahmen fallen, müssen Sensationswert haben, um einer Geschichte wert zu sein. Über das Leiden und Sterben in Langemark, in Stalingrad, in Auschwitz erzählen viele Geschichten. Daß aber in Ruanda während eines Bürgerkriegs im Jahre 1994 mehr als eine halbe Million Menschen ermordet wurden, wird bald vergessen. Ein todkranker Mensch, dessen Krankheiten austherapiert sind, hinterläßt Hilflosigkeit, Peinlichkeit, Unsicherheit.[200] Hier begegnen wir dem »normalen« Leiden, dem »normalen« Sterben und dem »normalen« Tod. Das Alter wird, weil in der Nähe des Todes stehend, als eine Art Krankheit betrachtet. Es verliert seine ihm eigene Würde.

Das physische, psychische und soziale Leiden hat in einer kontrollierten, machbaren und fortschrittlichen Welt keinen Platz. Es fordert, in den Paradoxien der Neuzeit gefangen, weniger auf, die Ursprünge des Leidens zu beheben als vielmehr das Leiden selbst. Es gilt, das *»Soma«*, jenen Stoff, der den Zustand einer leidlosen Zufriedenheit herstellt aus *Aldous Huxleys »Brave New World«*, zu erfinden. Solange es nicht gefunden wird, ist es eine Beleidigung des Menschen und seines Verstandes. Er, der sich in einem wahnhaften Gotteskomplex Allmacht

---

200 Franz Kamphaus, Verlaßt die Luxusdampfer der Lieblosigkeit, in: Der Rheinische Merkur vom 27.5.1994, 25.

anmaßt, muß vor Kopfschmerzen, Schnupfen und Ängsten kapitulieren. Nun mögen Analgetika und Diazepame helfen – aber das Leiden wird nicht besiegt, bestenfalls werden Symptome bekämpft. Und von Pharmaherstellern und Ärzten wird erwartet, daß sie einmal eine leidlose Welt erzeugen und den Tod besiegen werden. Die Neuzeit vergaß eine triviale Selbstverständlichkeit, daß Leben nur um den Preis des Sterbens und Freude nur um den Preis des Leidens zu haben ist.

Wenn man schon das Leiden – so fordert es der Allmachtswahn – nicht kontrollieren kann, so doch wenigstens den Tod. Und vom kontrollierten Tod kennt die Neuzeit eine Fülle von Geschichten, angefangen von den Geschichten über Euthanasie, die davon erzählen, daß hoffnungslos Kranke, Sterbende, Behinderte keinen Platz mehr haben in einer Welt, in welcher der gesunde, brauchbare Mensch zum wichtigsten Maßstab der menschlichen Wertigkeit gemacht wird, ja das Menschenbild bestimmt. Menschen, die nicht diesem narzißtisch pathologisierten Menschenbild entsprechen, werden in Krankenhäuser und Pflegeheime verbannt – nicht selten eine straffreie Form der Euthanasie. Wo Worte der Wissenschaft zum Credo und die Vernünftigkeit zur Richtschnur aller Erkenntnis verkommen, bleibt kein Ort mehr für Humanität. Und wo kein Ort mehr für Humanität ist, verkommt der Gottesglaube zur spekulativen Hypothese.

Doch die Abwehrmechanismen müssen irgendwann einmal vor den Erscheinungen des Todes und der Krankheit kapitulieren. Die endende Neuzeit besitzt nicht mehr die Kraft, Ereignisse wie Auschwitz, Archipel Gulag, Katyn und den Abwurf der ersten Atombombe über Hiroshima oder die Existenz von Krankheiten wie Aids und Alzheimer erfolgreich abzuwehren. Dramatisch erfuhr sie ihre Grenzen. Während die Verdrängung der eigenen Ohnmacht in der Neuzeit lange Zeit ohne aufsehenerregende katastrophale öffentliche Folgen blieb,[201] änderte sich

---

201 Selbstverständlich waren die Folgen für den einzelnen Menschen katastrophal. Wer an die Allmacht menschlichen Wissens und menschlichen Fortschritts glaubt, wird in seiner Gottähnlichkeit in wahnhafter Realitätsablösung Tod und Leiden und die anderen Begegnungen mit seinen

die Lage schlagartig, als die Verdrängung nicht mehr aufrechterhalten werden konnte. Die obenerwähnten Erfahrungen der
Ohnmacht beleidigten den anscheinend allmächtigen Menschen.

Er muß, als sein Traum von der Allmacht ausgeträumt war, zu
neurotischen Methoden der Abwehr greifen: *Horst Eberhard
Richter* gab seinem neuesten, 1994 erschienenen Buch den Titel
»Wer nicht leiden will, muß hassen«. Es ist eine grandiose
Geschichte über die »Epidemie der Gewalt«, die das Ende der
Neuzeit beherrscht. Die Unmenschlichkeiten der Vergangenheit von Auschwitz bis zur Atombombe wurden, bei funktionierender Abwehr, von Menschen mit »gutem Gewissen« begangen.[202]

Die Zerstörung dieses Gewissensirrtums mit dem Zerbrechen
der Verdrängung führte zu neurotischen Formen der Abwehr,

Grenzen vielleicht erfolgreich abwehren – doch um den Preis eines erheblich verkürzten Menschseins. Wer nicht akzeptiert, daß das Leben nur um
den Preis des Todes und Freude und Liebe nur um den Preis des Leidens
zu haben sind, wird – nachdem er Tod und Leiden aus seinem Leben verbannte – ein halbiertes Leben leben. Ich vermute, daß solche Halbierun-
gen der Menschlichkeit, bei den Unmenschlichkeiten von Auschwitz
angefangen bis zum Abwurf der Atombombe über Hiroshima, den Weg
bereiteten. Ein psychisch und sozial gesunder Mensch wird kaum auf den
Einfall kommen können, seinen Mitmenschen derartiges anzutun.

202 Den Wächtern von Auschwitz wurde durch viele Jahre wiederholt eingeredet, alles Elend des europäischen Abendlandes werde von Juden verursacht. Sie sahen in der Vernichtung der Juden einen Akt der Rettung
abendländischer Werte und Institutionen. Dem Bombenwerfer von Hiroshima (die Bombe fiel am 6. 8. 1945) wurde eingeredet, er würde viele
Menschen retten, weil sein Tun einen blutigen Krieg um Monate verhindern würde. Dabei lag der US-Regierung spätestens seit dem 4. 8. 1945
schon ein Schreiben des japanischen Kaisers vor, in dem er – in der japanischen Hofsprache verfaßt – die Kapitulation Japans anbot. Erst als der
Kaiser, diesmal im »öffentlichen Japanisch«, unter dem 14. 8. 1945 seine
Kapitulationsbereitschaft wiederholte, kam es am 2. 9. 1945 zur Unter-
zeichnung der Kapitulationsurkunde. Die Tatsache, daß der Tenno schon
vor Abwurf der Bombe seine Kapitulationsbereitschaft verkündete und
somit deren Abwurf zu einem Kriegsverbrechen machte, gehört zu den
abgewehrten Geschichten der sterbenden Neuzeit. Offiziell wird von den
USA behauptet, niemand hätte das Palast-Japanisch ins Englische übersetzen können. Haben Lügen kurze Beine? Manche sicher nicht!

die von mehr oder minder panischer Aktivität und der strukturellen Unmöglichkeit, das Übel zu beheben (und damit auch von schlechtem Gewissen), begleitet wurden. Es begann vermutlich mit dem US-Krieg in Vietnam. Er war nicht nur erfolglos, sondern wurde vom schlechten Gewissen begleitet, sollte er doch nur die Wiedervereinigung Vietnams, die von der Schlußerklärung der Genfer Indochinakonferenz (1954) für den Juli 1956 mittels freier Wahlen beschlossen worden war, verhindern. Zu diesem Zweck mußten unter anderem (am 1. 11. 1963) der Präsident Südvietnams, *Ngo Dien Diem*, der diese Wiedervereinigung betrieb, ermordet und am 2. und 4. 8. 1964 der Tonking-Zwischenfall konstruiert werden. Auch diese Geschichte gehört zu den abgewehrten der Neuzeit.

Nachdem eine sekundäre Abwehr aufgebaut worden war, konnten die USA wieder »mit gutem Gewissen« den zweiten Golfkrieg führen. Aber auch dessen Kriegsziele wurden nicht erreicht. Die Golfregion ist nach wie vor politisch instabil, und die meisten Araber hassen die USA mehr denn je. Der Versuch, durch einen gewonnenen Krieg das schlechte Gewissen eines verlorenen zu beheben, zeugt von der paranoiden Realitätsablösung.

Ähnliches gilt auch für Deutsche. Die Abwehr, die uns den Faschismus bejubeln ließ, zerbrach unter den Folgen des Zweiten Weltkriegs. Wir begannen, uns betroffen etwa der Judenmorde in Auschwitz, aber auch der Kriegsniederlage wegen zu schämen. Damit war es aber auch genug. Es konnte eine sekundäre Abwehr aufgebaut werden. Sie ermöglichte es uns, in einem durchaus wieder faschistoiden Fremdenhaß, im Widerspruch zur von der Bundesrepublik Deutschland 1953 unterzeichneten Genfer Flüchtlingskonvention nicht nur Flüchtlinge an unseren Grenzen abzuweisen, sondern auch Asylsuchende, denen in ihrer Heimat Folter und Tod drohen (wie etwa Kurden derzeit in der Türkei), wiederum mit »gutem Gewissen« (ähnlich dem der Nazis) auszuweisen oder gar nicht erst ins Land zu lassen. Solche Praktiken zeugen von der Gewalttätigkeit derer, die nicht leiden wollen. Dieses Nicht-Wollen ist nur zu erkaufen um den Preis des Andere-Menschen-leidend-Machens.

b. Die Geschichte vom Tod Gottes

Gott starb eigentlich schon, als die neuzeitliche Theologie ihn zu Tode geredet hatte und somit aus den übrigen Räumen, menschlichen Lebens, den ökonomischen, den politischen, den kulturellen, verbannte, sie bewußt und gezielt gottfrei hielt. Aus der gotthaltigen Welt des Mittelalters war eine gottfreie, mitunter gar gottlose der Neuzeit geworden. Gott verschwand hinter immer abstrakteren Vorhängen zu einem Nicht-Gott. Nur konnte man diese Geschichte vom verendeten Gott nicht erzählen. Man brauchte ihn als Domestikationsinstanz. Der strafende Gott sorgte selbst an den Stellen für Ordnung, die menschliches Strafen nicht mehr erreichte. Das »Gott mit uns« auf den Koppelschlössern von Soldaten zeigt, wie sehr »Gott« zu einer Domestikationsfigur verkam.

Nun versuchte Papst *Johannes XXIII.* die Folgen der tridentinischen Kirche, in der Gott immer mehr zum Spekulationsobjekt der Theologen verkam, wiedergutzumachen: Ein Konzil sollte die Tore der Kirche mit ihrem Glauben an den lebendigen Gott, von dem uns *Jesus* kündete, wieder weit öffnen, damit religiöse Vorstellungen wieder in Politik, in Ökonomie, in Kultur eindringen könnten. Das 2. Vatikanum (1962–1965) versuchte eine zögerliche Öffnung. Aber das Gegenteil von dem, was *Johannes XXIII.* erwartete, geschah. Nicht Kirche migrierte in Welt, sondern Welt in Kirche. Wäre das Anliegen des *Johannes XXIII.* gelungen, wäre die Nach-Neuzeit angebrochen. Neue ökonomische, politische, soziale und kulturelle Wertewelten wären unter dem Einfluß christlicher Religiosität in Europa entstanden. Aber noch war es nicht soweit, vielleicht wird es auch niemals soweit kommen. So war es nicht verwunderlich, daß Papst *Johannes Paul II.* voller (in seinen Augen berechtigter) Angst die Türen, soweit das noch möglich war, wieder zu schließen versuchte. Die offizielle europäische Kirche (gemeint sind nicht einzelne christliche Gemeinden, in denen die Jesusbotschaft lebendig gelebt wird) hätte nun selbst das Vakuum erkennen können, das ihr Innen füllt und die Gefahr einer Implosion mit sich bringt. Aber das war nicht so: Sie zog sich wieder in eine Welt zurück, in der Gott noch im Verstand, nicht mehr aber im Herzen vorkommt.[203] Sie merkte nicht einmal, daß sie auf die brennenden Fragen der Zeit keine überzeugenden Antworten wußte: Fragen nach den Grenzen des Fortschritts, nach der Überbevölkerung der Erde, nach der Unmoral der Institutionen, nach der Sicherung der Umwelt, der Tyrannei mancher Institutionen, der Ungerechtigkeit moderner Kriege blieben ihr verschlossen. Nur wirkungslose Bekundungen zeugten von kirchlicher Ohnmacht. Immerhin gilt es zu betonen, daß gegen die öffentliche Weltmeinung des Westens der Papst den zweiten Golfkrieg als ungerecht verurteilte. Aber sein Wort verhallte nahezu wirkungslos. Kaum ein christlicher Politiker, kaum ein christlicher Soldat nahm sich die päpstlichen Worte zu Herzen und zog daraus seine Konsequenzen. Auch diese Geschichte päpstlicher Ohnmacht gehört zu den abgewehrten der endenden Neuzeit.

Mit den »Forderungen Gottes« begründeten manche Theologen eine »sittliche Weltordnung«. Diese legt ein für allemal fest, was ein Mensch zu tun und zu lassen habe. Und der Wert eines Menschen werde daran gemessen, wie sehr er sich in diese sittliche Weltordnung einpaßt. Und manche Priester ließen sich zu »überall unentbehrlichen« Wächtern und Richtern machen, um den »Willen Gottes« mit allen zur Verfügung stehenden Mitteln durchzusetzen. Es gibt vermutlich kaum eine größere Arroganz als die, sich anzumaßen, man kenne den Willen, das Urteil Gottes.

c. Die Geschichte von den Grenzen des Fortschritts

Die Geschichten vom Fortschritt sind typische Geschichten der Neuzeit. Diesen Geschichten fehlt nicht selten die Einsicht, daß jedes Fortschreiten, wenn es nicht schlafwandeln will, sein Ziel kennt. Die meisten Geschichten des neuzeitlichen Fortschritts sind jedoch nicht Geschichten geplanten und verantworteten Fortschreitens, sondern Geschichten, die ihren Ursprung den Zufälligkeiten menschlichen Interesses, menschlicher Kreativi-

---

203 Über diese Sachverhalte handelt mein Buch Nachkirchliches Christentum. Der lebende Jesus und die sterbende Kirche. Düsseldorf (ECON) 1995.

tät verdanken – oder aber systemischen Zwängen. Daß jeder derartige kulturelle, soziale, ökonomische und politische Fortschritt[204] zwingend einmal an seine Grenzen stößt, darüber hat die Neuzeit keine Geschichte erzählt. Es wäre ja die Geschichte des eigenen Endes, die Geschichte einer Krankheit zum Tode.

Erst der »Club of Rome« mit seiner Schrift »*Grenzen des Wachstums*« durchbrach 1972 das Tabu. Er machte dringlich darauf aufmerksam, daß an den Grenzen des unkontrollierten Fortschritts Untergang und Tod drohen. Der große Enttabuisierer des Schweigens der Neuzeit, *Friedrich Nietzsche*, schrieb: »›Fortschritt‹ ist bloß eine moderne Idee, das heißt eine falsche Idee. Der Europäer von heute bleibt in seinem Werte tief unter dem Europäer der Renaissance. Fortentwicklung ist schlechterdings nicht mit irgendeiner Notwendigkeit Erhöhung, Steigerung, Verstärkung.«[205]

Da die Frage nach der Abfolge von Epochen eng verbunden ist mit der nach einem Fortschritt, beginnen wir die Geschichten des Fortschritts schon mit antiken Erzählungen. Einer der ersten Fortschrittsgläubigen war *Lucretius Carus* (96–55). In seinem Lehrgedicht »*De rerum natura*« vertritt er die Ansicht, daß der sich unverdrossen rührende menschliche Geist in der Erfahrung allmählich Schritt um Schritt fortschreite. So bringe die Zeit alles, was es gibt, zum Vorschein. Der Verstand hebe alles heraus aus dem Nichtwissen in das Reich des Lichtes.[206] Wissenschaften, Kunst, politische Ordnung würden zu immer vollkommeneren Gestaltungen fortschreiten. Wie die meisten Autoren der griechisch-römischen Antike ist er der Ansicht, daß zur Geschichte des Fortschritts auch die vom kosmischen Untergang gehöre, als deren Bedingung und Grenze. »Möge Fortuna«, so hofft er, »es uns ersparen, daß unsere Vernunft nicht auch durch Erfahrung über den Untergang der Weltordnung belehrt

---

204 Dabei läßt sich durchaus streiten, ob es kulturellen, sozialen, ökonomischen und politischen Fortschritt gibt. Ich nehme an, daß innerhalb einer Epoche solcher Fortschritt möglich ist, stelle aber in Frage, ob im Epochenvergleich von Fortschritt gesprochen werden kann.
205 Der Antichrist. Versuch einer Kritik des Christentums (ed. G. Stenzel, Salzburg 1985) IV, 434.
206 De rerum natura V, 925–1160.

werde.«[207] Nun, solche Erfahrung steht unserer Vernunft zur Verfügung. Nach Auschwitz und Hiroshima lassen sich nicht mehr unbefangene Geschichten vom Fortschritt erzählen.

Die späte christliche Antike und das europäische Mittelalter kennen zwar mit *Thomas von Aquin* den »*Progressus peccati*«[208], den Fortschritt zum Bösen, im wesentlichen bedeutet ihnen aber Fortschritt ein Fortschreiten des Menschen und der Menschheit auf Gott zu (etwa in den Geschichten vom »Jüngsten Tag«). Daneben kennt *Thomas* (und mit ihm verbreitet: die Scholastik) auch den wissenschaftlichen Fortschritt *(profectus cognitionis)*.[209] Die Idee vom naturwissenschaftlichen Fortschritt findet sich in den Schriften des *Albertus Magnus*.[210] Für *Roger Bacon* sind Grundlagen für eine irrtumsfreie fortschreitende Erkenntnis in allen Wissenschaften die mathematischen Disziplinen.[211]

Doch erst mit der Neuzeit werden die Geschichten vom Fortschritt dringlicher: *Francis Bacon* ist der eigentliche Begründer einer neuzeitlichen Vorstellung von Fortschritt. Er vertritt die Meinung, die Verehrung des Alten bedeute Widerstand gegen den Fortschritt der Wissenschaften.[212] In dem Umfang, als sich das Denken von Autoritäten emanzipiere, entlarve sich das Vergangene als minderwertiger gegenüber dem Neuen.

Erst *Immanuel Kant* versucht, dem naiven Fortschrittsglauben der frühen Neuzeit ein Quantum Zweifel beizumischen: Das Maß des Fortschritts sei der moralische Fortschritt – hin auf ein Mehr an Humanität –, keinesfalls aber der wissenschaftliche oder gar der technische. Doch selbst der moralische Fortschritt bedarf des kritischen Begleitens, gilt es doch, ein Doppeltes zu berücksichtigen:

---

207 Ibd., V, 91–109.
208 Summa theol. II.II. q.162 a.4 ad 4.
209 Ibd., q.1 a.7, ad 2.
210 Quaestiones de animalibus 14 q.12; 15 q. 10 und 14.
211 Opus maius IV, 1–3.
212 Novum Organum I, 84. »Die Wohltaten der Erfindungen könnten sich auf alle Menschen erstrecken«, während Besserungen im politischen Leben sich auf wenige Menschen mit bestimmten Wohnsitzen beziehen, bringen Erfindungen in den Zeiten fortdauernd ohne Unrecht und Trauer Beglückung und Wohltaten hervor (ibd., I, 129).

1.: »Wenn das menschliche Geschlecht, im Ganzen betrachtet, eine noch so lange Zeit vorwärts gehend und im Fortschreiten begriffen gewesen zu sein befunden würde, so kann doch niemand dafür stehen, daß nun nicht vermöge der physischen Veranlagung unserer Gattung die Epoche seines Rückganges eintrete.«[213] Und

2.: »Indessen ist dieser Gang, der für die Gattung ein Fortschritt vom Schlechteren zum Besseren ist, nicht eben das Nämliche für das Individuum.«[214]

Das unausgetragene Problem des Fortschritts liegt darin, daß die in seiner klassischen Theorie vorausgesetzte Automatik der Verbindung eines durch wissenschaftlichen und technischen Fortschritt ermöglichten gesellschaftlichen Fortschritts Glück und Freiheit des einzelnen mehren. Diese Annahme hat sich in beiden Teilen als Illusion erwiesen. Zum einen gibt es keinen Nachweis, daß technischer und wissenschaftlicher Fortschritt mit gesellschaftlichem korrelieren (man möchte eher das Gegenteil annehmen), und zum anderen folgt – selbst wenn gesellschaftlicher Fortschritt einträte – daraus in keiner Weise eine Mehrung von Freiheit und Glück des einzelnen. Es ist bislang nicht gelungen, den Begriff »gesellschaftlicher Fortschritt« valide zu definieren. Liberale Positionen verstehen darunter den Rückzug von Organisationen und die Mehrung individueller Gestaltungsspielräume. Konservative Positionen dagegen vermeinen, daß einmal starke Organisationen das Glück und die Freiheit des einzelnen zu mehren in der Lage wären. Da aber selbst Worte wie »Glück« und »Freiheit« sehr individuell interpretiert werden, zerbricht die Annahme, »gesellschaftlicher

---

213 Der Streit der Fakultäten, Streit der philosophischen Fakultät mit der juristischen, 4; AA 7, 83. Dennoch meint er optimistisch: »Man kann die Geschichte der Menschengattung im Großen als eine Vollziehung eines verborgenen Plans der Natur ansehen, um eine innerlich – und zu diesem Zweck auch äußerlich – vollkommene Staatsverfassung zustande zu bringen, als den einzigen Zustand, in welchem sie alle ihre Anlagen in der Menschheit völlig entwickeln kann« (Idee zu einer allgemeinen Geschichte in weltbürgerlicher Absicht, in AA 8, 27).
214 Mutmaßlicher Anfang der Menschengeschichte, AA 8, 115.

Fortschritt« sei etwas anderes denn ein leeres Wort. *Karl Löwith* nennt daher »den ungeheuren Erfolg« des Fortschritts schlicht »Verhängnis«[215]. *Max Horckheimer* und *Theodor W. Adorno* sehen in jedem Fortschritt eine »Tendenz zur Selbstvernichtung«[216].

Wennschon ein wissenschaftlicher Fortschritt (im Minimieren von Täuschungen und Irrtümern) und ein technischer (in der Menge der Umsetzungen wissenschaftlicher Erkenntnis aus der Theorie in Praxis) nicht zu leugnen sind, ist jedoch der emotionale, soziale, kulturelle und moralische Fortschritt schon allein deshalb nicht auszumachen, weil uns passende Kriterien fehlen, ihn zu messen oder auch nur zu definieren. Das gilt nicht für den Rückschritt:

- Ein individueller emotionaler Rückschritt liegt immer dann vor, wenn zunehmend mehr alexithymische Symptome ausgebildet werden. Wenn etwa die Fähigkeit, sich zu freuen oder zu trauern, abnimmt oder sich die Fähigkeit mindert, sinnvoll mit fremden Emotionen umzugehen. Ein kollektiver emotionaler Rückschritt liegt vor, wenn Institutionen diese Entwicklung zunehmend begünstigen. Dieser Rückschritt ist in manchen Unternehmen durchaus festzustellen.

- Ein sozialer Rückschritt liegt vor, wenn individueller oder kollektiver Egoismus immer mehr das handlungsleitende Interesse bestimmt und der Emotivismus[217] zur dominanten Moral wird.

- Ein kultureller Rückschritt liegt vor, wenn Menschen sich in ihren Handlungen immer mehr verzwecklichen, wenn die Erlebniswelt immer weniger, dafür die Leistungswelt immer

---

215 Das Verhängnis des Fortschritts, in: Die Philosophie und die Frage nach dem Fortschritt, hrsg. v. H. Kuhn/F. Wiedemann, 1964, 15 ff. Vgl. auch J. Ritter, Fortschritt, in HWbPh II, 1056.

216 Dialektik der Aufklärung, 1947, 7 ff.

217 »Emotivismus« bezeichnet hier eine Moral, die sich nur an Sozialverträglichkeit orientiert, wenn diese Orientierung den eigenen Nutzen (etwa soziale Anerkennung oder Geborgenheit) mehrt. In allen anderen Fällen hat das Suchen nach eigenem Vorteil Vorrang vor dem Suchen nach Sozialverträglichkeit.

mehr kultiviert wird. Auch hier bieten die sozialen Felder immer weniger Anreize. Selbst die Theorie, die Gegenwart werde von einer »Freizeitgesellschaft« abgelöst, orientiert diese Gesellschaft nicht mit einer Autonomie mehrenden Erlebnisfähigkeit, sondern mit kollektivierenden Freizeitangeboten.

- Ein moralischer Rückschritt liegt vor, wenn immer weniger Menschen einem verantwortet gewählten höchsten sittlichen Gut (etwa dem der Biophilie) folgen. Da es auch hier keine einzige Institution gibt, die diesen Trend aufzuhalten versucht, hat der moralische Rückschritt gute Chancen, sich durchzusetzen.

Wenn also das Wort vom menschlichen Fortschritt irgendeinen Sinn haben sollte, dann den, weiteren Rückschritt zu meiden und – wenn möglich – geschehenen Rückschritt rückgängig zu machen.

Doch auch für das Messen, das Feststellen, des ökonomischen und politischen Fortschritts fehlen eindeutige Kriterien. Von ökonomischem Fortschritt würde ich sprechen, wenn es gelänge, immer dynamischere Strukturen auszubilden, die es uns erlauben, zu einer optimalen Allokation aller Ressourcen (einschließlich der Umweltressourcen) zu gelangen – mit der Randbedingung einer »nachhaltigen Entwicklung« *(sustainable development)*. Dafür, daß die endende Neuzeit auch nur in Andeutungen diesen ökonomischen Fortschritt zu gehen versucht, gibt es keinerlei Anlaß. Noch immer wird der Zustand einer Volkswirtschaft an der Veränderung des Bruttoinlandsprodukts gemessen. Sehr viel sinnvoller wäre es, ihn an der Verwendung der vorhandenen und eventuell nicht oder nicht optimal genutzten Ressourcen (wie Kapital, Arbeitskraft, Innovationsfähigkeit, Infrastruktur...) zu messen. Dabei wird deutlich, daß trotz eines Wachstums der Volkswirtschaft um 2 bis 3 Prozent des Bruttoinlandsprodukts sich dennoch diese Volkswirtschaft in einem miserablen Zustand befindet. Von einer optimalen Nutzung vorhandener Ressourcen kann nicht entfernt die Rede sein.

Von politischem Fortschritt würde ich sprechen, wenn sich die Staatsaktivitäten ausschließlich auf den Staatszweck, schweren

Schaden vom Gemeinwohl zu wenden, beschränkten, und dies unter funktionierender demokratischer Kontrolle. Beide Bedingungen sind heute weniger denn je erfüllt. Immer mehr versucht der Staat, das immer nur ideologisch definierbare Gemeinwohl jener Stimmbürger zu mehren (nach dem Prinzip: »Wohlerworbene Besitzstände sind unantastbar!«), welche zum Wahlpublikum der gerade regierenden Parteien gehören. Zum anderen funktioniert – wie schon ausgeführt – die demokratische Kontrolle der Staatsaktivitäten immer weniger. Sie tendiert hin auf Null.

d. Die Geschichten von unbeherrschbar gewordenen Institutionen

Daß Menschen Institutionen schufen, die ihnen – wie einst *Goethes* Zauberlehrling der wassertragenden Besen –, weil unbeherrschbar, über den Kopf wuchsen, dürfte kaum mehr bestritten werden. Das gilt für manche Unternehmen ebenso wie für die meisten Staaten, für manche Gewerkschaften ebenso wie für einige Kirchen. Sie entwickeln eine autopoietische Eigendynamik, die von uns Menschen nicht mehr, wegen ihrer verschränkten Komplexität, ihres chaotischen Charakters willen, verstanden, erst recht nicht mehr kontrolliert werden kann. Wir können sie zwar vernichten, aber nicht mehr beherrschen.

August von Hayek bezeichnete den Markt in einer marktwirtschaftlichen Ordnung als ein Phänomen, das die Evolution über den Menschen hinaus belege. Die »Vernunft« des Marktes sei jeder menschlichen Vernunft überlegen. Jeder Versuch, dirigierend in das Marktgeschehen einzugreifen, habe unvorhersehbare Folgen. Ein unbrauchbares, das heißt prognosefähiges, Modell einer Volkswirtschaft könne es prinzipiell nicht geben. Er nahm damit die Tatsache denkend vorweg, daß eine Volkswirtschaft nachweislich chaotisch organisiert ist.

Ähnliches gilt auch für soziale Systeme vergleichbarer Komplexität. *Friedrich Nietzsche* meinte einmal: »Irgendwo gibt es noch Völker und Herden, doch nicht bei uns, meine Brüder: da gibt es Staaten. Staat? Was ist das? Wohlan! Jetzt tu mir die Ohren auf, denn jetzt sage ich euch ein Wort vom Tode der Völker. Staat heißt das kälteste aller kalten Ungeheuer.«[218] Wie recht hatte er doch. Ein Beispiel mag das belegen: Aufgrund seiner Eigendynamik erläßt der Staat immer neue und immer mehr Gesetze trotz des entgegenstehenden Wollens der führenden Politiker. Aus einem vermeintlichen Regelungsbedarf wird durch die Gesetzgebung ein realer.

e. Die Geschichten vom sich selbst mordenden Kapitalismus

»Werturteile über die kapitalistische Leistung sind von geringem Interesse. Denn die Menschheit hat keine Freiheit der Wahl. Nicht nur darum, weil die Masse der Menschen nicht in der Lage ist, Alternativmöglichkeiten rational zu vergleichen, und immer alles akzeptiert, was ihr erzählt wird. Es gibt dafür noch einen viel tieferen Grund. Wirtschaftliche und soziale Dinge bewegen sich durch ihre eigene Antriebskraft weiter, und die dabei entstehenden Situationen zwingen Individuen und Gruppen, sich in einer bestimmten Weise zu verhalten, unabhängig davon, was sie vielleicht gerne täten.«[219] Diese Einsicht *Schumpeters*, die ebenfalls die systemtheoretische Einsicht vorwegnimmt, eine Volkswirtschaft gehorche autopoietischen Regeln und werde nicht organisiert, sondern organisiere sich nach Gesetzen, die ihr immanent seien, selbst – und das nach den Vorgaben nicht unserem Intellekt zugänglicher Regeln einer chaotischen Ordnung –, muß am Anfang aller Kapitalismuskritik stehen. Er ist nicht etwa ein von Menschen gewolltes Wirtschaftssystem, sondern entwickelte sich historisch aus der Eigendynamik früherer ökonomischer Systeme.

Es gibt drei theoretische Ansätze über das Ende des Kapitalismus:

---

218 Also sprach Zarathustra I. Vom neuen Götzen, ed. Stenzel I, 327.
219 Joseph A. Schumpeter, Kapitalismus, Sozialismus und Demokratie, München (Franke UTB 172), 1950, 212.

(a) Der Ansatz des Karl Marx

Karl Marx war der Ansicht, die der kapitalistischen Wirtschaftsordnung innewohnende Konkurrenz der Anbieter besorge tendenziell eine Überproduktion zunächst in einigen Marktsegmenten. Gemeint sind jene Segmente, die den Absatz nicht lange genug über sinkende Preise sichern können. Sie müssen früher oder später entweder fusionieren, um über Kartellgewinne wieder die Gewinnzone zu erreichen, oder schließen. In einer Deflationskrise werden ganze Branchen von solchen Betriebsstillegungen betroffen. Im Laufe der Zeit werden diese Segmente an Zahl so weit zunehmen, daß es zu Massenarbeitslosigkeit, damit zu weiter sinkender Kaufkraft, damit zu weiter sinkender Nachfrage, dadurch zu immer neuen Unternehmenszusammenbrüchen komme, bis die gesamte Volkswirtschaft kollabiere.

Dieser Ansatz wurde im Neumarxismus zu einer Theorie des Staatsmonopolkapitalismus weiterentwickelt. Diese Theorie vertritt zumeist folgende Gedanken:

Die Investitionschancen des anlagebereiten Kapitals schwinden. Das disponible Kapital, das nach rentabler Anlage sucht, wird nur durch permanente Expansion der Märkte sein Bedürfnis realisieren können. Die permanente Kapitalvermehrung erlaubt erst dann lohnende Renditen, wenn die Märkte schneller wachsen als das Kapital. Der Expansion der Märkte sind nun offenbar Grenzen gesetzt. Zunächst gelang es, koloniale Märkte zu erschließen, dann dehnten neue Produkte und Dienstleistungen die Märkte. Doch die Nachfrage nach neuen ökonomischen Gütern ist dann begrenzt, wenn entweder der Umweltschutz oder die Arbeitskosten sie unverhältnismäßig verteuern. Es entsteht durch die Substitution von Arbeit durch Kapital eine strukturelle Massenarbeitslosigkeit, die durch die Markterschließung für neue zwingend-arbeitsintensive Güter (wie etwa durch Dienstleistungen) nur sehr begrenzt behoben werden kann. Massenarbeitslosigkeit bedeutet aber Begrenzung der konsumtiven Nachfrage. Da – sieht man einmal vom Export ab – allein Konsum Güter nachhaltig vernichtet und die Nachfrage nach immer neuen aufrechterhält, hängt die Nachfrage nach Investitionsgütern letztlich von der Vernichtungsnachfrage ab. Eine Volkswirtschaft, die sich jedoch vorwiegend auf die Gütervernichtung durch Export konzentriert, wird auch das Marktwachstum des heftig umkämpften Außenmarktes früher oder später beschränken, sei es, weil das Ausland die Güter nicht nachfragt, weil sie absolut oder relativ zu teuer geworden sind, sei es, daß sie im eigenen Land produziert werden können, sei es, daß durch Schutzzölle oder andere dirigistische Maßnahmen der Export erschwert wird.[220]

Jetzt bleiben dem anlageinteressierten Kapital nur zwei Möglichkeiten: Entweder garantieren Monopolgewinne eine zufriedenstellende Rendite des eingeschossenen Kapitals oder aber Subventionen. Die erste Lösung führt zu einer erheblichen Marktstörung – zu einem sich selbst vernichtenden Kapitalismus, der vom Wettbewerb lebt. Im zweiten Fall (Subventionen) wird der Staat solche Subventionen nicht mehr aus seinen Einnahmen oder Einnahmeverzichten finanzieren, er muß sich vielmehr verschulden. Die Nachfrage des Staates nach Geld wird früher oder später die von ihm zu zahlenden Zinsen auf ein Niveau heben, das es attraktiver erscheinen läßt, Staatsanleihen zu kaufen, als in den durch Subventionen gestützten Markt

---

220 Der Dirigismus wird in ideologischen Wettbewerb zum internationalen Freihandel treten. Dieser würde noch einmal eine Marktdehnung erlauben, doch andererseits ist der Staatsschutz nötig, um in einigen Branchen eine attraktive Rendite zu erwirtschaften. Die meisten Staaten werden – wie die USA jetzt schon – den Weg zu beschreiten versuchen, der für ihre Volkswirtschaften gerade der günstigere zu sein scheint. Seit Jahren wächst der Welthandel schneller als die Weltproduktion und bieten Direktinvestitionen außerhalb der heimischen Grenzen für viele Unternehmen die einzige Chance zu überleben (= dem betriebsnotwendigen Kapital eine attraktive Rendite anzubieten). Der Standort ist zu einem erheblichen Faktor avanciert. Das aber ändert alles nichts daran, daß der Preiswettbewerb immer intensiver geführt wird. Das wird die nationalen politischen Kräfte dazu bringen, den Freihandel weiter zu begrenzen. So stieg von 1966 bis 1986 der Anteil der von nichttariffähigen Handelshemmnissen betroffenen Importe in den OECD-Ländern von 25 Prozent auf 48 Prozent. Allen GATT-Bemühungen gelang es nicht, diesen Trend zu mindern. Die These von einer ökonomischen Übermacht der preisgünstig produzierenden asiatischen Staaten ist ebenso unhaltbar. Zur Marktversorgung in der EU trugen sie 1989/90 nur 3,4 Prozent bei (vgl. dazu Rolf J. Langhammer, Freihandel – ein Horrorszenario? in: NZZ 24. 6. 1994, 15).

zu investieren, es sei denn, der Staat subventioniere so stark, daß auf dem Markt die Kapitalrenditen die der Staatsanleihen übersteigen. Dazu aber bedarf es einer aufs neue wachsenden Staatsverschuldung. Und nun beginnt sich das Rad zu drehen – bis hin zu einer Entschuldung des Staates über eine hohe Inflationsrate oder eine Währungsreform. Danach hat der Kapitalismus wieder so lange Luft, als das Subventionsspielchen sich nicht von neuem selbst erwürgt.

(b) Der Ansatz der klassischen Volkswirtschaftslehre

Die klassische Volkswirtschaftslehre geht davon aus, daß der Markt in Annäherung einer Allgemeinen Gleichgewichtstheorie folge. Diese Theorie macht aus, ob und unter welchen Voraussetzungen die Handlungen aller Wirtschaftssubjekte so miteinander abgestimmt werden können, daß ein gesamtwirtschaftliches Gleichgewicht zwischen Geld-, Waren-, Wertpapier-, Arbeits- und Außenmarkt hergestellt werden kann. In einem solchen erwünschten Gleichgewicht herrscht der Zustand »Vollkommener Konkurrenz«. Dieser Zustand liegt dann vor, wenn

- alle gehandelten Güter qualitativ weitgehend gleichartig sind,
- räumliche Entfernungen zwischen Produktionsort und dem Gebrauchsort keine erhebliche Rolle spielen,
- die Anpassung von Mengen und Preisen unverzüglich der Nachfrage folgt,
- alle Marktteilnehmer sich ökonomisch rational verhalten und
- eine offene Menge von Anbietern und Nachfragern besteht (also jede Form von Monopolen und Monopsonen ausgeschlossen ist), so daß einzelne Marktteilnehmer die Preise nicht unmittelbar beeinflussen können.

Ein solcher Markt führt zu einer pareto-effizienten Allokation der Ressourcen[221]. In dieser Situation produzieren alle Unter-

---

221 Diese ist gegeben, wenn die Ressourcen so verteilt sind, daß jede Andersverteilung die gesamtwirtschaftliche Situation verschlechtert.

nehmen am Break-even-point. Das disponible Kapital findet keine rentable Anlageform mehr. Damit ist der Kapitalismus tot. Die Theorie von der »schwindenden Investitionschance« wurde übrigens von *Joseph A. Schumpeter* weiterentwickelt. Er war zwar (1942) der Meinung, daß wir von dem gesellschaftlichen Gleichgewichtszustand (gesättigter Märkte) weit entfernt sind. Dieser Zustand, der durch mangelnde Nachfrage aus gleich welchen Gründen erreicht werden kann, würde den Kapitalismus verkümmern lassen. »Die Profite und mit ihnen der Zinsfuß würden sich dem Nullpunkt nähern. Die Schicht der Bourgeoisie, die von Gewinnen und Zinsen lebt, hätte die Tendenz, zu verschwinden. Die Leitung von Industrie und Handel würde eine Sache der gewöhnlichen Verwaltung, und das Personal würde unvermeidlich die Charakteristika einer Bürokratie annehmen.«[222]

Schumpeter kennt jedoch noch eine andere Möglichkeit des Untergangs einer kapitalistischen Wirtschaftsordnung, selbst bei ungesättigten Märkten: Die Funktion des kapitalistischen Unternehmers besteht darin, die Produktionsstruktur entweder durch Ausnutzung von Erfindungen, durch Markterschließung oder durch Veränderung der Unternehmensorganisation ständig zu verbessern. Er trägt die Verantwortung dafür, daß die Perioden der Erschöpfung abgelöst werden durch Perioden des Aufschwungs. Nun ist es denkbar, daß der Mut der Unternehmer sich in einer Beamtenmentalität erschöpft. Auch das bedeutete das Ende des Kapitalismus.[223]

---

222 Ibd., 214.
223 Vgl. dazu Joseph A. Schumpeter, a. a. O., 214–219. Zwischen der Unternehmermentalität und der eines Beamten »gibt es die Masse derer, die wir Industrielle, Kaufleute, Finanzleute oder Bankiers nennen; sie befinden sich auf der Zwischenstufe zwischen Unternehmerwagnis und bloß laufender Verwaltung eines ererbten Besitzes« (ibd., 217 f.). Schumpeter verweist darauf, daß der Kapitalismus dazu neigt, ihn schützende Schichten zu zerstören und seine eigenen Verteidigungsanlagen niederzureißen, indem er die Institutionen des Eigentums und der Vertragsfreiheit selbst reduziert. Auch entfernen sich die Intellektuellen und die »öffentliche Meinung« immer weiter von seinen Voraussetzungen. »Daraus folgt die Abneigung und die Unfähigkeit der kapitalistischen Ord-

(c) Der Ansatz einer Chaostheorie

Die Chaostheorie einer Volkswirtschaft geht davon aus, daß Angebot und Nachfrage durch komplexe – oft mehrmals in sich zurücklaufende – Rückkoppelungsmechanismen miteinander verbunden sind. Das bedeutet: Die Nachfrage bestimmt rückwirkend das Angebot. Dieses verändert sich unter dieser Nachfrage. Das Angebot aber seinerseits verändert wiederum die Nachfrage, die ihrerseits rückwirkend (im Prinzip gegen die Einrichtung der Zeit) das Angebot verändert. Solche Veränderungsschleifen können zwar formal simuliert werden, doch kaum die betriebliche Entscheidungspraxis zureichend sicher bestimmen. Die Unsicherheit, die betrieblichen Entscheidungen zugrunde liegt, wächst tendenziell an. Volkswirtschaftlich entsteht eine Situation, die bestenfalls durch ein Nicht-Gleichgewichts-Modell beschrieben, wenn auch in seinem Funktionieren nicht verstanden werden kann. Es geht davon aus, daß der Markt sich in immer deutlichere Ungleichgewichte zwischen den fünf Märkten hineinentwickelt.

Das Modell läßt sich nur konstruieren, wenn man davon ausgeht, daß sich die Allokation der Ressourcen (etwa Kapital, Umwelt und Arbeit) tendenziell verschlechtert. Das aber bedeutet früher oder später den Zusammenbruch des kapitalistischen Wirtschaftssystems.

Zwischen diesen Möglichkeiten gilt es frei zu wählen. Mir scheinen die des Spätmarxismus und die der Chaostheorie die wahrscheinlichsten zu sein – zumal sie miteinander kompatibel sind. In bin der Ansicht, der Kapitalismus sollte sich eine stilvolle Beerdigung leisten: ein völlig uneingeschränkter Freihandel mit einer Randbedingung: Alle Importe von Gütern, deren Produk-

---

nung, ihren intellektuellen Sektor erfolgreich zu kontrollieren. Diese Abneigung ist eine Abneigung gegen die konsequente Anwendung von Methoden, die der durch den kapitalistischen Prozeß geformten Mentalität fremd sind« (ibd., 243). »Angesichts der zunehmenden Feindseligkeit der Umgebung und angesichts der aus dieser Feindseligkeit geborenen gesetzgeberischen, administrativen und richterlichen Praxis werden die Unternehmer und Kapitalisten – de facto die ganze Schicht, die die bürgerliche Lebensform angenommen hat – zuletzt zu funktionieren aufhören« (ibd., 252).

tion – unter Berücksichtigung der Produktion aller Vorprodukte und aller anderen Faktoren – unmittelbar oder mittelbar subventioniert wurden, werden mit einem Importzoll in Höhe der Subventionen belegt.

Früher oder später wird der Privatkapitalismus vermutlich von einer Wirtschaftsform abgelöst werden, die man – je nach Gusto – sozialistische Marktwirtschaft (Marktwirtschaft, da die Wettbewerbsordnung bestehenbleibt) oder Laborismus nennen kann. An die Stelle des Kapitals tritt die Arbeit als ordnender Faktor. Das »Privatkapital« verschwindet, weil die im Unternehmen Tätigen alleinige Kapitaleigner sind.[224] Die Alternative scheint mir ein weltweiter Monopolismus zu sein. Eines aber ist sicher, die Annahme, dem Kapitalismus sei so etwas wie ein ewiges Leben beschert, ist ebenso töricht, als wenn man irgendein menschliches Geschöpf vom evolutiven oder revolutionären Untergang ausnehmen möchte. Nur wenn man mit einigen Phantasten die marktwirtschaftliche Ordnung als Eigenschaft des Göttlichen zu verherrlichen versucht, wäre solche Absurdität denkbar.

f. Die Geschichte der untergehenden Demokratie

Daß der repräsentativen Demokratie mehrere fundamentale Irrtümer zugrunde liegen, dürfte heute kaum jemand bestreiten. Zur Zeit ihrer Erfindung im alten Griechenland mag sie als direkte Demokratie, in der sich alle Bürger auf der Agora an der Allgemeinen Willensbildung beteiligten, vielleicht noch funktioniert haben (obschon sie damals zum Zweck der Machtmanipula-

---

224 Zur Theorie und Praxis einer sozialistischen Marktwirtschaft vgl. R. Lay, Die Macht der Moral, Düsseldorf (ECON) 1990, passim. Schumpeter kennt nicht das Modell einer sozialistischen Marktwirtschaft. Er versteht »Sozialismus« als ein »institutionelles System, in dem die Kontrolle über die Produktionsmittel und über die Produktion selbst einer Zentralbehörde zusteht« (a. a. O., 267). Er fragt und antwortet: »Kann der Sozialismus funktionieren? Selbstverständlich kann er es. Kein Zweifel ist darüber möglich, wenn wir einmal annehmen, daß erstens die erforderliche Stufe der industriellen Entwicklung erreicht ist, und daß zweitens Übergangsprobleme erfolgreich gelöst werden können« (a. a. O., 267).

tion erfunden wurde). Welches sind die beiden wichtigsten Irrtümer?

(a) Alle Abgeordneten stimmen bei Gesetzesvorlagen über einen Text ab, den sie zureichend ähnlich verstehen.
Dieser Irrtum basiert auf der Voraussetzung, daß die realistische Interpretation der Container-Metapher richtig sei. Sie nimmt fälschlich an, daß die Texte, die den Abgeordneten zur Abstimmung vorliegen, Informationen enthalten, die von allen ähnlich verstanden werden. Das aber ist aus einem doppelten Grund nicht der Fall. Zum einen enthalten die Vorlagen keine Informationen, sondern nur Signale, die bei jedem Leser durch autonome Großhirnaktivitäten in andere Informationen übersetzt werden. Zum anderen sind die Gesetzesvorlagen für einen Durchschnittsabgeordneten – und das ist die Mehrheit – in aller Regel inhaltlich, besonders aber bei Berücksichtigung der Folgen unverständlich.

(b) Alle Abgeordneten verstehen den Text der Vorlage und überschauen die Konsequenzen einer Zustimmung oder Ablehnung.
Gemeint sind hier nicht die Folgen, welche die Debattenredner vortragen. Sie sind in aller Regel parteipolitisch oder demagogisch verfälscht oder vereinfacht. Gemeint sind die tatsächlichen Folgen unter Berücksichtigung der Schadensabwendung vom Gemeinwohl. Diese Folgenabschätzung kann zwar durch die Anhörung von Fachleuten erleichtert, aber nicht substituiert werden. Sie ist allein dem Gewissen des Abgeordneten überlassen (und nicht etwa Fraktionsbeschlüssen oder gar Vereinbarungen der Fraktionsspitzen, die sich einbilden, von der Sache etwas zu verstehen, und dabei – oft genug – in die offenen Messer der Ministerialbürokratie laufen). Zureichendes Fachwissen kann jedoch in der weiten Palette der zur Abstimmung gestellten Fragen kein einziger Abgeordneter mehr erwerben. Die Komplexität der Sozialgebilde, in die sie eingreifen, ist zu groß, um verantwortlich Wirkungen vorhersehen zu können. Von der Freiheit des Gewissensentscheids des abstimmenden Abgeordneten bleibt da schon allein aus strukturellen Gründen sehr

wenig übrig. Er wird sich der Meinung der Mehrheit seiner Fraktion anschließen. Dieses grundgesetzwidrige Verhalten[225] wird mit dem ungeheuerlichen und zutiefst antidemokratischen, ja moralwidrigen Argument gerechtfertigt, daß es der Regierung nicht zuzumuten wäre, mit wechselnden Mehrheiten zu regieren.

Das macht denn auch deutlich, durch was die bestehende Scheindemokratie abgelöst werden wird: entweder durch eine Diktatur der Exekutive oder durch eine Form unmittelbarer Demokratie.

g. Die Geschichten vom Untergang der Moderne

Der Begriff »Moderne« wurde als Name für eine künstlerische Stilrichtung erst im 19. Jahrhundert gebildet. Vorausgegangen war die Unterscheidung *antiqui/moderni*. In der Auseinandersetzung mit den *anciens*, den Verfechtern der Autorität der klassischen Antike, stellten die *modernes* die Bedeutung der führenden Kulturen der Neuzeit heraus. Sie überwanden die humanistische Idealisierung der Vergangenheit zugunsten eines neuen Selbstwertgefühls, das durch die aufkommenden Naturwissenschaften bestimmt wurde.

Karl Gutzkow (1811–1878) nimmt für die Moderne in Philosophie und Baukunst einen gewissen Eklektizismus in Anspruch, der nicht Wiederholung alter Substanz, sondern ein Zinsertrag des Kapitals alter Wahrheiten sei.[226] Ihr stellt er den Wunsch nach Autonomie,[227] die er mit einer derben Kritik an Institutionen verbindet, entgegen. Er gehört zu den frühen Kritikern der Moderne.

---

225 Das Grundgesetz der BRD bestimmt in Art. 38, 1: »Die Abgeordneten des Deutschen Bundestages ... sind Vertreter des ganzen Volkes, an Aufträge und Weisungen nicht gebunden und nur ihrem Gewissen unterworfen.«

226 K. Kutzkow, Die Mode und das Moderne, in WW (hrsg. v. R. Gensel) 17 (1910), 19.

227 »Ich glaube, daß wir immer mehr für uns einstehen müssen und nur in uns selbst einen Anhaltspunkt finden dürfen. Dies ist freilich eine große Umkehr der Zeiten und Verhältnisse« (ibd., 20 f.).

Friedrich Theodor Vischer (1807–1887) sieht die Moderne in ihrem Anspruch noch nicht erreicht. Sie sei bestimmt als der »Bruch mit dem Mittelalter« und durch die Bedingungen der Neuzeit.[228]

Auch *Richard Wagner* kritisiert (1849) die Moderne. Sie sei weder ein erhoffter Zustand noch etwas schon Errungenes, das es zu sichern gelte, sondern das gegenwärtige Negative, das mit der zugehörigen Gesellschaft und ihrer Kunst überwunden werden müsse. Das Wesen der Kunst der Moderne sei »die Industrie, ihr moralischer Zweck der Gelderwerb, ihr ästhetisches Vorgeben die Unterhaltung der Gelangweilten«[229].

Für *Friedrich Nietzsche* ist die Moderne eine Fehlentwicklung des europäischen Geistes. Sie beginne mit *Sokrates* und führe über das Christentum, die Aufklärung und den Sozialismus in die Gegenwart. Was die Moderne als Fortschritt verstehe, führe zur Herrschaft einer »Sklaven-Moral«[230]. Grundlage der Moderne und ihrer Bildung sei der »historische Sinn«, der aus Fremdem zu leben lehre, ohne selbst Lebendiges zu sein.[231]

Wir verstehen unter »Moderne« die Philosophie der Neuzeit.[232] Sie ist bestimmt durch sechs Merkmale:

---

228 Ästhetik oder Wissenschaft des Schönen, 2. Teil, 2. Abt. (1848), 501 (§ 466). Der »unendliche Verlust« eines tragenden mythischen Weltbildes war ihm zugleich aber auch ein »unendlicher Gewinn« für das »mündig gewordene Subjekt«, das sich nun »in der Welt zu Hause fühlt, sein inneres Leben als wirkliche Freiheit« gestaltet (ibd., 502 [§ 467]).

229 R. Wagner, Die Kunst und die Revolution, in: Gesammelte Schriften 3, 19. »Zur Zeit ihrer Blüthe war die Kunst bei den Griechen daher konservativ, weil sie dem öffentlichen Bewußtsein als ein gültiger und entsprechender Ausdruck vorhanden war: bei uns ist die echte Kunst revolutionär, weil sie nur im Gegensatz zur gültigen Allgemeinheit existiert« (ibd., 28).

230 Friedrich Nietzsche, WW (ed. K. Schelchta) 2, 730.

231 Ibd., 1, 213.

232 Zur Kritik der Moderne vgl. R. Lay, Philosophie für Manager, Düsseldorf (ECON Tb. 21107), 1991, 36–163.

(a) Sie ist Subjektphilosophie.

Im Mittelpunkt ihres Interesses steht der Mensch als individualisiertes Subjekt. Dieses Subjekt wird von seinen sozialen, historischen, kosmischen, kontingenten Bezügen abgelöst. *Descartes* versteht das »Subjekt« als das denkende, seiner selbst bewußte Ich als letzte Einheit und Träger seiner intentionalen (auf Gegenstände seiner selbst) gerichteten Akte (wie Wahrnehmungen, Vorstellungen, Urteile, Wollungen). *Immanuel Kant* distanziert sich von diesem Idealismus. »Wenn das Dasein der äußeren Dinge zur Bestimmung seines eigenen Daseins in der Zeit gar nicht erforderlich ist, jenes auch nur ganz umsonst angenommen werde, ohne jemals einen Beweis davon geben zu können.«[233] Die Subjektphilosophie sprach dem Subjekt als Subjekt bestimmte Grundrechte zu – aus denen jedoch keine interaktionellen Forderungen hergeleitet wurden (sondern allenfalls staatlichen Aktivitäten Grenzen gezogen werden). Die Subjektphilosophie machte erst Auschwitz und ähnliche Greuel möglich. Unter ihrem Denken verkamen alle sozialen Tugenden (Solidarität verkam zur Betroffenheit, Hilfsbereitschaft verkam zur Spendenfreudigkeit, Dialektik verkam zum Materialismus...).

(b) Sie ist Reflexionsphilosophie.[234]

Als Reflexionsphilosophie ist sie der Überzeugung, daß nur im Rückgriff auf die kritische menschliche Geistestätigkeit eine sichere Erkenntnis möglich sei. Wenn man herausfinden wolle, wer man sei, müsse man über sich reflektieren. Die Reflexion

---

233 B 418; AA III, 273. »Das: Ich denke, ist ... ein empirischer Satz und hält den Satz: Ich existiere, in sich. Ich kann aber nicht sagen: alles, was denkt, existiert; denn da würde die Eigenschaft des Denkens alle Wesen, die sie besitzen, zu notwendigen Wesen machen. Daher kann meine Existenz auch nicht aus dem Satze: Ich denke, als gefolgert angesehen werden..., weil sonst der Obersatz: Alles, was denkt, existiert, vorausgehen müßte, sondern ist mit ihm identisch« (B 422; AA III, 275 f.).

234 Sie hat zweifelsfrei ihren Ursprung in dem »Cogito, ergo sum« des Descartes, wennschon erst John Locke den Begriff in den allgemeinen Sprachgebrauch der Philosophie einbringt. Schon bald wurden erste kritische Stimmen laut: Fénelon (François de Sagnac de La Mothe-Fénelon [1651–1715]) protestierte vermutlich in seinem Bildungsroman »Les aventures de Tèlemaque) 1699 als erster. J. J. Rousseau sieht in ihr

ersetzt den Rekurs. Der Selbsttäuschung sind damit Tür und Tor geöffnet. Das Selbst-Ideal (und nicht das Selbst-Real) wird zum Zentrum der Selbstdefinition. Da es jedoch niemals zu erreichen ist, ist der moderne Mensch in die existentielle Hoffnungslosigkeit getrieben. Das »So-what-Syndrom« beschreibt, wenn es nicht religiös übertüncht wird, die Leidensgeschichte des neuzeitlichen Menschen. Erst die interaktionelle nachmoderne Philosophie machte deutlich, daß man nur erfahren könne, wer man sei, wenn man analysiere, wie man mit anderen umgehe. Das aber orientiert die Selbstdefinition am Selbst-Real. Die Reflexionsphilosophie reflektiert nicht nur über das, was Menschsein bedeute, sondern auch über soziale, ökonomische, technische, materielle... Zustände, jedoch nur um sie zu erklären – nicht aber, um sie zu verändern. Das Verändern wird den systemischen Zwängen überlassen.

(c) Sie ist sehr oft spekulative Philosophie.
Spekulativ ist eine Philosophie, die von irgendwelchen apriorisch scheinbar gesicherten Prinzipien (etwa dem vom Nicht-Widerspruch oder dem Kausalprinzip) aus denkt und nicht von empirisch ausgemachten Sachverhalten. So ist eine spekulative Philosophie der eigentümlichen Ansicht, daß alle Philosophie nur über Allgemeingültiges und Notwendiges zu handeln habe (so *I. Kant*[235]) und deshalb jeder Empirie entzogen sein müsse, die sich nur auf Besonderes und Kontingentes beziehen könne.

---

den Verlust des natürlichen Zustandes radikalisiert: »L'état de réflexion est contre nature.« Und bei Heinrich von Kleist heißt es am Schluß des »Marionettentheaters«: »Wir sehen, daß in dem Maße, als in der organischen Welt die Reflexion dunkler und schwächer wird, die Grazie immer strahlender und herrschender hervortritt.« Auch I. Kant stellt fest, daß die Reflexion »von allen Bedingungen der Anschauung« befreit, die realen Unterscheidungen eliminiert. Sie komme niemals zu den Dingen, und es bleibt »im bloßen Begriffe nichts übrig, als das Innere überhaupt« (B 318 f. AA III, 216). Und so geht es durch die Jahrhunderte: Jean-Paul Sartre ist der Meinung, daß die Reflexion als »unglückliches Bewußtsein« existiere, »in dem doppelten gleichzeitigen Bemühen um Objektivierung und Verinnerlichung und ist als solches zum Scheitern verurteilt« (L'être et le néant, Paris [1943], 200).
235 Vgl. Einleitung zur KRV B, 3.

Dennoch kritisiert *Kant* die stets spekulative Metaphysik als eine »ganz isolierte spekulative Vernunfterkenntnis, die sich gänzlich über Erfahrungsbelehrung erhebt, und zwar durch bloße Begriffe, wo also die Vernunft selbst ihr eigener Schüler sein soll«. Ihr sei das Schicksal nicht günstig gewesen und sei niemals zu einer Wissenschaft avanciert. »Denn in ihr gerät die Vernunft kontinuierlich ins Stocken, selbst, wenn sie diejenigen Gesetze, welche die gemeinste Erfahrung bestätigt, wie sie sich anmaßt, a priori einsehen will.«[236] *Karl Marx* entlarvte den Unsinn solchen Philosophierens in seiner 11. These gegen *Feuerbach*: »Die Philosophen haben die Welt nur verschieden interpretiert, es kommt darauf an, sie zu verändern.«[237]

(d) Sie ist Vernunftphilosophie.

Als Vernunftphilosophie ist sie der Ansicht, daß menschliche Vernunft nicht nur allen Menschen in sehr ähnlicher (wenn nicht gar in identischer) Weise zu eigen sei. Zudem ist sie der merkwürdigen Ansicht, daß es ursprüngliche Vernunfterkenntnis gäbe, obschon lange zureichend gesichert ist, daß Vernunft nur ein sekundäres Erkenntnisorgan ist, daß sie die von den primären angelieferten Erkenntnisse weiterverarbeitet. *Karl Marx* wies darauf hin, daß Vernunft eine Funktion des Interesses ist: Was wir für vernünftig halten, wird von unserem erkenntnisleitenden Interesse bestimmt. Und *Sigmund Freud* macht darauf aufmerksam, daß sie nur ein Epiphänomen des Unbewußten ist: Was wir für vernünftig halten, bestimmt das Bestreben, unsere narzißtische Homöostase im Gleichgewicht zu halten.

(e) Sie ist Wesensphilosophie.

Sie ist am konkreten Sein der Dinge nicht interessiert. Sie interessiert das überindividuelle Wesen der Dinge, etwa des Menschen, obschon sich allgemein herumgesprochen haben dürfte, daß es dieses allgemeine Wesen gar nicht gibt. Das Wesen des einzelnen Menschen wird vielmehr bestimmt durch seine Geschichte: die Geschichte seiner Hoffnungen und Enttäuschun-

---

236 B XIV; AA III, 11.
237 Frühschriften (hrsg. v. Lieber-Furth), II, 4.

gen, seiner sozialen Beziehungen und seiner Einsamkeiten, seiner Erfolge und Mißerfolge, seiner Ängste und seiner Trauer, seiner Freude und seines Leids... Wer gelernt hat, das Wesen eines Menschen so zu sehen, wird jedem seine Würde zuerkennen. Auschwitz und Hiroshima wären unmöglich. So bestimmte *Marx* in seiner schon zitierten 6. These gegen *Feuerbach*: »Das menschliche Wesen ist kein dem einzelnen Individuum innewohnendes Abstraktum. In seiner Wirklichkeit ist es das Ensemble der gesellschaftlichen Verhältnisse.«[238]

(f) Sie ist eine Philosophie, die Erklärungen (Theorien, Modelle, Metaphern, Geschichten) realistisch interpretiert.

Diese realistische Interpretation von Erklärungen, die unsere Vernunft uns über Erfahrenes lieferte, ist der eigentümlichen Auffassung, daß unsere Theorien (der Naturwissenschaften), unsere Modelle (der Handlungswissenschaften), unsere Metaphern (der Kommunikationswissenschaften und der Theologie), unsere Erzählungen (der historisch-hermeneutischen Wissenschaften), obschon Erzeugnisse unserer Vernunft, Realität »objektiv« beschreiben und somit auch gar nicht anders sein können. Nun ist jedem Wissenschaftler bekannt, daß es noch niemals eine Theorie, ein Modell, eine Metapher, eine Geschichte gegeben hat, die nicht durch andere abgelöst wurde, weil in den alten Irrtümer und Täuschungen entdeckt wurden. Diese Position verwechselt etwa naturwissenschaftliche Theorien mit »objektiven Naturgesetzen« (die es ohnehin nicht gibt) oder Aussagen, die aus ökonomischen Modellen hergeleitet werden, mit ökonomischen Gesetzen (die es noch viel weniger sicher gibt). Dabei dürfte es jedem denkenden Menschen klar sein, daß es schon an Schwachsinn grenzt, anzunehmen, wir verfügten im Bereich der Wissenschaften über irgendein unüberholbares irrtums- und täuschungsfreies Wissen. Der Wissenschaftsfortschritt besteht im Eliminieren von Täuschungen und Irrtümern (aus einer potentiell unendlichen Menge solcher Täuschungen

---

238 Ibd., 3.

und Irrtümer). Das aber bedeutet, daß wir uns einer täuschungs- und irrtumsfreien Erkenntnis (und damit »der Wahrheit«) niemals auch nur annähern können.

Die Philosophie der Neuzeit, die Moderne, erfährt derzeit ein Begräbnis dritter Ordnung. Mehr hat sie, die so unendliches Unheil über Menschen und Menschheit brachte, auch nicht verdient.

h. Die Geschichten vom Unschönen in der Kunst

Zu Beginn der Neuzeit mußte Kunst sich von den »mechanischen Künsten« trennen. Hilfreich war hier die Aufwertung der Malerei durch *Leonardo da Vinci. G. Vasari* führt für Malerei, Plastik und Architektur den Begriff »*arti del disegno*« ein. Unter seinem Einfluß wird 1563 in Florenz die »*Accademia dei disegno*« gegründet. Jetzt konnte die Kunst Gegenstand einer philosophischen Theorie des Schönen werden. Die Kunst der Neuzeit wird zur »Schönen Kunst«. Ob Schönheit einer kulturellen Beliebigkeit unterliege, wird zur heftig umstrittenen Frage. *Anthony Earl of Shaftesbury* (1671–1713) nimmt an, die Natur sei das vollkommenste Kunstwerk. Sie definiere, was schön sei – und der Künstler habe ihr darin zu folgen.[239] *Immanuel Kant* schreibt: »Eine Naturschönheit ist ein schönes Ding; die Kunstschönheit ist eine schöne Vorstellung von einem Dinge.«[240] Und wie so häufig überwindet *Kant* auch schon in Ansätzen die Moderne: »Unter einer ästhetischen Idee (die im Kunstwerk zu sich kommt) aber verstehe ich diejenige Vorstellung der Einbildungskraft, die viel zu denken veranlaßt, ohne daß ihr doch ein bestimmter Gedanke, d. i. Begriff, adäquat sein kann, die folglich keine Sprache völlig erreicht und verständlich machen kann.«[241] Bis hinein in die Literatur der Gegenwart wird vom Kunstwerk immer eine irgendwie »objektive Schönheit« verlangt. Die aber

---

239 The moralists (1709) III, 1. Daß das Naturschöne nicht kulturspezifisch wahrgenommen wird, sondern transkulturell, wurde empirisch an einem solch komplexen Sachverhalt wie einem Frauengesicht belegt.
240 KU § 48, AA V, 311.
241 KU § 49; AA 5, 314.

kann es nicht geben, da es sich nur immer um »eine schöne Vorstellung von einem Dinge« handelt, wenn wir von einem Kunstwerk sprechen. Zudem wird ein Kunstwerk erst zu einem solchen, wenn es die Sprachlichkeit transzendiert.

Aber kann man nach Auschwitz und Hiroshima noch mit dem Schönen leben? Hat es sich hier nicht als Trug entlarvt, der menschliche Kritikfähigkeit eher einschläfert denn schärft? Heute ist jede Kunst verlogen, die den Anspruch stellt, Realität zu schaffen in einer Welt, wie sie ist. Denn Realität ist immer auch potentiell entsetzlich, vielleicht gar häßlich. Nicht die Natur wird zur Vorgabe und Vorlage der Kunst, sondern die menschliche Kommunikation. Ein Kunstgegenstand ist nur dann ein solcher, wenn er etwas mitteilt, das sich im üblichen Sprechen nicht mitteilen läßt. Sorglichst ist darauf zu achten, daß das Kunstwerk nicht wieder zu einem informationsträchtigen Container verkommt. Die von einem Kunstwerk erzeugten Signale werden von Mensch zu Mensch zu anderen – immer aber sprachtranszendenten – Informationen verarbeitet. Ein Kunstwerk hat also keine »objektive Bedeutung«, und es ist nicht durch alltagssprachliche Äquivalente zu ersetzen.

Sicher ist künstlerische Kommunikation über das ästhetisch Ansprechende auch heute noch möglich. Aber das eigentlich Unaussprechliche, das Ungeheuerliche liegt im Bösen, im Häßlichen, im Gemeinen, im Verräterischen, im Unmenschlichen. Und dieses, auch dieses, vor allem dieses gilt es in Kunst mitzuteilen.

7. Kapitel
Die Gegenmoderne

Bislang haben wir zu zeigen versucht, daß die Neuzeit, die Moderne, mit ihren Werten und Institutionen schon verendete, selbst wenn sie in manchen Nuancen der Nachzeitigkeit weiterleben sollte. Sie lebt weiter wie ein Zombie, der noch nicht merkte, daß er längst tot, seine Zeit schon längst abgelaufen ist. Dieses Kapitel soll diesen Sachverhalt vertiefen.

Nun gibt es verschiedene Theorien über die Nach-Neuzeit. Eine erste ist die über eine Gegenmoderne. Wir sehen jedoch in dieser Epoche keine Nachmoderne, sondern eine mit der Moderne eng verschwisterte Erscheinung. Die Gegenmoderne ist nicht eigentlich eine neue Epoche, sondern eine Zeit, in der sich die in der Moderne verborgenen Paradoxien in besonders auffälliger Weise darstellen. Das gilt vor allem für die letzte Phase der Moderne: die der sogenannten Industriemoderne nach 1789. Im Außen herrscht zwar noch die Moderne mit ihren Werten und Institutionen, in ihrem Inneren aber sind diese Werte und Institutionen schon verkommen. Auf die Moderne folgt also nicht die Gegenmoderne, sondern das Aufscheinen der Gegenmoderne ist eine Aufforderung an uns, die Moderne, die nicht ohne Gegenmoderne zu haben ist, endlich zu überwinden. Die Geschichten der Gegenmoderne sind Geschichten auch der Moderne, in denen sie ihre Schattenseiten zeigt. Und die werden zunehmend offenkundig, so daß die Überwindung der Moderne nicht nur den autodynamischen Prozessen sozioökonomischer Systeme überlassen werden darf, sondern unser aller Bemühen einfordert. Das ist nicht unzumutbar, denn indem wir die Gegenmoderne bekämpfen, überwinden wir zugleich deren Außenseite: die Moderne. Eine Epoche mit neuen Werten und neuen Institutionen, also etwa die der Nach-Neuzeit, wird mit der Moderne auch die Gegenmoderne überwinden.

Im Inneren der Moderne schlummert die Gegenmoderne[242] – wie im Inneren der Vernunft die Unvernunft als Widervernunft. Es gibt hier kein Entweder-Oder, sondern nur ein Sowohl-Als-auch. Die Moderne ist nur um den Preis der Gegenmoderne zu haben. Dieses läßt sich für alle Teilepochen der Moderne in besonderer Deutlichkeit zeigen. Wir wollen uns hier – wie schon gesagt – mit der um die Wende zum 19. Jahrhundert (sicher auch als Folge der Französischen Revolution) auftauchenden Industriemoderne beschäftigen.

Den Prinzipien der Industriemoderne (Demokratie als Ideal, Dominanz der Erwerbsarbeit, zunehmende Zwänge, unter Unsicherheit zu entscheiden, Zwänge, Entscheidungen etwa vor Kapitaleignern als rational zu begründen) stehen von Anfang an die der Gegenmoderne gegenüber (Diktatur, Arbeitslosigkeit, Entscheidungsscheu, irrationale Entscheidungen). Die Strukturen der politischen und ökonomischen Institutionen der Moderne (Staaten, Unternehmen) enthalten in sich schon ihren eigenen Widerspruch. In bestimmtem Umfang ist Moderne niemals irreversibel – sie kann stets in die Herrschaft der Gegenmoderne umschlagen.

Humane Moderne und inhumane Barbarei schließen einander zwar logisch, nicht aber praktisch aus, denn im Innen der Humanität der Moderne wohnt auch die Inhumanität der Barbarei. Das 18. und 19. Jahrhundert etablierte nicht nur Demokratie, allgemeines Wahlrecht, rechtsstaatliche Strukturen, institutionalisierte nicht nur die Menschenrechte, sondern auch die Inhumanität:

- Frauen wurden unterdrückt, indem sie auf die Mutter- und Hausfrauenrolle reduziert wurden, eine Rolle, die zudem minderwertig war, da sie nicht als Erwerbsarbeit anerkannt wur-

---

242 Wir folgen in der Darstellung der Gegenmoderne weitgehend der gründlichen Analyse des Ulrich Beck in seinem Buch: Die Erfindung des Politischen (es NF 780, Frankfurt 1993). Beck vertritt in seinem Werk allerdings die Auffassung, daß die Moderne nach der vergangenen Industriemoderne noch nicht zu ihrem Ende, sondern heute erst zu ihrem wahren Anfang findet.

de (und das, obschon diese Arbeit an der gesamtwirtschaftlichen Wertschöpfung wohl ebenso beteiligt war wie die Wertschöpfung durch Erwerbsarbeit).

- Es wurden Nationalismen und Rassismen in nie vorher gekannter Weise ausgebildet.
- Die Kriegführung wurde gleichsam industrialisiert. Das Militär wurde zu einem Gewerbe gemacht, das äußere Sicherheit produziert.
- Die allgemeine Wehrpflicht wurde üblich und damit der Zwang für junge Männer, auch gegen ihren Willen – oft auch gegen ihr Gewissen – bereit zu sein, andere Menschen auf Befehl zu töten.
- Kriege wurden definiert als Kriege zwischen Völkern und nicht zwischen Heeren.
- Konzentrationslager und Irrenanstalten wurden errichtet.

Das alles sind keine »Unfälle« der Moderne, sondern die Ausdrucksformen des Innen, ohne die das Außen der Moderne nicht zu haben war.[243]

Das Wort von der Gegenmoderne, die alle »Werte« der Moderne in deren eigener Widersprüchlichkeit praktisch macht, wenn sie vernünftig durch irrational (»Bauch« oder andere esoterische Begriffe) ersetzt, Reflexion durch Verhalten (im Sinne von Geschehen und Geschehenlassen) und Person durch Bürger ersetzt, löst bei Vertretern einer über sich selbst unaufgeklärten Moderne ärgerliche bis wütende, leugnende bis scheltende Reaktionen hervor.

Da man Moderne (wie alles andere auf Erden) nur zusammen mit ihrem Widerspruch haben kann, stellt sich die Frage, wie diese Widersprüche der Moderne aussehen. Moderne und Widermoderne wissen darum, daß personale Freiheit, verstan-

---

243 »Die Gegenmoderne ist gerade kein Schatten der Moderne, sondern ein Projekt, eine Tat, eine Institution, gleichursprünglich wie die industrielle Moderne selbst. Sie wird gewollt, hergestellt, und zwar mit allen Mitteln und Ressourcen der Moderne selbst: Wissenschaft und Forschung, Technik und Technologieentwicklung, Erziehung, Organisation, Massenmedien, Politik usw.« (U. Beck, a. a. O., 96).

den als die Fähigkeit und Bereitschaft, selbstverantwortet sein Leben zu gestalten, nur um den Preis von Grenzen zu haben ist. Aber welche Grenzen sind da gemeint?

- Die Grenzen der Moderne sind Grenzen, die sich ein Mensch zieht, um nicht ins Sozialunverträgliche abzugleiten – es sind die Grenzen, die eine verantwortete Lebensgestaltung zieht. Es sind abgrenzende Grenzen.
- Die Grenzen der Widermoderne sind Grenzen, die ausgrenzen. Ausgegrenzt wird aus den Normen einer vorgeblich nicht mehr legitimierbaren Moral die Privatsphäre (gegen die Öffentlichkeit), die Forschung (gegen Mißbrauchsmöglichkeiten), die Nation (gegen Interessen anderer Nationen). Ausgrenzende Grenzen begrenzen unter dem Anspruch, Autonomie zu mehren, ebendiese Autonomie. Wegen dieses scheinbaren Autonomiegewinns werden sie meist heftig verteidigt. Ein scheinbarer Angriff gegen die Grenzen wird heftig – notfalls mit Waffengewalt – abgewehrt. Solche ausgrenzenden Grenzen sind eine charakteristische Erfindung der Gegenmoderne, die anders keine Identitäten zu stiften weiß. Ausgrenzende Grenzen schaffen das Fremde, den Fremden. Es zeugt schon von einiger intellektueller Perversität, solche Grenzen als »Freiheitsgrenzen« zu etikettieren, wie es einmal die offizielle Politik der beiden deutschen Staaten oder die der USA und Sowjetunion gegeneinander taten: Jenseits dieser Grenzen beginnt Unfreiheit; innerhalb der Grenzen wird Freiheit geschützt.

Die Tatsache, daß wir Menschen Grenzen benötigen, um uns in unserem Da- und Sosein gegen anderes abzugrenzen, läßt uns die Frage stellen: »Wieviel Auflösung verträgt der Mensch?«[244] Wie viele und welche Grenzen benötigt er, um sich nicht in Nicht-Identität aufzulösen? Die Art der Grenzen bestimmt die Art der Gegenmoderne. Und da bieten sich zwei recht unterschiedliche Typen an. Der erste träumt von einer remoralisierten Widermoderne, die in der Ökologie ihr Thema findet. Die Grenzen werden

---

244 Ibd., 143.

durch den Schutz der Umwelt gezogen. Er ist damit eine – wenn auch abstrakte – Form einer nachmodernen Epoche.

Der zweite Typ setzt keine Positivitäten, sondern lebt aus der Negation der Moderne. Die Moderne und ihre »Errungenschaften« bilden seine Grenzen. Beginnen wir mit Überlegungen einer remoralisierten Widermoderne. Sie begegnet uns am ausdrücklichsten in der Ökokratie, der Herrschaft der ökologischen Moral.

1. Die Ökokratie

Die Ökodemokratie oder gar die Ökodiktatur[245] stellt sich unter den absoluten Anspruch eines *»sustainable development«* (einer »nachhaltigen Entwicklung«, wie man im Deutschen so nichtssagend zu übersetzen pflegt), einer ökonomischen, politischen, sozialen, kulturellen und moralischen Orientierung, die es uns Menschen nicht erlaubt, die Umwelt stärker zu belasten, als diese regenerativ verkraften kann.[246] *Albert Gore*, von 1993 bis 1997

---

245 So vertritt einer der prominentesten Vertreter der ehemaligen DDR-Bürgerrechtsbewegung und Bundespräsidentschaftskandidat der Grünen (1994) die Notwendigkeit einer solchen Ökodiktatur: »Wenn es einen ökologischen Kollaps gibt, dann kommt er schlagartig. Dann sind global nicht nur das Klima und die gesellschaftliche Stabilität gefährdet, sondern auch das Überleben der Menschheit. Die Zeit wird langsam knapp ... Ich bleibe dabei, daß die Wachstumsmaschine verwerflich ist. Sie setzt dynamische Prozesse in Gang, die in die Katastrophe führen ... Mit der üblichen Legislative wird man die Dinge nicht in den Griff bekommen. Die Ökologen brauchen Zugriff auf die Steuerungsmechanismen der Gesellschaft ... Wir brauchen neben dem Deutschen Bundestag einen Ökologischen Rat, der Verfassungsrang besitzt und in Überlebensfragen ein entscheidendes Wort mitzureden hat. Dieser Rat müßte Gesetzesinitiativen im Bundestag starten und der Regierung Beschlußinitiativen vorlegen dürfen, er müßte ein Vetorecht besitzen und in der Lage sein, Ge- und Verbote auszusprechen ... Natürlich kann der Ökologierat nicht die Diktatur gegen die Bevölkerung und die politische Klasse durchsetzen. Damit würde er scheitern. Es gehört schon dazu, daß sich die Gesellschaft selbst in Bewegung setzt« (In den Hintern treten, in: Der Spiegel 14/1995, 42–49).

246 Das entspräche etwa einer Umweltbelastung der späten fünfziger Jahre unseres Jahrhunderts. Wie die Belastungsentwicklung wieder bis auf die-

Vizepräsident der USA, versuchte die zerstörte Umwelt als Quelle für die Überwindung eines antiökologischen Individualismus zu nutzen und eine ökologische Moral ins Allgemeine Bewußtsein zu bringen.[247] Doch solche ökologische Moral setzt voraus, daß ganz im Sinne einer Nachmoderne, welche die Antinomie von Moderne und Gegenmoderne aufhebt, indem sie mit der Moderne ihr Innen, die Widermoderne, überwindet, neue und neuartige politische und ökonomische – und in deren Gefolge auch kulturelle und soziale – Grenzen gesprengt werden müssen. Letztlich wird nur eine Weltregierung mit Aufgabe nationaler und nationalökonomischer Grenzen das angestrebte Ziel erreichen können. Die Menschen, national, ökonomisch, sozial und kulturell gespalten, müßten zu einer Menschheit (zunächst als politische und ökonomische Einheit verstanden) zusammenwachsen. Der Traum des *Pierre Teilhard de Chardin* müßte Wirklichkeit werden. Aber welche Chance hat eine solche Vision? Ich vermute, für die nächsten Jahrzehnte keine. Politische und ökonomische nationale Interessen, der nationale Egoismus der Moderne, werden das Zusammenwachsen zu einer politischen und ökonomischen Einheit »Menschheit« erfolgreich verhindern.

---

sen Stand gebracht werden kann, ist uns Heutigen völlig unbekannt. Die meisten Ökologen wären schon zufrieden, wenn der gegenwärtige Zustand erhalten bleiben könnte. Daß dieses sehr unwahrscheinlich ist, dafür sprechen die zunehmende Industrialisierung mancher ehemaliger industriell unterentwickelter Staaten (wie etwa China) und die zunehmende Weltbevölkerung, die u. a. zu einer zunehmenden Vernichtung von nutzbarem Boden und nutzbarem Wasser führen wird.

247 »An die Stelle von Standes- und Klassenbewußtsein, Fortschritts- und Untergangsglauben und dem Feindbild des Kommunismus setzt Al Gore das ›Menschheitsprojekt der Rettung der Umwelt‹. Bei ihm verbinden und verbünden sich in einem noch vor kurzem träumerisch wirkenden ›New Deal‹ wertkonservative, religiöse und emanzipatorisch linke Ideen und Strömungen – und beflügeln die Wirtschaft. Die Industrie der Vereinigten Staaten ist offenbar wegen der ökologischen Gesinnungspolitik und ihrer wirtschaftlichen Verheißungen zu den Demokraten übergelaufen« (Ulrich Beck, a. a. O., 145). Heute wissen wir, daß Al Gores Traum von der ökologischen Demokratie ausgeträumt ist. Private und nationalökonomische Interessen der egoistischen Widermoderne verhinderten das Entstehen einer altruistischen Gegenmoderne.

Diese Weltregierung, sei sie nun demokratisch oder diktatorisch zustande gekommen, hätte die Vollmacht, alle Umweltbelastungen, welche die Grenzen eines »sustainable development« überschreiten, mit Strafen zu belegen bzw. zu verhindern. Sie müßte mit einer Exekutive und einer Legislative ausgestattet werden, die auch mit militärischem Einsatz, notfalls also gewaltsam, Umweltverstöße ahndet und vermeidet. Daß dieses zum Kollaps so mancher Volkswirtschaft führen wird, scheint unvermeidbar. Wer aber ist schon bereit, seine Volkswirtschaft, seinen nationalen wie privaten Reichtum um der Menschheit willen aufzugeben? Die Spielregeln einer Ökodemokratie führen notwendig zur Ausbildung einer Ökodiktatur.

Sicherlich ist manchen ein solcher Traum von einer Ökokratie attraktiv. Während das Christentum mit einem fernen Himmel lockte, könnte die Ökokratie die Berechtigung, Herrschaft und Gewalt auszuüben, aus der Gefahr für den ökologischen Untergang unseres Planeten beziehen. Nicht wenige Menschen ersetzten die Religiosität des Christentums durch die der Bewahrung der Natur. Sie werden vielleicht bereit sein, die Opfer zu bringen, die eine weltweite Ökokratie einfordern müßte. Aber sie werden mit Sicherheit nicht die Mehrheit der Menschen ausmachen, die unseren Planeten besiedeln. So bleibt denn nur eine Ökodiktatur möglich, die etwa entstehen könnte, wenn sich die UN, inzwischen nahezu funktionslos geworden, die Rechte einer solchen Diktatur gewaltsam aneignete. Da sei aber der UN-Sicherheitsrat davor, ein Repräsentant des Nationalismus und Egoismus der Moderne. In der Ökokratie begegnen wir zwar einer nachmodernen Epoche, doch scheint sie so abstrakt zu sein, daß wir uns wieder unserem Thema, der im Innen der Moderne lebenden Gegenmoderne, zuwenden können.

2. Die Gegenmoderne

Die zweite Möglichkeit der Ausgrenzung geschieht durch die der Moderne in einer Gegenmoderne. Doch das bloße Entgegen führt dazu, daß

- im Zentrum des gegenmodernen Denkens nicht Fragen und

Antworten stehen, sondern eine wie auch immer begründete Fraglosigkeit,

- im Zentrum des gegenmodernen Handelns Entscheidungslosigkeit und nicht Entscheidungsfreude steht,
- im Zentrum der gegenmodernen Reflexion Unberechenbarkeit und Unvorhersehbarkeit stehen und nicht Berechenbarkeit und Kalkulierbarkeit.

Diese Situation führt in das Paradoxon im Verhältnis von Moderne und Gegenmoderne. Die Gegenmoderne zwingt die sterbende Moderne, diese Mängel zu kompensieren, also zu fragen und zu antworten, zu entscheiden und Berechenbarkeit herzustellen. Moderne und Gegenmoderne bilden also ein paradoxes System, weil die Gegenmoderne auf die Existenz ebenjener Institution existentiell angewiesen ist, als deren Entgegen sie sich versteht. Versucht man aus dieser Paradoxie (etwa in die von Ulrich Beck vorgestellte »Reflexive Moderne« oder in die »Postmoderne« der französischen Philosophie) auszubrechen und die Moderne zu vernichten, geht es allen noch schlechter – also verweilt die Gegenmoderne in der Paradoxie.

Diese paradoxe, auf die Existenz der Moderne angewiesene Gegenmoderne entstand zusammen mit der Moderne und zugleich gegen sie. Sie ist also nicht etwas Altes, Überzeitliches, Transzendentes oder sonst irgendwas schicksalhaft Unerbittliches.[248] Schicksalhaft unerbittlich ist allenfalls die Tatsache, daß in allem Menschlichen auch dessen Negation enthalten ist. Schlüsselbegriffe, an denen sich gegenmodernes Denken leicht identifizieren läßt, sind vor allem

- »Nation« in einem nationalistischen Sinn gebraucht,
- »Volk« im Sinne von »völkisch« verwendet,
- »Natur« im Sinne von Renaturalisierung,
- »Frau« besitzt jetzt feministische Implikate.

Diese Worte der Moderne werden von der Gegenmoderne neu bedeutet – und das in paradoxer Antinomie.

---

248 Vgl. U. Beck, a. a. O., 101.

Die Gegenmoderne ist also ein paradoxes Gegenbild der Moderne. Damit aber wird sie qualifiziert begründungspflichtig (wie alle realen Paradoxa). In ihrem Begründen verweist sie auf die Moderne, nahezu mit ihr verschmelzend.

Wegen der unvermeidlichen Dichotomie von Moderne und Gegenmoderne wächst mit weiterer Modernisierung auch ihr Schatten: die Gegenmoderne. Sie begrenzt die ungehinderte Ausbildung der Moderne, insofern sie alle Strukturen moderner Systeme durchseucht. Andererseits erhält sie ihre strukturelle Kraft nur aus besonderen gegenmodernen Legitimationsformeln (Bauch gegen Ratio, Neo-Konservativismus gegen Kritik und Frage, heteronome Abhängigkeiten gegen Autonomie). Sie werden scheinbar modern gerechtfertigt, wennschon in allen solchen Legitimationsversuchen sich die Gegenmoderne nur mit dem Mantel der Moderne maskiert.

Gegenmoderne läßt sich also definieren als aktiv und bewußt hergestellte Fraglosigkeit, hergestellte Entscheidungslosigkeit, hergestellte Zugewiesenheit. Ein Musterbeispiel gegenmoderner Lebensorientierung bildet der derzeitige Bundeskanzler, *Dr. Helmut Kohl*.[249] Die Gegenmoderne »absorbiert, verteufelt, fegt Fragen vom Tisch, welche die Moderne aufwirft, auftischt, auffrischt«[250]. Sie verbindet in paradoxer Weise Rationalität und Irrationalität, Bewußtsein und Widerbewußtsein.[251] Die gegenwärtige Gegenmoderne (und darin unterscheidet sie sich von der vorindustriellen Gegenmoderne) ist also, ihrem Anspruch nach begründet und damit bewußt und gewollt, Gegenmoderne.

Sie bezieht ihre Fraglosigkeit nicht selten aus den Natur- wie Handlungswissenschaften. Viele ihrer Wissenschaftler werden zu den modernen Dogmatikern der gegenmodernen Fraglosigkeit.[252]

---

249 Ibd., 102.
250 Ibd.
251 Von der Institutionalisierung unterscheidet sich die Gegenmoderne durch ihre dauerhafte Fraglosigkeit. Sie absorbiert nicht, wie die Gegenmoderne, Fragen unbedingt, wehrt sie allenfalls, wenn sie ihre Strukturen in Frage stellen, eine Zeitlang ab. Dann geht sie entweder zugrunde oder paßt sich an die neue Situation an (ibd.).
252 Ibd., 103.

Wegen der Pflicht als paradoxes Gebilde, sich zu legitimieren, kann jede Gegenmoderne aufgelöst werden, weil ihr solche Legitimation prinzipiell nicht gelingen kann. Sollte man versuchen, sie von außen aufzulösen, dann nur um den Preis des Entstehens einer neuen Gegenmoderne aus dem Schoß der Moderne. Das schließt nicht aus, daß sie vor allem durch das Absinken in vorbewußte Routinen mit ihrer wesentlichen Fraglosigkeit institutionalisierbar ist. Fraglose Institutionen begegnen uns heute nicht selten auf Schritt und Tritt. Die meisten Parteien, viele Gewerkschaften, manche Unternehmen haben das Fragen verlernt, sind in die paradoxe Situation abgeglitten, daß sie nur noch bestehen, weil andere, ihr feindliches Gegenüber, an ihrer Stelle fragen. Gerade das Paradoxon der Fraglosigkeit in einer Zeit voller offener und unbeantworteter Fragen macht die Gegenmoderne für viele Menschen attraktiv. Das von der Begriffsarbeit, von Zweifel und Kritik geplagte Denken und Handeln der Moderne findet scheinbar seine Erlösung in der Fraglosigkeit und Entscheidungslosigkeit der Gegenmoderne.[253]
Die gegenmoderne Fraglosigkeit hat zwei mögliche Quellen:

- Sie kann als Reaktion auf den Funktionalismus der Industriemoderne verstanden werden und sich in Irrationalismen des Meinens verlieren.
- Sie versucht die Unsicherheiten der Industriemoderne mit dogmatischen Sätzen abzudecken.

---

253 Das »Denken der Gegenmoderne« *(sit venia verbo!)* verbindet sich mit nachzeitigem (pseudo)wissenschaftlichen Denken, nach dem unsere wissenschaftlichen Erklärungen (Theorien der Naturwissenschaften, Modelle der Handlungswissenschaften, Geschichten der Geschichtswissenschaften und Metaphern der Kommunikationswissenschaften und der Theologie) irgend etwas beschreiben, das auch außerhalb unseres kognitiven Systems real ist. Und das, obschon heute unzweifelhaft feststeht, daß noch keine wissenschaftliche Erklärung unüberholt geblieben wäre, weil Wissenschaft sich niemals »Wahrheit« annähern kann, sondern allenfalls Täuschungen und Irrtümer eliminiert.

a. Die dogmatische Version der Gegenmoderne

In der dogmatischen Version kann sie allgemeingefährlich entarten. Wie alle Dogmatiken, die nichts anderes im Sinn haben, als Unsicherheiten zu verdecken, lädt sie ein zu gewalttätigem Handeln. So erproben gegenmoderne Jugendliche in Gewalt und Gegengewalt das Vernichten von Fragen. Sie lernen diesen geliebten Vernichter zu handhaben.[254] Die dogmatische Version der Gegenmoderne übt sich in einer Praxis der Gewalt, da Gewalttat als eine Art Pseudoantwort in der Regel alle Fragen zum Schweigen bringt.

Sie ist also keineswegs nur eine Sache nachzeitigen Bewußtseins, das vergangene Werte und vergangenes Wissen konserviert, sondern wird im gewalttätigen Handeln eingeübt, sei es legal oder nicht. Auschwitz und Gulag, Hiroshima und Fremdenhaß (mag er sich terroristisch oder legislativ darstellen) waren/sind solche Aus- und Einübungen der Gegenmoderne. Die Realitäten, die sich die aggressive Gegenmoderne gewaltsam schafft, demonstriert ihre Stärke und Schwäche. Die Gegenmoderne läßt keine Alternativen zu, obschon sie solche zum Überleben benötigt.

b. Die irrationale Version der Gegenmoderne

Die irrationale Meinungsgegenmoderne »spielt auf der Tastatur der verwaisten und ausgetrockneten Gefühle: Haß, Liebe, Angst, Mißtrauen, Rausch, Sex, Instinkt«[255]. Die Zugehörigkeit zu dieser Form der Gegenmoderne wird nicht in handelnder Gewalt, sondern in irrationaler Emotionalität ein- und ausgeübt. Sie verschafft sich ihre Fraglosigkeit in einer emotionalen Praxis, die das mühsame Fragen und Zweifeln in die Sicherheit des Instinkts verlegen will.[256] »Gegenmoderne Konstruktionen

---

254 Ibd., 104.
255 Ibd., 105.
256 Die sich ins irrationale Fühlen und in die Vorgabe einer ebenso irrationalen Instinktsteuerung flüchtende Gegenmoderne macht sich humane Regionen zunutze, die tatsächlich in der Moderne nicht selten gröblichst

gründen in Emotionen, die letztlich auf Handlungs- oder häufiger noch auf Verteidigungszwänge verweisen. Verteidigt werden soll zwanghaft Emotionalität gegen die funktionale Rationalität der Moderne. Aus dieser Zwanghaftigkeit, die sie oft mit Zwangsläufigkeit verwechselt, zieht sie ihre (Überzeugungs-) Kraft und Macht. Widerrationale Emotionalität und eine oft esoterische Anthropologie sind die wesentlichen Zutaten, aus denen sie gemixt wird.«[257]

Haß und Sexualität, Gewalt und Emotionen wurden von der späten Moderne enttabuisiert und entmoralisiert. Von der Gegenmoderne werden sie nun romantisiert. Die Fraglosigkeit dieser Form der Triebhaftigkeit bezeugt deren gegenmodernen Charakter. Was die Moderne delegitimierte, wird von der Gegenmoderne heiliggesprochen: Tradition, abergläubische Religiosität, Natur und Nation, Gewalt und Dogma, Gemeinschaft und die Herrschaft der sekundären Tugenden (wie Gehorsam, Fleiß, Sauberkeit, Pünktlichkeit ...).[258]

Es wäre nun falsch, den Ethnozentrismus, den Nationalismus, den Fremdenhaß und die Eruptionen irrationaler Gewalttätigkeit als bloßen Ausdruck bislang erfolgreich verdrängter und nun nach dem Kollaps der Systemfassaden wieder manifest werdender Atavismen zu verstehen. Sie sind vielmehr elementare

---

vernachlässigt wurden: die Region des Emotionalen und des Sozialen. Diese Vernachlässigung wird sich bitter rächen. Der Untergang der Moderne wie der der Gegenmoderne wird, wenn auch nicht systemisch-strukturell, so doch psychologisch von hier seinen Ausgang finden. Der Optimismus des Ulrich Beck, der in der paradoxen Einheit von Moderne und Gegenmoderne den Ausweg darin zu finden glaubt, daß die Moderne in der Erfindung des Politischen noch nicht zu ihrer Vollendung gekommen ist (ibd., 17 f.), scheint mir nicht sonderlich überzeugend.

257 Ibd., 105.
258 Damit ist nicht die Wertlosigkeit der sekundären Tugenden behauptet. Sie werden nur wertlos, wenn sie im Namen von Tradition gehandelt werden. Sind sie Folgen primärer Tugenden wie Zivilcourage (= bestehende Situationen konstruktiv kritisch zu beurteilen), Epikie (Handeln gegen eine Norm im Sinne eines vernünftigen Normengebers) und Konfliktfähigkeit (vor allem notwendige Konflikte zu erkennen und sie – mit einem Minimum an emotionalem und sozialem Aufwand bei sich und dem Konfliktpartner – konfliktlösend durchzustehen), sind sie durchaus wertvoll und zu kultivieren.

Darstellungsformen der von und mit der industriellen Moderne erzeugten mentalen Produkte.[259]

Ein Grund für die fatale Antinomie von Moderne und Gegenmoderne, wie es sich in Makrosystemen vorstellt, spiegelt sich wider in der entgegengesetzten Entwicklung von Wirtschaft und Politik. Wirtschaftlich wird die Welt zu einer Handlungseinheit. Politisch werden die nationalen Einheiten vor allem auf den Rückschritt des Politischen auf das Ethnische zu immer kleineren, sich entgegengesetzt stehenden Einheiten mit wachsendem Nationalbewußtsein.[260]

Die Paradoxie der Moderne, die in ihrem Inneren die Gegenmoderne immer neu erzeugt und zur Sprache kommen lassen muß, sei hier an drei Beispielen vorgestellt:[261]

(a) der Erfindung der Nation,
(b) der Problematisierung des Fremden,
(c) der Militarisierung des Denkens.

c. Die nationale Version der Gegenmoderne

Die Erfindung der Nation[262] dürfte die letzte Stufe der instinktoiden Reviergründung und -sicherung der frühen Menschheit sein. Vermutlich reagieren Menschen seit Urzeiten auf die tatsächliche oder vermeintliche, die physische oder mentale Bedrohung (etwa durch Infragestellen von Vorurteilen oder Dogmen) ihres Reviers aggressiv, mit dem Ziel, den Eindringling abzuwehren. Es ist schon merkwürdig, wenn etwa die »Deutschen,

---

259 Ibd., 16.
260 Ibd., 100.
261 Vgl. dazu Ulrich Beck, Die Erfindung des Politischen, es 1780, Frankfurt 1993.
262 Benedict Andersen definierte »Nation« als »eine vorgestellte politische Gemeinschaft – vorgestellt als begrenzt und souverän. Vorgestellt ist sie deswegen, weil die Mitglieder die meisten anderen niemals kennen, ihnen begegnen oder auch nur von ihnen hören werden. Aber im Kopf eines jeden die Vorstellung von Gemeinschaft existiert ... Die Nation wird als begrenzt vorgestellt, weil selbst die größte von ihnen mit vielleicht einer Milliarde Menschen in genau bestimmten, wenn auch variablen Grenzen lebt, jenseits der andere Nationen liegen« (1988, 15 f.).

selbst ein buntes Gemisch, ein Kondensat dagebliebener Nicht-seßhafter – verbunden durch den ›territorialen Instinkt‹ –,... ihr nationales Revierverhalten nun gegen neu zuziehende ›Fremde‹ richten«.[263] In der Tat kann dieser instinktoide Ausgrenzungsreflex niemals vor dem Auftreten der Moderne auf eine Nation bezogen werden, weil es solche vor der industriellen Moderne nicht gab. Die Bildung politischer Großsysteme vom Typ »Nation« dürfte eine der gegenmodernen Folgen der nicht mehr an Grenzen gebundenen Ausbreitung von Wissenschaft und Technik in der Epoche der Moderne sein. Erst die modernen Industriegesellschaften erfanden Nationen und begründeten ihren dauernden Bestand, je nach Vorurteilslage geschichtlich (wie etwa Frankreich), ethnisch (wie etwa die offizielle Politik der Bundesrepublik), religiös (wie etwa Israel) oder kulturell.[264]

Daß alle diese Begründungsversuche in einer von der Moderne zerschlagenen Ideologie gründen, kümmert die Gegenmoderne nicht – im Gegenteil. Sie zieht aus solchen Vorgaben ihre Kraft und ihre blödsinnige Argumentation. Das »nationale Denken«, mag es sich in kriegerischen Maßnahmen oder auf Olympiaden manifestieren, ist eine der fatalsten Ausgeburten der Gegenmoderne. Fatal, weil gefährlich und dumm.

Andererseits übernahm die nationale Gegenmoderne der Gegenwart manche ihrer Grundlagen der Moderne, die damit erst das Entstehen ihres Widerparts ermöglichte. Das Nationalstaatenprinzip widersprach dem dynastischen Modell mit seinen Institutionen, seinem Hang zum Absolutismus, seinem Unterta-

---

263 Ibd., 112.
264 Die »kulturelle Begründung« von Nation geht meist von Einheit von Sprache und Geschichte aus. Dabei muß – um solch völkischem Denken gerecht zu werden – Geschichte gehörig geklittert werden. Es ist nicht einzusehen, daß etwa »Wolga- oder Rumäniendeutsche« mit den »Reichsdeutschen« eine gemeinsame Geschichte verbindet. Im Gegenteil: Die Geschichte trennte sie. Die völkische Definition von »Einheit der Kultur«, die auch dem Nationalsozialismus zugrunde lag und manchen CDU-Politiker beherrscht, wurde von der Wissenschaft schon seit langem verlassen und durch die Bestimmung von der »Einheit der politischen, sozialen, ökonomischen, kulturellen, vielleicht auch moralischen Werte« ersetzt.

nengeist... Alles das zerbrach die industrielle Moderne. Aber aus den Scherben des dynastischen Staates zimmerte die Gegenmoderne die Nation mit ihren eigenen ideologischen Eliten.[265] *Hans Magnus Enzensberger* zeichnet ein durchaus bedenkenswertes Bild einer Nation: Sie sind Durchgangsstationen für Menschen, die wegen gemeinsamer Zeitungslektüre andere am Zusteigen hindern.[266] Es ist ein Irrtum, die nationale Demokratie als Voraussetzung zur Ausbildung übernationaler Strukturen zu sehen, wie es heute so manche »Europäer« tun. Das Gegenteil ist der Fall. Die nationale Demokratie benötigt zu ihrer Legitimation notwendig den äußeren (und wenn dieser fehlt, den inneren) Gegner. Nach innen werden allerdings Konflikte zwischen Ethnien (etwa zwischen Bayern und Preußen, zwischen Engländern und Schotten, zwischen Bretonen und Korsen, zwischen Basken und Andalusiern) verharmlost und wegharmonisiert. Die Methode ist meist eine problematische Kompromißbildung, welche die bestehenden Spannungen eher zudeckt (und damit schwer lösbar macht) als behebt. Der Nationalstaat – auch der demokratische – lebt von Feindbildern: den Bildern äußerer Feinde, die den Staatsbestand vermeintlich oder vorgeblich gefährden oder beeinträchtigen, den Bildern innerer Feinde, die sich sozial und kulturell nicht assimilieren wollen, von der »Vernichtung von Kultur und Leben ›abweichender Gruppen‹, die sich dem Staatseinerlei... nicht beugen wollen«[267].

---

265 Diese sind nicht mit »Leistungseliten« zu verwechseln, deren elitärer Anspruch ausschließlich in einer besonderen Lebensleistung liegt. Angehörige dieser Eliten zeigen selten »elitäres Verhalten«, ja es ist ihnen suspekt. Anders dagegen die ideologischen Eliten. Ihre Vertreter halten sich anderen Menschen für überlegen, weil sie einer bestimmten Gruppe zugehören (etwa Parlamentarier, Christen, Juden, Russen... sind oder von den Mechanismen der Demokratie an die Macht gespült wurden). Sie demonstrieren in aller Regel ihre arrogante Überzeugung, über den Massen zu stehen, recht deutlich.

266 H. M. Enzensberger, Die große Wanderung, Frankfurt 1992, 11 ff. Zitiert nach U. Beck, a. a. O., 119.

267 Ibd., 120.

d. Die fremdenfeindliche Version der Gegenmoderne

Wenn das Konstrukt »Nation« im Allgemeinen Bewußtsein im wesentlichen geprägt wird durch ein von den nationalen Massenmedien geprägtes Bild, müssen wir damit rechnen, daß das Konstrukt »Unsere Nation« bei allen entsteht, die sich zu jener soziokulturellen Einheit zählen, die als »Nation« von den Massenmedien erzeugt wird. Daß es sich dabei nicht um eine soziokulturelle Einheit handelt, die in gemeinsamen Werten ein realistisches und objektivierbares Fundament hat, sondern um ein Pseudogebilde, das in emotionalen Affekten wurzelt, ist offensichtlich. »Nation« ist kein System gemeinsamer Werte, sondern ein Nistplatz, den die Massenmedien schufen, um einer bestimmten Menge von Menschen emotionale Geborgenheit in einem künstlich erzeugten Wir-Gefühl zu vermitteln.

Hier begegnen wir einem Paradoxon, das durch Ausgrenzung entsteht: Rational zu erwarten wäre, daß mit der weltumspannenden Vereinheitlichung der Massenmedienkultur auch ein welteinheitliches Allgemeines Bewußtsein gebildet werde. Der Raum grenzenloser Offenheit, der durch die Technik der Moderne erzeugt wird, sollte helfen, das Fremde als Beiwerk zu akzeptieren. Doch gerade das Gegenteil ist der Fall. Auch die weltweite Mobilität, der Ferntourismus, aber auch die Übernahme fremder Sitten und Gebräuche (und sei es nur die Speisekarte) ins Eigene sollte zur Ausbildung einer Weltkultur mit anerkannten Variationen innerhalb bestimmter Regionen führen. Die Definition des Fremden sollte ebenso unscharf werden wie die des Eigenen.

Doch wieder kommt es ganz anders, als die Mentalität der Moderne vermuten möchte. Das Ausgrenzungsproblem zur Sicherung der eigenen Identität verstärkt eher die Absonderung, wenigstens als mentale. Insofern und insoweit wir verstehen, daß wir dem Fremden und der Fremde ebenso fremd sind wie wir ihm und ihr, sollten grenzüberschreitende und endlich Grenzen schleifende Interaktionen zustande kommen, die sich eine eigene Wertewelt und eigene Institutionen schaffen. Die soziokulturelle Einheit »Menschheit« sollte möglich werden. Sie sollte, sie wird aber nicht.

Im Inneren des Eigenen wohnt das Fremde, das Angstmachende, das Abzuweisende, das Auszugrenzende, das die eigene Identität, das Selbstkonstrukt, das Selbstbild in Frage stellt. Und so kommt es denn mitten in der industriellen Moderne zur Ausbildung einer Gegenmoderne. Es gilt, das Selbstkonstrukt zu retten in der Ausgrenzung von Fremdkonstrukten. Das Fremde muß wieder zum Gegner, ja zum Feind werden, um das Selbst – das meist sehr schwach ausgebildete – zu sichern und zu schützen, denn es könnte sonst im Fremden untergehen.[268]
Sicherlich veränderte sich der Typus der Fremdheit in den letzten Jahrzehnten. Die unmittelbaren Interaktionen mit dem Fremden können durchaus, wenn sie überhaupt verstanden werden, gesucht und als Bereicherung empfunden werden. Das konkrete Fremde ist meist akzeptabel; nicht so das abstrakte, das vorgestellte. Die Vorstellung des Fremden, nicht das Fremde selbst, bedroht das Konstrukt vom Ich. Bricht das Fremde ins Eigene ein und fehlt ihm die unmittelbare Begegnung mit dem Eigenen, wird es nahezu unvermeidbar abstrakt. Es entwickelt als Abstraktum einen eigenen phobisch-neurotischen Untergrund, die neurotische Variante der Xenophobie, der Fremdenangst. Diese abstrakte Xenophobie schlägt in der Irrationalität

---

268 Sighard Neckel vermutet: »Wenn sich die Grenzziehung zum Fremden nicht mehr auf eindeutige und selbstverständliche kulturelle Unterscheidungen verlassen kann, geschieht zweierlei: Zum einen wird dann der Konstruktionscharakter des Fremden (und auch der des Eigenen) sichtbar freigelegt, der ihm zwar schon von jeher anhaftet, nun aber – von selbstverständlicher kultureller Evidenz entkleidet – als soziales Konstrukt deutlich hervortritt. Zum anderen verändern sich die Anlässe von Grenzziehungen. Sie öffnen sich in sozialer Hinsicht bis hin zur puren Dezision, deren Grundlage eben nicht mehr das kulturell Unbekannte und Ungewisse ist, das vormoderne Gesellschaften noch dem Fremden assoziierten. Kulturelle Fremdheitsbeziehungen werden zunehmend substituiert durch soziale Konkurrenz und politische Strategie ... Die von festen kulturellen Bindungen freigesetzten Individuen konstruieren Eigenes und Fremdes danach eher willkürlich, fluide, temporär und wechselhaft, und zwar eher nach Maßgabe der Konkurrenz um Vorteile (Rechte) und Ressourcen und der Ausübung von Macht als nach dem Grad der Irritation über kulturelle Fremdheiten« (Kommentar zu Wolfgang Bonß: Das Problem des Anderen in der Risikogesellschaft, Hamburg [Ms.] 1993, 5 ff., hier zitiert nach U. Beck, a. a. O., 123 f.).

der Gegenmoderne um in konkreten Fremdenhaß, sobald das abstrakte Konstrukt »Fremder« sich im konkreten Fremden realisiert, besonders wenn es sich anschickt, das eigene Revier (Arbeitsplatz, Wohnraum...) zu bedrohen. Wiederum begegnet uns das Paradoxon: Was eigentlich im Horizont der Moderne zu erwarten wäre, schlägt um in das Unerwartete. Das mag zeigen, wie dünn die Schale ist, welche die Außenseite der Moderne von ihrer Innenseite, der Widermoderne, trennt.

e. Die militante Variante der Gegenmoderne

Die Nationalstaaten und die sich in und durch sie objektivierende Gegenmoderne revolutionierten nicht nur Staatsverfassungen und Staatsverfaßtheiten, sondern auch die ihnen strukturell eigenen Formen der Kriege:

- Mit der Volksherrschaft (der Demokratie) kam das Volksheer,
- mit dem allgemeinen Wahlrecht die allgemeine Wehrpflicht und
- mit dem nationalen Denken die Bereitschaft, mitunter gar die begeisterte, im Kriege zu töten und zu sterben.

Die Stadtstaatmentalität des *Horaz* – »*Dulce et decorum est pro patria mori*«[269] – fand ihre nationale Variante. Den Feind zu vernichten mehrt eigene Ehre.

Unter dem Deckmantel der Demokratie wurde der Krieg nicht demokratisiert, sondern generalisiert und radikalisiert. Der Krieg der Gegenmoderne ist nicht länger ein Krieg zwischen mehr oder minder freiwillig den Dienst von Kombattanten verrichtenden Soldaten, sondern wird zum Krieg zwischen Nationen und ihren Staatsvölkern. Diese Verallgemeinerung des Krieges führte dazu, daß alle Kriege (nach dem Ersten Weltkrieg) weit mehr Tote unter den Nicht-Kombattanten forderten als unter den Kombattanten.

---

269 »Süß und ehrenvoll ist es, für das Vaterland zu sterben« (Horaz, Carmina 3, 2, 13).

Die Perversion der Widermoderne tritt kaum deutlicher zutage als in ihren Kriegen. Die letzte Perversion solcher Kriege realisierte sich in der Idee eines universellen Atomkrieges, in dem es keine Völker als Sieger oder Besiegte geben wird, sondern nur noch Tote. Die letzte Gleichheit wäre erreicht. Die Gegenmoderne hätte das moderne Prinzip von der Égalité aller Menschen in seine absurde Konsequenz getrieben.

Natürlich ranken sich um diese radikalste alle Verkehrungen der Moderne nette Geschichten:

- etwa die von der »wehrhaften Demokratie«, welche so verzweifelt der vom »Volk in Waffen« ähnelt, welche die Nazis erzählten,
- auch die Geschichte, eine starke Truppe sei die Voraussetzung einer blühenden Wirtschaft und ein Garant des Friedens und der inneren Ordnung. Schon wieder werden antike Geschichten wahr, unsere heißt diesmal: »*Si vis pacem, para bellum.*«[270]

Es gibt vermutlich Menschen, die solches so lange vor sich herlogen, bis sie selbst solchen Unsinn glaubten. Jeder vernünftige Mensch, das ist ein Mensch, der die Innenseite der Moderne von ihrer Außenseite scheiden kann und sie damit überwindet, gelangt mit großer Wahrscheinlichkeit zur Einsicht, daß sich Demokratie und verkappter oder offener Militarismus zueinander verhalten wie Feuer und Wasser.[271]

Aber die politische und ökonomische Macht in der Bundesrepublik kultiviert die Gegenmoderne. Nicht zufällig setzt das Grundgesetz der Bundesrepublik eine Reihe von Grundrechten für Soldaten außer Kraft – nicht zuletzt auch das Grundrecht auf Leben und körperliche und psychische Unversehrtheit. Wenn tatsächlich alle Gewalt vom Volke ausginge, wenn das Volk in seinen lebenswichtigsten Belangen selbst befragt würde, ohne

---

270 »Wenn du Frieden willst, bereite den Krieg vor.« Der Spruch geht vermutlich auf Flavius Renatus zurück. Er schrieb: »Qui desiderat pacem, praeparet bellum« (Wer den Frieden begehrt, möge den Krieg vorbereiten).

271 U. Beck, a. a. O., 125.

vorher demagogisch weich geklopft worden zu sein, könnte es in den industriellen Staaten kaum mehr Kriege geben. Aber das Gegenteil ist der Fall. Die militante Form der Gegenmoderne triumphiert, wo auch immer sie auftritt. *Margaret Thatcher* war niemals populärer als zu der Zeit, in der sie gegen Argentinien den britischen Besitz der Falklandinseln militärisch verteidigte. *George Bush* wurde zum Volkshelden, als er völkerrechtswidrig die Commonwealth-Monarchie Grenada, die Republik Panama und den Irak militärisch überfiel.

Im »normalen« Leben gilt eine realisierte Tötungsabsicht – selbst im Fall der Notwehr – als Delikt. Im Krieg erwartet man von jedem Soldaten eine solche Absicht. Es werden viele Milliarden Dollar, DM, Rubel... bereitgestellt, solche Absicht auch in die Tat umsetzen zu können. Die moderne Staatsgewalt zeigt hier ihr widermodernes Gesicht. Sollte sich ein Soldat offen dieser Tötungsabsicht verweigern, wird der Staat strafend gegen ihn tätig. Im modern-widermodernen Staat gilt die Bereitschaft zu töten als das Normale. Ein Mensch, der die Widermoderne – zusammen mit der Moderne – überwand, wird die Nicht-Bereitschaft zu töten zur Normalität machen.[272] Die Paradoxie der Moderne kehrt wieder einmal das Innen nach außen, die Widermoderne siegt, von Moderne ist kaum mehr etwas zu bemerken.

Zur Paradoxie der Moderne gehört es offensichtlich, daß Feinde zu einer Art natürlicher Ressourcen gemacht werden, die für den reibungslosen Verlauf von Wirtschaft und Politik sorgen. Die Moderne erzeugt ihr eigenes Entgegen. Damit verbunden ist ein anderes Paradox der in der Moderne verborgenen Gegenmoderne: Die eigenen Truppen stehen auf der Seite von Recht und Gerechtigkeit, die des Feindes aber nicht.

Was in aller Welt mag Menschen dazu treiben, sich in solch irrationalen und aggressiven Nestern zu verschanzen – und das im

---

272 Damit ist nicht ausgeschlossen, daß ein Mensch, der die Paradoxien der modernen Nichtmoderne überwand, bei Beachtung der Verhältnismäßigkeit einen Angriff auf eigenes oder fremdes Leben und Eigentum unter Anwendung physischer Gewalt abweisen kann. Das kann im Grenzfall bis zur Tötung des Angreifers gehen.

Namen moderner Vernunft, wo doch das Unvernünftige so offen zutage tritt? Man benötigt den Feind zur Sicherung der eigenen Identität, man benötigt den Feind, um Aggression aus dem Innen der Nation in ihr Außen zu leiten. Man benötigt den Feind, um alles Hassens- und Verachtenswerte des eigenen Systems auf den Feind zu projizieren und dort, ohne sich selbst zu mindern, das Verhaßte hemmungslos hassen zu können.[273]

Wie aber bringt man es fertig, daß Menschen die Märchen über den die Nation und ihren Bestand bedrohenden Feind glauben? Welche Methoden der Verdummung wendet man an? Wie macht man aus einem modern-aufgeklärten Menschen, der es wagt, sich seines eigenen Verstandes zu bedienen, einen Trottel, der glaubt, daß die Regierungen besser wüßten, was gut für ihn sei, als er selbst? Die Antwort ist nach dem Bedachten nicht schwer: Ein Mensch, der die Werte und Institutionen der Moderne internalisierte, machte sich zugleich auch die Paradoxien der Gegenmoderne zu eigen. So kann es denn dazu kommen, daß in der Realisierung solcher Paradoxien durchaus dem Denken und den Werten der Moderne verpflichtete Menschen glauben, Politiker verfügten über ein höheres Wissen als »normale Menschen«, obwohl sie – bezogen auf den Durchschnitt von Menschen mit Abitur –, was ihre theoretische und praktische Intelligenz anbetrifft, signifikant schlechter abschneiden als der Durchschnitt? Wie lange werden sich Menschen das noch gefallen lassen? Man möchte vermuten, die Moderne habe noch nicht ihr eigentliches Zentrum erreicht – den kritischen, den fragenden Verstand von Menschen. Die mächtigere Gegenmoderne im Innen der Moderne nimmt ihnen in solchen Sachen jede Chance einer sachgerechten rationalen Analyse mit Handlungskonsequenzen. Mit anderen Worten: Die Moderne wird untergehen, weil sie niemals den Punkt erreichte, der allein sie rechtfertigen würde: den kritisch-fragenden Verstand der vielen, der das Allgemeine Bewußtsein bestimmt.

---

273 Vgl. dazu meine Ausführungen in Die Macht der Unmoral, Düsseldorf (ECON) 1994, 11–15.

8. Kapitel
Die Nachmoderne

Nach der Moderne mit ihrem Schatten und nicht zuletzt durch ihren Schatten, die Widermoderne, steht der soziokulturellen Einheit »Europa« entweder eine neue Epoche, die Nachmoderne, ins Haus, oder »Europa« wird als soziokulturelle Einheit verschwinden. Mit einem vorübergehenden Verschwinden müssen wir rechnen, mit einer Zeit also, in der kein einigendes Band von Werten und Institutionen Europa als soziokulturelle Einheit zusammenhält. Sie wird – zumindest vorübergehend – keine solche Einheit sein. Jedoch erzeugen chaotische Systeme (und als solches bleibt »Europa« sicherlich bestehen) nach einiger Zeit neue Ordnungsstrukturen, deren Art im einzelnen nicht vorhersehbar ist. Wir begeben uns also auf das Feld visionärer Versuche. Die Eigendynamik eines chaotischen Systems entzieht sich jeder prognostischen Beurteilung.

Es sollen im folgenden zwei solcher Visionen einer Nachmoderne vorgestellt werden, nachdem wir im vorigen Kapitel schon die Ökokratie als Muster einer nachmodernen Epoche vorstellten. Sie wird hier nicht behandelt, weil zu vermuten steht, daß sie nicht in der Lage ist, die Paradoxien zwischen Moderne und Gegenmoderne aufzulösen. Die Vision von einem Weltstaat entbehrt nicht nur jeder Wahrscheinlichkeit eines Eintreffens, sondern auch jeder Humanität. Es muß andere Wege geben, eine humane Nachneuzeit zu erzeugen. Dazu ist es jedoch erforderlich, daß wir die Chancen einer nachmodernen humanen Entwicklung erkennen, sie richtig einschätzen und – wenn möglich – uns so zu eigen machen, daß die systemische Eigendynamik sie strukturell einbaut und festklopft.

Hier sollen behandelt werden:

1. die Vision der »reflexiven Moderne« von *Ulrich Beck*,
2. die Vision der Postmoderne von *Michel Foucault* und *Jean-François Lyotard*.

1. Die »reflexive Moderne« nach Ulrich Beck

Die »reflexive Moderne« des *Ulrich Beck* ist ein Geschöpf und eine zwingende Folge der endenden Industriegesellschaft. Über die nachindustrielle Gesellschaft ist so manches geschrieben worden. Vor allem *Daniel Bell* versuchte herauszufinden, welche Konsequenzen diese Gesellschaft für die Veränderung der sozialen Struktur sowie der politischen Ordnung mit sich bringt.[274] Er vertrat die Thesen:

- Die güterproduzierende wird sich in eine Dienstleistungsgesellschaft verwandeln.
- Die technisch qualifizierten, professionalisierten Berufe werden Vorrang erhalten vor anderen (etwa betriebswirtschaftlich ausgerichteten).
- Die Zentralität des theoretischen Wissens wird als Quelle von Innovationen Ausgangspunkt der gesellschaftlich-politischen Programmatik.
- Der technische Fortschritt wird gesteuert durch die Bewertung der Technologie.
- Eine neue »intellektuelle Technologie« wird geschaffen.

In der nachindustriellen Gesellschaft, so meinte er, biete technisches Können die Grundlage und Bildung den Zugang zur Macht. Sie vertreten ein anderes Ethos als die übrigen sozialen Gruppen und neigen also auch dazu, anders politisch zu handeln.[275] Dabei bleibt die politische Arena, was sie schon immer war, der Austragungsort verschiedener Interessen, verbunden mit dem Versuch, die eigenen durchzusetzen. Nicht selten wird dabei Politik das Rationale über den Haufen werfen. Die Ökonomie mit ihrer Rationalität wird sich der Politik unterordnen.[276] Der Wandel des sozialen Bewußtseins vollzieht sich vor allem in der Bevorzugung der wirtschaftlichen Position vor dem Eigentum.

---

274 Daniel Bell, Die nachindustrielle Gesellschaft, Frankfurt (Campus) 1976, 31.
275 Ibd., 257, 259.
276 Ibd., 271.
    Ibd., 272.

Aber an eine philosophische Aufarbeitung der nachindustriellen Gesellschaft war damals noch nicht zu denken. Hier bietet sich heute vor allem die von *Ulrich Beck* entwickelte Theorie der reflexiven Moderne an.

»Reflexive Modernisierung« meint: »Eine Epoche der Moderne verschwindet, und eine zweite noch namenlose entsteht, und zwar nicht durch politische Wahlen, Regierungssturz oder Revolution, sondern als latente Nebenwirkung des Normalen, Bekannten: verselbständigte Modernisierungen nach dem Schema und Konzept der westlichen Industriegesellschaft.«[278] Sie ermöglicht der Industriegesellschaft ihre eigene produktive und kreative Zerstörung. Als Motor des gesellschaftlichen Wandels gilt nicht mehr die Zweckrationalität der Industriemoderne, sondern die »Nebenfolgen« der Industriemoderne: Risiko, Gefahr, Individualisierung, verbunden mit Globalisierung.[279] Nicht die Krisen des Kapitalismus (wie *Marx* vermutete), sondern die Siege des Kapitalismus erzeugen eine neue gesellschaftliche Gewalt. Nicht der Klassenkampf, sondern die weiterschreitende Modernisierung löst die Konturen der Industriegesellschaft auf. Die ökologische Frage drängt nicht zur Selbstzerstörung der Industriemoderne, sondern zu einer Selbstveränderung.[280] *Beck* ist also der Meinung, daß die Autodynamik und die Mechanismen der Selbstorganisation des

---

278 U. Beck, a. a. O., 57. Der Begriff der »reflexiven Modernisierung« scheint erstmalig von Ulrich Beck in seinem Werk »Risikogesellschaft« (Frankfurt 1986) verwendet worden zu sein. In den folgenden Jahren wurde er u. a. von A. Giddens (1990), C. Lau (1991), H.-D. Krüger (1991), P. Wehling (1992) aufgenommen und weiterentwickelt. Die Theorie der reflexiven Moderne weiß sich im Widerspruch zu Theorien des Postindustrialismus (etwa vom Wandel von einer Industrie- zu einer Dienstleistungsgesellschaft), des Spätkapitalismus, der Postmoderne. Der auch von uns vertretenen Theorie der auf die Moderne folgenden Nachmoderne unterstellt Beck: »Hier wird also bei den ersten Anzeichen eines Strukturwandels Fahnenflucht begangen, und die Prinzipien der Moderne sowie die Diagnose der radikalisiert modernen Gesellschaft werden wie jene sprichwörtlichen Flinten ins Korn geworfen« (a. a. O., 71). Vermutlich überschätzt Beck die in der Industriemoderne in ihre Perversion geratenen Werte der Moderne.

279 Ibd.

280 Ibd., 76.

soziokulturellen Systems der Moderne diese weiter fortschreiten lassen. Es scheint jedoch so zu sein, daß er, gegen sein Konzept, dennoch den Aufbruch einer neuen Epoche verkündet, denn die Werte seiner reflexiven Moderne und ihre Institutionen sind nicht mehr identisch mit denen der Moderne, auch nicht mehr mit denen der letzten Gestalt der Moderne, der Industriemoderne.

Die reflexive Moderne des *Ulrich Beck* versucht die Antinomie von der Gegenmoderne im Innen der Moderne zu überwinden. Dazu ist es nötig, ausgrenzende Grenzen (Klassen, Branchen, Nationen, Kontinente, Familien, Geschlechterrollen) zu schleifen. Es kommt darauf an, die Ausbildung geschlossener sozialer Systeme[281] zu verhindern. Bislang wurden Epochen in Analogie zu geschlossenen Systemen definiert, die mit ihren eigenen Wertsetzungen und Institutionen ihren Selbsterhalt zu sichern versuchten. Eine Epoche als soziokulturell offenes System zu definieren hat also auch schon einige strukturelle Schwierigkeiten in sich.

Das Zerbrechen aller ausgrenzenden Grenzen ist ein zweischneidiges Schwert. Durch die Auflösung der sozialen Klassen als eines geschlossenen Systems wird eine Individualisierung und nicht etwa die Ausbildung eines offenen Systems die Folge sein. Offene Systeme zu erzeugen und in ihrem Bestand zu sichern fordert von allen Beteiligten einen hohen emotionalen und sozialen Aufwand. Ich vermute, daß nur wenige Menschen ihn erbringen wollen oder auch nur können. Die Institutionen der reflexiven Moderne müßten offene Systeme sein. Sie zu schaffen und zu erhalten fordert eine neue Wertordnung mit neuen

---

281 Ein soziales System ist geschlossen, wenn es seinen Selbsterhalt zum höchsten Systemzweck erhebt. Menschen haben in solchen Systemen nur ihren Platz, wenn sie diesen Systemzweck möglichst fördern, keinesfalls aber gefährden. Geschlossene Systeme erwarten von den Mitgliedern ihrer Inneren Umwelt, also von den Menschen, die in ihnen leben, nicht nur Loyalität, sondern auch Gehorsam. Wer sich dem Systemzweck nicht unterordnet, wird ausgeschlossen. Und da ein solches Ausgeschlossenwerden von den Agenten des Systems als etwas Beängstigendes vorgestellt wird, werden viele Menschen im System verharren, weil sie ein Ausscheiden Ärgeres befürchten läßt.

ökonomischen, politischen, sozialen, kulturellen sowie moralischen Normen und entsprechenden Rollen der im System Tätigen ein. Diese Werteordnung kann zwar heute schon in biophilen
Kommunikationsgemeinschaften eingeübt werden. Sie wird
jedoch – aller Voraussicht nach – nur eine kleine Menge von Menschen erreichen, niemals aber das Allgemeine Bewußtsein
bestimmen. Ist das aber so, entstehen keine sozialen Systeme
mehr, sondern bloße Konglomerate von Menschen, die allein
oder in Gruppen ihren eigenen politischen oder ökonomischen
Nutzen zu mehren suchen. Es entsteht eine Periode der Individualisierung, die nur noch am individuellen Nutzen orientierte
individuelle Werte und keine Institutionen[282] mehr kennt. Durch
diese Form der Individualisierung verschärfen sich die Wahrnehmungen sozialer Ungleichheit, und es entstehen emotionale
und soziale Erfahrungen sozialer Gegensätze. Die Familie, die
gerade in der Unwirtlichkeit der Moderne ein Hort der Geborgenheit blieb, entartet zu einem Wechselbalg, einem Konglome-
rat von Egoisten. Aber auch die anderen gesellschaftlichen
Institutionen verlieren die sozialstrukturelle Basis, auf der sie
aufbauen: vor allem Parteien und Gewerkschaften.[283]
Welches sind nach *Beck* die typischen Änderungen, die eine
reflexive Moderne bestimmen?

- Die Nebenfolgen der Moderne (Atomstaat, Ozonloch, Klimaveränderungen) werden globalisiert und erfolgreich – weil
  endlich global – angegangen.
- Nebenfolgen der Moderne zerstören oder entwerten Kapital,
  lassen Märkte verschwinden, spalten und ordnen neue Beleg-
  schaften. Unterschiedliche Funktionen in einem Unternehmen, wie etwa die der dispositiven und exekutiven Arbeit, verschwinden und lassen so Gewerkschaften überflüssig werden.

---

282 Genauer: Institutionen sind nicht länger soziale Systeme, sondern Konglomerate von Individuen oder gemeinsam Nutzen suchenden Gruppen.
Manches spricht für diese These. Viele Unternehmen, Parteien, Gewerkschaften scheinen zu solchen Konglomeraten zerfallen zu sein. Wir halten
das jedoch für ein Merkmal einer Übergangszeit zwischen zwei Epochen,
nicht aber für das einer Epoche.
283 Ibd., 77.

- Die Individuen tragen in ihren Interessen, Erwartungen, Bedürfnissen, Werten und Konflikten die Folgenprobleme in Betrieb und Organisationen zurück. Damit gehen diese entweder unter oder modifizieren sich. Klassische Kategorien (wie rechts und links) werden unerheblich. Institutionen werden soziodynamische Gebilde, die sich schnell strukturell auf veränderte Situationen der Inneren und Äußeren Umwelt anpassen. Eine wichtige Nebenfolge der reflexiven Moderne »ist die Freisetzung der Individuen aus dem Rollenkäfig der Institutionen«[284].

Dieselben Personen und sozialen Systeme, die für Arbeit sorgen, besorgen zugleich eine negative Externalitätenbilanz,[285] indem sie unwiederbringliche Ressourcen (vor allem Umwelt und Rohstoffe) verbrauchen. Sie stehen gleich für Wohlstand und Zerstörung.[286]

Es entsteht in der optimistischen Sicht *Becks* eine »zweite Moderne, deren Konturen noch unscharf sind«[287]. Wir leben, so vermutet *Beck*, »in einer anderen Welt als in der, in der wir denken«[288]. Wir denken so und vermuten so, als ob wir in einer entwickelten Industriegesellschaft lebten. In Wirklichkeit leben wir in einer »zivilisatorischen Wildnis, die wir kennen und nicht kennen, nicht begreifen können, weil das monopolistische Denkmodell der Moderne... hoffnungslos veraltet ist«[289].

Diese Zweiweltentheorie, die zwischen einer Welt unterscheidet, in der wir denken, und einer, in der wir leben, kann sicherlich recht fruchtbar sein. Ich vermute ebenfalls, daß wir sehr oft

---

284 Ibd., 62.
285 »Externalitäten« bezeichnen nicht tendierte Außenwirkungen eines sozialen Systems. Ein Betrieb erzeugt etwa die positiven Externalitäten wie Arbeitsvergabe, Entlohnung, regionale Liquiditätsversorgung, Versorgung mit Gütern, Zahlen von Steuern. Als negative Externalitäten kommen in Frage: Umweltverbrauch, Erzeugen vorzeitiger Invalidität, berufsbedingte Krankheiten, mangelnde Altersversorgung, Erzeugen von Arbeitslosigkeit.
286 Ibd., 59.
287 Ibd.
288 Ibd., 61.
289 Ibd., 62.

noch in der Welt der Moderne denken, obschon wir in einer von der Gegenmoderne verunstalteten Realität leben. Die Fraglosigkeit des Lebens in der Gegenmoderne macht uns sicherlich blind, daß uns Alternativen gar nicht in den Sinn kommen. Wir denken mitunter so, als lebten wir in der letzten (und besten) aller möglichen Zeiten und die politische und ökonomische, die soziale und kulturelle Evolution habe in und mit uns ihren Abschluß gefunden. Daß dem nicht so ist, demonstrieren uns deutlich die sich mehrenden Emanationen der Gegenmoderne.

Beck nimmt an, daß wir schon in einer real existierenden »Weltinnenpolitik« unser Leben (wenn auch nicht unser Denken) gestalten.[290] Darin ähnelt die Theorie der reflexiven Moderne partiell der ökokratischen Gegenmoderne. Die reflexive Moderne ist jedoch ein Versuch, die Idee der Moderne ohne die ihr innewohnende Widermoderne zur Realität zu bringen. Sie gibt zu, daß, diagnostisch gesehen, die industrielle Moderne sich selbst zerstört, daß aber, ethisch gesehen, die industrielle Moderne sich selbst reflexiv zum Thema macht, ihre inhumane Innenseite erkennt und eliminiert und so den Weg in eine bessere Moderne öffnet.[291] Sicherlich liegt die Tendenz zur Selbstreflexion, zur Thematisierung ihrer eigenen und der von ihr geschaffenen Probleme nicht im Wesen der Industriemoderne. Sie ist vielmehr bestimmt von naiver Ahnungslosigkeit über die ökonomischen, sozialen, kulturellen und politischen Folgen ihrer Aktivitäten. Sie ist sich nicht bewußt, daß die Macht des Faktischen, also autodynamische Prozesse der von ihr geschaffenen Institutionen, ihre Entscheidungen und ihr Handeln regierten. Es gilt also, eine nachindustrielle Moderne zu schaffen, die sie befreit von den Zwängen des durch Markt und Wissenschaftsfortschritt, von Wohlstands- und Besitzdenken erzeugten Faktischen. Ein Faktisches, das Handeln und Entscheiden zwanghaft bestimmt.

Beck zweifelt selbst daran, daß eine Kritik der Moderne aus der Mitte einer Moderne, die nach der Auflösung der industriege-

---

290 Ibd., 100.
291 Ibd., 15.

sellschaftlichen Strukturen ihre Arbeit beginnt, jemals das Allgemeine Bewußtsein erreicht. Es erscheint ihm selbst durchaus möglich, daß die kritische Selbstvernichtung der Industriemoderne in eine Gegenmoderne umschlagen wird. »Die Modernisierung der Barbarei ist eine nicht einmal unwahrscheinliche Zukunftsvariante, die durch reflexive Modernisierung möglich wird.«[292]

Die reflexive Moderne könnte nach *Beck* gar einen Ausgang nehmen, den wir aus dem Übergang von Mittelalter und Neuzeit in der Rückbesinnung auf die Werte der längst untergegangenen Antike im Renaissancehumanismus begegnen. Es wäre das die Renaissance der Werte der vorindustriellen Moderne: Vorwissenschaftlichkeit, nationale Solidarität, staatsbürgerliche Unterordnung.[293] Der Bifurkationspunkt, zu dem hin uns eine reflexive Moderne führen könnte, erlaubt folgende Ausgänge:

- Neofaschismus einerseits oder eine ökologische Demokratie andererseits,
- Ökodiktatur, Gewalt, Fundamentalismus einerseits oder eine weiterentwickelte Demokratie und eine über sich selbst und ihre Grenzen aufgeklärte industrielle Aufklärung andererseits.
- Ein Niedergang der europäischen Welt könnte einerseits die Folge sein, oder die Industriemoderne könnte andererseits

---

292 U. Beck, a. a. O., 16. Die gelingende reflexive Moderne »erzeugt fundamentale Erschütterungen, die als Gegenmoderne entweder Wasser auf die Mühlen des Nationalismus und Neofaschismus leiten – oder aber im Gegenextrem zu einer Reformulierung der Ziele und Grundlagen westlicher Industriegesellschaften genutzt werden können« (ibd., 15 f.).

293 Robert Musil schreibt dazu: »Dem entbundenen Menschen werden die alten Bindungen empfohlen: Glaube, Vorwissenschaftlichkeit, Einfachheit, Humanität, Altruismus, nationale Solidarität, staatsbürgerliche Unterordnung: Preisgabe des kapitalistischen Individualismus und seiner Geistesart.« Der deutsche Mensch als Symptom, 1967, 15. Und U. Beck kommentiert: »Kein Verfall, keine Fehllösung, keine Überreife, sondern ein Übergang und Unreife: Überall ringen – gespenstisch – die Nichtlösungen von gestern mit den Nichtlösungen von vorgestern um die Bewältigung einer ganz und gar aus dem Rahmen schlagenden Zukunft« (a. a. O., 20).

ihre Wertvorgaben in Umkehrung ihrer Fortschritts- und Entwicklungsperspektive ändern.[294]

»Das entstehende Handlungszeitalter der reflexiven Moderne ist kein Hoffnungszeitalter, kein Lösungsparadies für die Übel, die Industrieepoche erzeugt hat und verschärft. Im Gegenteil: Mit ihm entstehen neue Hysterien und Fluchtreflexe, Einigelung in alte Übersichtlichkeiten.«[295] Analysiert man heute Politik etwa der CSU und das bayrische Bildungssystem[296] näherhin, scheint man dieser Form der Renaissance zu begegnen. *Beck* möchte diese Fehlentwicklungen, die in ihrer bedrohlichen Nachzeitigkeit eher Probleme schaffen als lösen, zumindest jedoch nicht in der Lage sind, anstehende Probleme zu beheben, durch eine »Radikalisierung der Moderne« aufbrechen.[297] Intendiertes Ziel der reflexiven Moderne ist eine Neuformulierung der Grundlagen und Ziele einer Industriegesellschaft, die sich durch diese Reflexionen selbst zur Vollständigkeit und Vollendung der Moderne wandelt – selbst wenn sie dabei zugrunde gehen sollte. Dazu ist es nötig, daß die europäische Mischung von Kapitalismus, Demokratie, Rechtsstaatlichkeit sowie nationaler (einschließlich der militärischen) Souveränität in ihrer Fraglosigkeit als antiquiert erkannt werden. Diese Erkenntnis muß zu einer neuen Reflexion führen. Reflektiert und zur Disposition gestellt werden muß die Art, wie sich die Paradoxien der Moder-

---

294 »Nicht die Entwicklungsländer kopieren die westliche Moderne in ihrer industriegesellschaftlichen Verfassung, sondern die Frage der Entwicklung greift auf die Erste Welt über, wird zur Frage eines globalen Dialogs erweitert« (U. Beck, a. a. O., 64). Wenn man kritisch die Weltentwicklung der letzten Jahrzehnte reflektiert, scheint sich die Hoffnung Becks in nichts aufzulösen. Die »Entwicklungsländer« übernehmen möglichst noch weiter perfektioniert die Werte der Industriemoderne, und die Erste Welt bleibt in ihrem Überlegenheitswahn befangen.

295 Ibd., 89.

296 Symptomatisch für dieses System mag der hysterische Streit sein, der im August 1995 durch das Urteil des Bundesverfassungsgerichts ausgelöst wurde. Es setzte eine Bestimmung des bayrischen Schulgesetzes außer Kraft, die forderte, Kreuze in allen Klassen öffentlicher Schulen aufzuhängen.

297 Ibd., 20.

ne, die sich »in den Gußformen der Industriegesellschaft«[298] repräsentieren, darstellen.

Zu welchen Ergebnissen wird eine solche Reflexion führen? Wir haben sie schon als Nebenprodukte der Moderne erkannt: Die reflexive Moderne wird eine Risikogesellschaft sein.

a. Die Risikogesellschaft

»Risikogesellschaft« bezeichnet eine Gesellschaft, die Risiken erzeugt, die nicht mehr versicherbar sind. Die durch gesellschaftliche Normensysteme versprochene Sicherheit versagt angesichts der durch Entscheidungen ausgelösten Gefahren. Das Neuartige der Situation liegt in folgenden Sachverhalten begründet:

• Es handelt sich jetzt nicht um Naturkatastrophen, die jede Epoche menschlicher Geschichte kannte, sondern um Katastrophen, die durch menschliche Entscheidungen, die technischen oder ökonomischen Nutzen zum Ziel haben, herbeigeführt werden (etwa Reaktorkatastrophen, Katastrophen durch unkontrollierte Genmanipulationen, Katastrophen durch Freisetzen von Giften [etwa Dioxinen], Katastrophen durch Klimaveränderungen wie etwa das Verschwinden weiter Ländereien Bangladeschs oder der Malediven im Ozean...). »Es sind nämlich genau die Hüter von Wohlstand, Recht und Ordnung, die gleichzeitig unter Dauerverdacht und Anklage geraten, Gefahren in die Welt zu setzen und zu verharmlosen, die im Grenzfall unser Leben bedrohen.«[299]

• Die etablierten Normensysteme versagen. Um sie aufrechterhalten zu können, wird mit statistischen Mitteln versucht, die Katastrophenwahrscheinlichkeit (etwa einer Reaktorkatastrophe) zu verharmlosen.

• Es entsteht eine Situation, in der nicht mehr nur die Kontrolle versagen kann, sondern die Kontrollierbarkeit unmöglich wird. Viele chemische Umweltkatastrophen (etwa das Plat-

---

298 Ibd., 17.
299 Ibd., 41.

zen eines giftige Chemikalien führenden Leitungsrohres) kamen nicht zustande, weil die Kontrolle versagte, sondern die Kontrollierbarkeit faktisch unmöglich war.

- Ferner ändern sich die kulturellen Wahrnehmungen. Folgen und Gefahren werden anders bewertet und eingeschätzt. So wird die Klimabelastung durch klassische Kraftwerke betont und die Katastrophenwahrscheinlichkeit einer Kernschmelze mit ihm korreliert, obschon zwischen Belastung und Katastrophe keine Korrelation bestimmbar ist. Die Unentscheidbarkeit eines Risikos läßt das Risiko außer acht geraten.
- Die Risikogesellschaft ist endlich durch die Unversicherbarkeit ihrer Risiken gekennzeichnet. Viele großtechnische und industrielle Projekte sind nicht mehr privat zu versichern. Die Gesellschaft erzeugt selbst den Maßstab für die Existenz einer Risikogesellschaft.

Dieses ist also das Neue der Risikogesellschaft, das sie von der Industriegesellschaft deutlich unterscheidet.[300]
Die Industriemoderne erzeugte also über die ihr notwendig innewohnenden Mechanismen der erweiterten Autopoiesis (eine immer größere Komplexität schaffende Selbsterzeugung), der ausgreifenden autonomen Selbstorganisation autodynamisch eine Gesellschaftsformation, die zumindest für die Neuzeit einmalig ist: die Risikogesellschaft. Sie ist mit dem Instrumentar der Industriegesellschaft nicht mehr zu beherrschen. »Risikogesellschaft« bezeichnet also eine gesellschaftliche Verfaßtheit, in der sich aufgrund struktureller Vorgaben politische, ökologische und individuelle Risiken[301] ausbilden, die von den Sicherungsmechanismen der Industriegesellschaft nicht mehr beherrscht werden können. Sie vernichtet sich selbst in eine neue gesellschaftliche Verfaßtheit hinein.

---

300 Ibd., 40–44.
301 Niclas Luhman unterschied zwischen Risiken und Gefahren. Er führt Risiken auf eigene Entscheidungen, Gefahren dagegen auf fremde Entscheidungen zurück. »Wer mit dem Auto fährt, erzeugt eigene Risiken, wer als Fußgänger angefahren wird, erlebt die Realisation einer Gefahr. Ein Raucher akzeptiert eigenes Risiko, ist jedoch für seine passivrauchende Umwelt eine Gefahr. Gefahren gehen auch von Atomreaktoren,

Man kann sinnvoll zwei Phasen der Risikogesellschaft voneinander unterscheiden:

- In der ersten werden die unbeherrschbaren Risiken erzeugt, aber nicht öffentlich zur Sprache gebracht. Sie können daher auch nicht zum Gegenstand politischer und sozialer Konflikte werden. Es herrscht noch die Mentalität der Industriegesellschaft vor, nach deren ideologischen Voraussetzungen im Prinzip alle Probleme lösbar und alle Risiken beherrschbar sind (oder als »Restrisiken« verniedlicht werden). Man nehme einmal an einer Führung durch einen Kernreaktor teil, um dieser Mentalität zu begegnen. Diese Phase dauerte so lange, daß sich unter ihrem Schleier die Risikogesellschaft als irre-

---

gentechnisch veränderten Lebensmitteln, waghalsigen Autofahrern, Zigarettenrauchern, chemischer Industrie aus. Es mag zutreffen, daß die Gefahr, die von einem Kernkraftwerk in der Nachbarschaft ausgeht, nicht größer als das Risiko der Entscheidung ist, drei Kilometer im Jahr zusätzlich Auto zu fahren« (N. Luhmann, Soziologie des Risikos, Berlin 1991, 88). Dennoch handelt es sich um völlig andere Sachverhalte. Im ersten bin ich hilflos fremder Entscheidung ausgesetzt, im letzteren fälle ich im Wissen um die Gefahr aufgrund eigener (hoffentlich verantworteten) Güterabwägung die Entscheidung selbst. Nach Luhmann müßten wir also von einer Gefahrengesellschaft sprechen. Zeigen Gefahren Folgen, sind zwischen Entscheidern und den Betroffenen sinnvolle Interaktionen wegen den verschiedenen Sichtweisen kaum möglich. Doch hat sich der Begriff »Risikogesellschaft« durchgesetzt, so daß es angemessen erscheint, ihn hier zu verwenden, wenn dem Risiko eine fremde oder eigene Entscheidung zugrunde liegt. Bei Ulrich Beck steht die Kategorie »Risiko« für einen posttraditionalen, postrationalen Typ des Denkens und Handelns. »Dabei entstehen Risiken gerade mit der Durchsetzung zweckrationaler Ordnung ... Risiken prunken und protzen mit Mathematik. Aber es handelt sich immer um reine Wahrscheinlichkeiten, die nichts ausschließen ... Risiken sind unendlich vermehrbar, denn sie vervielfältigen sich mit den Entscheidungen und den Gesichtspunkten, unter denen man Entscheidungen in einer pluralistischen Gesellschaft beurteilen kann und muß. Wie sind beispielsweise Unternehmens-, Arbeitsplatz-, Gesundheits- und Umweltrisiken aufeinander zu beziehen, zu vergleichen, zu hierarchisieren?« (a. a. O., 27 f.). Dabei hängen alle unstreitig auf eine uns noch unbekannte Weise zusammen, sind Ausdrucksformen eines chaotischen Hypersystems.

versible entwickeln konnte.[302] Aus Nebenfolgen wurden unter
der Decke unbeherrschbare Risiken.

- In der zweiten Phase werden die Risiken der entwickelten
Industriegesellschaft offen und selbst politisch diskutiert. Es
wird deutlich, daß die Vertreter der Industriegesellschaft
Gefahren legitimieren, die sie nicht kontrollieren und beherrschen können. Zwischen Industrie und öffentlicher Meinung
entsteht eine kaum zu schließende Lücke: Während die Vertreter der Industriegesellschaft auf technische Panne erkennen, stellt die öffentliche Meinung Moralversagen fest. Das
bedeutet, daß beide immer weiter auseinanderdriften und
sich immer weniger verstehen. Die Industriegesellschaft,
einst der Stolz einer ganzen Generation, wird zu einem unkal-
kulierbaren Risikofaktor – einem Gegenstand latenter oder
offener Ängste und Aversionen. Da die überkommenen
Eigentums- und Herrschaftsverhältnisse unangetastet bleiben, wird der Konflikt zwischen Öffentlichkeit und Industrie
unvermeidbar – und die bestehenden Eigentums- und Herrschaftsverhältnisse werden problematisiert.

Als die klassischen Verteilungskonflikte der Industriegesellschaft galten gesellschaftliche »goods« wie Einkommen, soziale
Sicherheit, Freizeit, Arbeitsplätze, die selbst heute noch im Mittelpunkt gewerkschaftlicher Interessen stehen, die, ganz Kin-
der des 19. Jahrhunderts, sich kaum von den Vorstellungen der
Industriemoderne lösen können. Sie werden abgelöst (oder
zumindest existentiell ergänzt) »durch die Verteilungskonflikte
der miterzeugten ›bads‹«[303]. Hierher gehören:

- die Risiken der atomaren und gentechnischen Produktion,
- der Verbrauch von Umwelt (damit vernichtet die Industrie-

---

302 »Der Übergang von der Industrie- zur Risikoepoche der Moderne vollzieht sich ungewollt, ungesehen, zwanghaft im Zuge der verselbständig-
ten Modernisierungsdynamik nach dem Muster der latenten Nebenfolgen … Sie entsteht im Selbstlauf verselbständigter, farbenblinder, gefah-
rentauber Modernisierungsprozesse« (U. Beck, a. a. O., 36).
303 Ibd., 37.

gesellschaft ihre eigenen unverzichtbaren Ressourcen und ihren ebenso unverzichtbaren Kapitalstock),

- die militärische Hochrüstung (etwa die Entwicklung biologischer und chemischer Waffensysteme),
- die zunehmende Verelendung der Menschen in vielen Drittweltländern,
- die Massenarbeitslosigkeit durch immer stärker kapitalintensive Produktionsmethoden (damit verstopft sie für viele schichtenspezifische, aber existentiell bedeutsame Sinnquellen, welche die Moderne zu ihrem Erhalt benötigt, wie Fortschrittsglaube, berufsbezogenes Ordnungsbewußtsein).

Es stellt sich die Frage, von welchem Punkt an die Bilanzierungen der von der Industriegesellschaft erzeugten *»goods«* gegen die *»bads«* zu einem negativen Ergebnis führen.

Die Idylle der florierenden Industriegesellschaft, in die hinein Menschen aus ständischen, religiösen, moralischen, ökonomischen, politischen Sicherheiten »entlassen« wurden (ein beliebtes Thema der Soziologen bis hin in die sechziger Jahre), ist untergegangen. Heute werden Menschen aus der Industriegesellschaft in eine Weltrisikogesellschaft entlassen und müssen von nahezu allen Werten, den politischen, sozialen, ökonomischen, kulturellen und moralischen, lassen. »Ihnen wird also ein Leben ... mit den unterschiedlichsten, einander widersprechenden globalen und persönlichen Risiken zugemutet.«[304] Damit werden Menschen uneingeübten Methoden der Sozialisierung ausgesetzt. Lebensentscheidungen werden riskant, die tradierten Rollen und Normen tragen nicht mehr, Arbeitsverhältnisse werden flexibilisiert, die Umweltbelastung wird als bedrohlich empfunden (Ozonloch, gentechnisch veränderte Lebensmittel, radioaktive Belastungen, Folgen des Treibhauseffektes ...).

Der fundamentale Unterschied zwischen der Industriemoderne und der Risikomoderne liegt – wie gesagt – darin begründet, daß auch die personalen Risiken der Risikomoderne nicht mehr mit den Methoden der Industriemoderne abgefangen, abgefedert

---

304 Ibd., 39.

werden können.[305] Das führt zu der paradoxen Situation, daß die Riskoerzeuger ein Nullrisiko behaupten, während die Versicherer auf nicht versicherbares Risiko erkennen.[306] Die nachindustrielle Gesellschaft ist also weder eine Dienstleistungs- noch eine Freizeitgesellschaft, sondern eine Risikogesellschaft, deren innere Widersprüche notwendig das Ende der Moderne heraufbeschwören. Was sind das für Widersprüche?

• Die gesellschaftlichen Normen- und Versicherungssysteme können die versprochene und zugesagte Sicherheit nicht mehr einlösen, denn die durch die alten Mechanismen bestimmten Entscheidungen beschwören Gefahren herauf, die jenseits der (privaten wie öffentlichen) Versicherbarkeit liegen. Wer glaubt, das Netz der öffentlichen Sozialversicherungen könnte die Risiken etwa der Massenarbeitslosigkeit, der

---

305 Vor allem sind hier die offensichtlichen Folgen des Treibhauseffektes erheblich. Dieser begünstigt nicht nur Überschwemmungen in Bangladesch, sondern unter anderem auch Wirbelstürme. So richteten solche Hurrikane im US-Bundesstaat Florida – nach Auskunft von Greenpeace – Versicherungsschäden von 20 Milliarden US-Dollar an. Neun US-Versicherungen wurden beim Versuch, die Hurrikanfolgen in Florida und Hawaii zu begleichen, zahlungsunfähig. Versicherungen beginnen Versicherungen zu entsichern, also bestehende Verträge aufzulösen. Manche Hausbesitzer finden in den USA heute keine Versicherung mehr, die Gebäudeschäden bereit wären zu versichern (vgl. Süddeutsche Zeitung vom 3. 2. 1993, 12).
306 Infolge der 1987 bei einem Lagerbrand des Baseler Chemiekonzerns Sandoz aufgetretenen Umweltbelastung entschloß sich der Deutsche Bundestag, ein Umwelthaftungsgesetz zu beschließen, daß ein Unternehmen, das eine Anlage betreibt, die »nach den Gegebenheiten des Einzelfalles geeignet ist, den entstandenen Schaden zu verursachen«, die Vermutung widerlegen muß, daß der Schaden durch seine Anlage verursacht wurde (§ 6). Im Umwelthaftungsrecht wurde also die Beweislast vom Geschädigten auf den potentiellen Schädiger verlagert. Aus einer Verschuldenshaftung (nach § 823 BGB) wurde also eine Gefährnishaftung. Dieser Sachverhalt ist rechtsphilosophisch zu rechtfertigen, wenn der Gesetzgeber von der linearen Kausalitätstheorie abläßt und einer komplexeren Theorie Raum gibt, die nicht nur lineare Beziehungen zwischen Ursache und Wirkung zuläßt. Es ist natürlich nicht auszuschließen, daß sich der Deutsche Bundestag den Teufel um eine rechtsphilosophische Begründung bemühte, sondern einfach populistischen Neigungen nachgab.

wachsenden Menge der Rentenbezieher und der Pflegekranken dauerhaft abdecken, hat den Grundgedanken der Versicherbarkeit nicht verstanden: Versichert werden soll die Ausnahme, nicht aber die Regel. Wenn nun aber die Arbeitslosigkeit, das Rentenalter, die Pflegebedürftigkeit eher zur Regel werden als eine vergleichsweise seltene Ausnahme, muß jedes Versicherungsnetz kollabieren.

- Sicherlich gab es zu allen Zeiten Katastrophen. Doch sie wurden durch die Natur (wie Erdbeben, Überschwemmungen, Vulkanausbrüche und Hurrikane) oder durch seltene einzelne Fehlentscheidungen (wie etwa jene, die zu Konkursen oder Kriegen führen) ausgelöst. Die modernen Katastrophen werden durch menschliche Entscheidungen (nicht »Fehlentscheidungen« im Sinne der Industriemoderne) verursacht. »Sicherheitsversprechen, die von Amts wegen bekräftigt und erneuert werden müssen, werden öffentlich erfahrbar widerlegt. Legitimationen zerbrechen.«[307]

- Des weiteren demonstriert das Versagen von Normensystemen die neue Qualität der Risikomoderne. Durch seriöser Statistik unglaublich dumm und inkompetent anmutende Verfahren versucht man Menschen, die in der Nähe von Atomreaktoren oder chemischen Großbetrieben wohnen, auf die geringe Gefährdung ihres Habitats hinzuweisen. Demagogisch dumm sind solche Pseudostatistiken, weil die Zahl der lebensbedrohenden Unfälle – Gott sei Dank – bislang zu gering ist, um auch eine nur entfernt brauchbare, den wissenschaftlichen Kriterien gehorchende Statistik potentieller Schadenhäufigkeit vorstellen zu können. Die Massenverdummung durch Großindustrie und Politik ist also ein zweites Merkmal der Risikogesellschaft.

- Viertens wird verschwiegen, daß nicht nur die Kontrolle generell problematisch geworden ist, sondern darüber hinaus die generelle Kontrollierbarkeit von Sicherheitseinrichtungen und -vorkehrungen. Diese Sicherheitsvorrichtungen gleichen einer Fahrradbremse, mit der man einen Jumbo zum

---

307 Ibd., 41.

Stehen bringen möchte.[308] Was nutzt da die Kontrolle der Brauchbarkeit der Fahrradbremse? Zu keiner Zeit waren die entscheidungsabhängigen Vernichtungsmechanismen so ungeheuerlich groß und die Vermeidungsstrategien so unglaublich unerheblich inadäquat wie heute.

• Fünftens sind die Wahrnehmungsunterschiede noch niemals so erheblich gewesen wie heute. Die Personen, deren Entscheidungsfolgen zu unversicherbaren Risiken führen können, scheinen die neue Qualität der Risikolage nicht zu erkennen und deshalb auch nicht zu bedenken und sprechen immer nur von technischen Pannen, die mit technischen Mitteln prinzipiell behoben und zunehmend ausgeschlossen werden können. Das begann vielleicht schon mit dem Untergang der Titanic, sicherlich aber mit dem Sevesoskandal (Hoffmann-La Roche) und dem Conterganskandal (Grünenthal GmbH), den Skandalen, bei denen Menschen durch Plasmainfusionen oder -injektionen mit HIV-Viren verseucht wurden, mit der Tankerkatastrophe der Valdes (Exxon) und wird sicherlich nicht mit dem nächsten GAU eines Atomreaktors enden. Stets werden die betroffenen Unternehmen auf menschliches oder technisches Versagen erkennen, selten aber zugeben, daß sie die Techniken, die solches Versagen grundsätzlich ausschließen könnten, niemals werden entwickeln können. Bestenfalls zieht man die Parallele zu Naturkatastrophen, vor denen wir Menschen uns nicht retten können, verschweigt jedoch, daß jenen Katastrophen menschliche Entscheidungen zugrunde liegen, die somit auch von Menschen moralisch und juristisch (straf- wie zivilrechtlich) zu verantworten sind. Das moralische und juristische Normensystem der Industriemoderne beweist, erreicht und transzendiert seine eigenen Grenzen und endet in hilfloser Ohnmacht. Wer diesen Sachverhalt nicht erkennt, dessen Verdrängungsmechanismen arbeiten in katastrophaler Weise perfekt. Die Wahrnehmung der tatsächlichen Risiken gelingt nicht, soll auch nicht gelingen – und das nicht nur bei Industrie und Politik, sondern, soweit als mög-

---

308 Ibd., 41 f.

lich, auch nicht in den öffentliche Meinung bildenden Massenmedien.

Die Risikomoderne fordert eine völlige Umorganisation der Politik ein. Erfolgt diese nicht – wie etwa in der EU oder der USA –, kommt es zu erheblichen politischen Krisen, da Politik nicht mehr das Allgemeine Bewußtsein erreicht, in das gelegentlich die Gefahren einer Risikogesellschaft vom Unbewußten eingespült werden. Die Politik regelt in der Manier der Moderne die Fragen, die sie sich bei aller Fraglosigkeit gegenüber dem Existentiellen selbst stellt. Der Vorsorge- und Sozialstaat geht – vor allem in dem System der Sozialversicherungen und anderer Sozialleistungen – von der (falschen, ja katastrophalen) Voraussetzung aus, menschliche Lebenszusammenhänge seien zweckrational kontrollierbar, herstellbar, vorhersehbar, verfügbar, zurechenbar. Diese einseitige Sicht der prinzipiellen Kontrollierbarkeit und Kompensierbarkeit hat die Nebenwirkung, daß das Sozialgefüge immer stärker von Ungewißheiten und Unsicherheit über zukünftige Entwicklungen bestimmt wird. Diese könnte man voraussehen, denn sie sind durchaus in Ansätzen schon heute erkennbar. Aber die Fraglosigkeit der gegenwärtigen Politik beschränkt sich darauf, Probleme der Gegenwart zu lösen – die Zukunft möge gefälligst für sich selbst sorgen. Damit entläßt sich Politik aus der moralischen Verantwortung, stellt doch verantwortete Moral gerade die Frage nach den zukünftigen Ausgängen gegenwärtigen Handelns. Die konkrete Praxis gegenwärtiger Politik demonstriert, daß der Vorsorge- und Sozialstaat in wenigen Jahren in eine Krise schlittern wird, aus der er sich selbst kaum mehr wird befreien können.
Da es selbst der trübsinnigsten Politik nicht möglich ist, diesen Sachverhalt zu verschleiern, überkommt Menschen Angst und Sorge. Politik wird auch eine Strategie gegen latente Ängste sein müssen. Sie kann nicht in den oberflächlichen Optimismen von Politikern ihre Erfüllung finden. Die »Umweltkonferenz« in Berlin im April 1995 scheiterte auf politisches Kommando. Ihr wurden Beschlüsse verboten, die den wirtschaftlichen Interessen der USA (etwa in der Beschränkung der CO_2-Emissionen) widersprechen könnten. Die Politik bleibt bei ihrem heute meist

untauglichen Instrumentar, mit dem sie, einst mitunter erfolgreich, immer noch versucht, Störungen in technischen und ökonomischen Abläufen der Industriemoderne zu regulieren. Sie ist der mehr als merkwürdigen Überzeugung, daß mit der technischen Rationalität auch die politische wachse, obschon es unschwer möglich ist, eine negativ signifikante Korrelation zwischen beiden nachzuweisen: Mit dem Anwachsen technischer Rationalität sinkt die politische. Offenbar verfügen wir Menschen nur über ein bestimmtes Quantum an Rationalität, das wir politisch, technisch, sozial, ökonomisch einsetzen können. Wenn wir versuchen, Rationalität zu überfordern, wird die im Inneren jeder Rationalität schlummernde Irrationalität wach. Und so kann man vermuten, daß gerade die Rationalität, die aus der Illusion des grundsätzlich Machbaren erwächst, die politische in Irrationalität verenden läßt.

Die Illusion, man könne Abläufe in chaotischen Systemen durch Eingriffe steuern, die einem linearen Ursache-Wirkungs-Schema gehorchen, ist absurd. Bestimmt sie aber die Richtlinien der Politik, wird sie ernsthaft gefährlich. Eine Politik, die noch an den Regeln solcher linearen Determinismen festhält, ist zu überwinden, da sie nicht einmal die kognitiven Grundlagen moralischer Entscheidungen beherrscht oder auch nur zu beherrschen versucht. Die meisten »Regenten« (nahezu aller sozialen Systeme) scheint eine katastrophale Nachzeitigkeit des Bewußtseins zu regieren.

Wir müssen uns damit abfinden, daß unsere Rationalität möglicherweise niemals in der Lage sein wird, die Abläufe in Risikogesellschaften in gewünschter, vorhersehbarer Weise zu beeinflussen. Wir haben sicherlich die Möglichkeit, solchen Sachverhalt als eine Art »Naturkatastrophe« zu verdrängen, gegen die es keine Abwehr gibt. Wir könnten auch den Lauf der Geschichte zurückdrehen und den »Mechanismus des Fortschritts« der Moderne samt der ihr innewohnenden Widermoderne aktivieren und so wieder zur einigermaßen rational beherrschbaren Industriegesellschaft zurückfinden – wenn wir in der Lage wären, die autodynamischen Prozesse unserer Gesellschaft in allen ihren Dimensionen außer Kraft zu setzen und historische Mechanismen umzukehren. Das aber ist nicht möglich.

Wir können aber auch eine nachmoderne Gesellschaft erwarten, die mit ihren neuen ökonomischen, politischen, sozialen und moralischen Werten völlig neue Strukturen ausbildet, die jenseits deren der Risikogesellschaft liegen. Aber Abwarten ist nicht unsere Stärke. Und wer sagt schon, daß die über die selbstorganisierenden Mechanismen des Chaos entstehenden neuen Werte und Institutionen besser (= humaner) sind als jene, die wir gerade – und zwar unwiederbringlich – hinter uns gelassen haben.

Das Problem, vor dem wir uns befinden, kann also nur verniedlichend »Umweltproblem« genannt werden. Es ist vielmehr ein »Inweltproblem«, ein Problem, das in unseren Köpfen haust und unseren Verstand überfordert. Es hat den Vorteil, technisch und mit erprobten Methoden unlösbar zu sein. Man könnte ironisch folgern, daß es politisch, sozial und ökonomisch nichts Besseres gibt als unlösbare Probleme, die jedoch unbedingt in nächster Zeit gelöst werden müssen: Sie geben Tausenden von Menschen dauerhaft – bis zum Untergang – Arbeit und Brot.

Um unsere heutige Zeit zu verstehen, und das erscheint als Voraussetzung, ihre Probleme zu lösen, wird man davon ausgehen müssen, daß es sich um eine Krise der Industriegesellschaft selbst handelt und aller politischen, sozialen, kulturellen und ökonomischen Institutionen, die sich, an deren Rationalität orientiert, ihre Strukturen gaben. Sie entwickelte, wenn man einmal von dem völligen Versagen absieht, ökonomische Abläufe dauerhaft durch politische Eingriffe regulieren zu können, ein oft brauchbares Instrumentar, zum Teil gar in Gesetzesform, ihre Probleme zu lösen. Heute aber, in einer Zeit des Nachindustriellen, bestimmen nicht mehr die Werte und Strukturen, die dieser Zeit und ihren Aufgaben angemessen waren, menschliche Orientierung. Das bedeutet, daß das alte Instrumentar zu stumpf geworden ist, um mit ihm die Problematik der Risikogesellschaft zu lösen. Uns stehen derzeit keine Normen oder Institutionen zur Verfügung, die in der Lage wären, die Probleme, welche uns heute Umwelt, Massenarbeitslosigkeit, Staatsverschuldung, schleichende Verarmung vieler Familien, Zerfall moralischer Normen, Gefahr atomarer Katastrophen, unkontrollierbar gewordene Gentechniken, Bürokratisierung transnationaler Strukturen... aufgeben.

»Entscheidungen unter Unsicherheit« erhalten eine völlig neue Qualität. Während die Moderne davon ausging (und mitunter auch davon ausgehen konnte), daß solche Entscheidungen unsichere Ausgänge hätten aufgrund veränderter Randbedingungen (etwa der Konjunktur, des Nachfrageinteresses, des Dollarkurses, des Verhaltens der Wettbewerber), sind »Entscheidungen unter Unsicherheit« heute grundsätzlich anderer Natur. Während zwar auch die »Industriemoderne« als chaotisches System verstanden werden konnte, so doch als eines, das weit von irgendwelchen Störungen entfernt war, die Zeit nach der Industriemoderne ist charakterisiert durch die Nähe erheblicher Instabilitäten, die das Chaotische erfahrbar macht. Die Tatsache, daß »Entscheidungen unter Unsicherheit« in instabilen Phasen chaotischer Systeme gefällt werden oder in instabile chaotische Systeme eingreifen, bringt eine völlig neue Qualität von »Unsicherheit« ins Spiel, der *U. Beck* den Namen »Risiko« gegeben hat. Sie macht es notwendig, die gesellschaftlichen (ökonomischen, politischen, sozialen) Konflikte nicht mehr als Ordnungs-, sondern als Risikoprobleme zu behandeln.[309]

Solche Probleme kennen, da sie Probleme chaotischer Systeme im Zustand der Instabilität sind, keine eindeutigen Lösungen. Damit werden in Risikofragen alle zu Experten, ohne daß einer es wäre. Experten werden Menschen, die nicht besser chaotische Abläufe in instabilen Systemen erkennen, durchschauen (das ist uns Menschen – außer im mathematischen Modell – nicht gegeben), sondern solche, die als Scharlatane behaupten, solches Menschenunmögliche zu beherrschen. Man muß sich nur einmal auf dem Markt der Managementberater umsehen, um das Zutreffen dieses Urteils bestätigt zu finden.

---

309 Es ist ein verbreitetes Mißverständnis, »daß Risikofragen Ordnungsfragen sind oder doch als solche behandelt werden können. Sie sind es und sind es gerade nicht. Sie sind vielmehr genau die Form, in der die zweckrationalen Kontroll- und Ordnungslogik sich selbst kraft ihrer Eigendynamik ad absurdum führt. Was heißt: Hier beginnt ein Bruch, ein Konflikt in der Moderne um die Rationalitätsgrundlagen, das Selbstverständnis der Industriegesellschaft, und zwar mitten im Zentrum industrieller Modernisierung selbst« (U. Beck, a. a. O., 49).

Hinter Risikofragen lassen sich ausgezeichnet Macht und Moralfragen verstecken. Wie ja gerade strukturelle Inkompetenz aller die Entstehung nichtlegitimierter Machtpositionen erleichtert und einen jeden zum moralischen Richter ernennt.
Risiken verdunkeln, zumindest in der Nähe systemischer Instabilitäten, Kritik und Rationalität. Erkannte Risiken sagen uns allenfalls, was wir unterlassen sollten, nicht aber, was zu tun ist. Sie erzeugen, wie etwa derzeit (1996) in der bundesrepublikanischen Wirtschaft, Vermeidungsimperative (»Nur kein Risiko!«). Diese politische und ökonomische Entscheidungs- und Handlungslähme ist keineswegs unvermeidliches Schicksal. Wer die politischen und ökonomischen realen Abläufe als Ausdrucksformen eines chaotischen Systems versteht, muß auch in der Phase der Instabilität nicht unbedingt handlungsunfähig werden, denn Risiken entstehen nicht nur durch Handlungen, sondern auch durch Unterlassungen, die mitunter immer neue Handlungen erzwingen. Hier gibt es zwei mögliche Einstellungen:

- Der Handelnde folgt der einstmals bewährten Zweckrationalität der Industriemoderne. Dann wird er handeln, um den »worst case« zu vermeiden oder, wenn er schon eingetreten ist, die Folgen zu mindern.
- Der Handelnde versucht, durch eine Versuchs-Irrtums-Methode Strategien zu entwickeln, die in der Praxis den gewünschten Erfolg haben (oder ihm doch nahekommen). Das ist sicherlich in der Situation chaotischer Instabilitäten die am wenigsten unangemessene Form des Handelns.

Gibt es einen Weg aus der Unübersichtlichkeit und Unsicherheit zurück in die Idylle der Industriemoderne mit ihrer eindimensionalen Rationalität? Vermutlich nicht. Vor allem sind rechtliche oder ethische Normen denkbar ungeeignet, Geschehenes ungeschehen zu machen. Kategorien wie Verantwortung, Schuld, Verursacher... verlieren vor dem Anspruch heftigster Autodynamik sozialer Systeme im Zustand der Instabilität ihre Bedeutung, denn solch heftige Autodynamik ist allemal stärker als alles menschliche Handeln und Entscheiden. Die einzige Möglichkeit, die uns bleibt, die problematische Situation zu

lösen, wäre die Vernichtung des unbeherrschbaren Systems –
und damit auch seiner Zukunft. Diese Möglichkeit eines Reengi-
neering einer Epoche ist uns verschlossen, es sei denn, wir fän-
den den Schlüssel unter dem Ende Europas.

Man tut der Politik unrecht, wenn man von ihr Lösungen
erwartet, die sie strukturell nicht geben kann. Auch politische
Entscheidungsverfahren (vor allem die demokratischen) sind
nicht in der Lage, sich der Eigendynamik gesellschaftlicher
Umwälzungen zu entziehen und so alte Sicherheit und alte
Geborgenheit wiederherzustellen. Normen (vor allem die mate-
rialen der meisten Gesetze und Verordnungen und einer Moraltheologie) denken linear kausal und deshalb vor dem Anspruch
des Heute merkwürdig unangemessen. Es ist daher vor dem
Anspruch unvorhersehbarer und – im klassischen Sinn – unver-
antwortbarer Folgen[310] nötig, die Begriffe der moralischen und
juristischen Verantwortung als auch die Methoden der politischen Normenbegründung und -findung neu zu definieren und
in neuen Normen und Institutionen zu festigen, wenn man
schon nicht auf sie verzichten möchte. Da solcher Verzicht im
juristischen Bereich kaum möglich ist, sieht doch der Staat zu
Recht seine wichtigste Legitimation in der Funktion, durch
Gesetze schweren Schaden vom Gemeinwohl zu wenden. Was
wird er in solcher Zeit der politischen, sozialen und ökonomischen Instabilitäten tun: Er wird sich als Institution, und alle
Institutionen sind konservativ orientiert, weil ihre Strukturen
immer in der Vergangenheit entstanden sind und somit diese
Vergangenheit konservieren, den normativen Vorgaben der
Industriemoderne verpflichtet wissen. Das bedeutet unter
anderem, er wird sich rechtspositivistisch eine Bedeutung von

---

310 Dabei ist sicherlich zu berücksichtigen, daß auch die klassische Normen-
theorie des Rechts wie der Moral erhebbaren fremden Schaden ursäch-
lich (durch Vorsatz oder grobe Fahrlässigkeit hervorgerufen) sanktio-
nieren. Erst die moderne Gesetzgebung ging einen Schritt weiter. Im
Recht der Produkt-, Umwelt- und Gefährnishaftung verließ sie die
strengen Regeln des kausal verursachten fremden Schadens. So unter-
liegt etwa auch der »unschuldige Partner« eines Verkehrsunfalls, der
schneller als 130 km/h auf einer deutschen Autobahn fährt, einer Haf-
tung.

»Verantwortung« zu eigen machen, die weder etwas mit jener der Moral noch der Umgangssprache zu tun hat.[311]

b. Die Zeit des Individuums

Die reflexive Moderne ist nicht nur dadurch gekennzeichnet, daß ihr das Bewußtsein einer neuen Risikosituation verantwortet deutlich wurde, sondern sie ist zugleich auch die Zeit eines neuen Individualismus. Sicher entwickelte die Widermoderne den Egoismus als Abwehr- und Ausdrucksform der Gefahren des industriezeitlichen Kollektivismus, der sich von allen anderen Epochen darin unterschied, daß er alle Menschen zu Arbeitern machte. Die entgegengesetzte Rolle des Ausbeuters übernahm erfolgreich das sozio-ökonomische System, nicht selten durch den Staat und seine Einrichtungen repräsentiert. Diesen Prozeß, zu dem sich eine reichliche Literatur entwickelte, nennt die gegenwärtige Soziologie und Philosophie »Individualisierung«[312]. Menschen werden gegen Ende unseres Jahrhunderts freigesetzt aus den Zwängen und Bindungen industriegesellschaftlicher Lebensformen.[313] Individualisierung bezeichnet also den Prozeß sowie das Ergebnis des Prozesses der auf die Auflö-

---

311 So wurde »Verantwortung« zunächst verstanden als Antwort auf eine Anklage, ein Rechenschaftgeben für eine bestimmte Handlung oder deren Folgen. Eine ähnliche Bedeutung könnte das Wort haben, das einmal den moralischen Sachverhalt bezeichnete, nach dem ein Mensch vor dem Anspruch sittlicher oder rechtlicher Normen sein Handeln vor einer höheren Instanz (seinem Gewissen, seiner Sittlichkeit, dem Göttlichen, vor der Menschheit, einem Richter) rechtfertigte.

312 »Individualisierung« meint gegen die Verführung des Wortes nicht, was manche meinen, daß es meinen könnte: etwa Vereinzelung, Vereinsamung, Beziehungslosigkeit, Emanzipation oder gar »das Aufleben des bürgerlichen Individuums nach seinem Ableben« (Beck, a.a.O., 150). »Das Gejammere über Individualisierung, das jetzt Mode hat, die Beschwörung von Wir-Gefühlen, Abgrenzung gegen Fremde, Verzärtelung von Familie und Solidarität, neutheoretisch gewendet, der Kommunitarismus, werden unter Voraussetzungen erfolgter Individualisierung propagiert, sind (aber) meist (nichts als) Reaktionen auf erfahrene Unlebbarkeiten einer Individualisierung, die anomische Züge annimmt« (ibd., 151).

313 Ibd., 149.

sung industriegesellschaftlicher Lebensformen folgenden Ablösung vieler Menschen von diesen Lebensformen. In der Industriegesellschaft wurde manches Menschenleben linear gelebt, Brüche in der Biographie galten als Makel. In der nachindustriellen Gesellschaft übernimmt der Betroffene sein eigenes Schicksal, inszeniert seine eigene Biographie. Wie die Auflösung der Industriegesellschaft notwendige Folge der ihr innewohnenden Dynamik war/ist, so erfolgt die Individualisierung als Ablösung einer ähnlichen gesellschaftlich vorgegebenen Dynamik und ist nicht etwa in das Belieben des einzelnen gestellt. Die wohlgeordnete Struktur der Industriemoderne, weit von jeder chaotischen Instabilität, weit von jedem Bifurkationspunkt entfernt, entwickelte konsequent das Bild eines linear verlaufenden Lebens.

Instabile Zeiten dagegen erzwingen eine andere Form der Lebensgestaltung. Insofern nicht mehr das Unternehmen dem Leben des einzelnen Ordnung, Werte und Ziel gibt, sondern sozialstaatliche Regelungen, tragen die traditionellen Vorgaben nicht mehr. Sie müssen einer sich an die sozialstaatlichen Regelungen (Ausbildungssystem, Arbeitsmarkt, Arbeits- und Sozialrecht, Wohnungsmarkt...) angepaßten Dynamik weichen. Es gibt kaum mehr Sicherheiten und Selbstverständlichkeit: Menschen werden genötigt, ihr eigenes Leben in Szene zu setzen, ihre eigene Biographie zu erzählen, ihre eigene Identität zu schaffen – und das ohne das Stützskelett, das die Industriemoderne mitlieferte. Das eigene Leben vollzieht sich in Netzwerken sich verändernder Präferenzen, deren Randbedingungen die sozialstaatlichen Vorgaben sind.[314]

Das scheint aufs erste paradox zu sein. Staaten pflegen meist sehr viel intensiver in die persönliche Lebensgestaltung einzugreifen als Unternehmen (wenn man einmal von Sekundärtugenden wie Pünktlichkeit, Teamfähigkeit, Verläßlichkeit... absieht). Wehrdienst und Steuern, Genehmigungen und Verpflichtungen, die vom Staat ausgehen, begrenzen uns mehr, als das ein durchschnittliches Unternehmen auch nur erfolgreich

---

314 Ibd., 152.

versuchen könnte. Ebenso paradox scheint die Aussage zu sein: »Einst war das Unternehmen meine Heimat, jetzt ist es der Staat!«

U. Beck versucht das von ihm Gemeinte mit dem Beispiel einer Erwerbsbiographie zu erläutern: Sie ist für Männer selbstverständlich – für die meisten Frauen aber (noch) nicht. In absehbarer Zeit müssen wohl zwei Erwerbsbiographien (Ausbildung, Beruf, Karriere) in die Geschichten einer stabilen Paarbeziehung eingebracht werden. Und diese Erwerbsbiographien sind in ihren Randbedingungen sozialstaatlich festgelegt.

Früher einmal dominierten Gebote (Unauflöslichkeit der Ehe, Pflichten der Mutterschaft, Pflicht des Vaters, die Familie zu ernähren), die zwischen Individuen Gemeinsamkeiten stifteten. Dagegen haben sich heute die Vorgaben gründlich gewandelt: Frauen schreiben ihr Lebensskript selbst. Diese Vorgaben schweißen nicht unbedingt zusammen. Aus einem Miteinanderleben wird ein Zusammenleben. Beide Partner sind gezwungen, außerhalb ihrer Partnerschaft ihre eigene Biographie zu konzipieren und zu leben.

Die meisten sozialen Rechte sind, wie K. Marx schon kritisch bemerkte, individuelle (und nicht etwa soziale) Rechte, welche eine Person gegen andere geltend machen kann. Personen haben mehr Grundrechte als Familien oder Unternehmen. Um an den Wohltaten des Sozialstaates teilzunehmen, wird in der Regel eigene Erwerbsarbeit vorausgesetzt.[315] Die wirtschaftliche Dynamik erzwingt zunehmende Mobilität der Erwerbstätigen. Alles das sind Aufforderungen, »sich gefälligst als Individu-

---

315 Ich trete seit Jahren für eine Gleichstellung von Erwerbsarbeit und Nicht-Erwerbsarbeit ein, die nicht nur der Tatsache gerecht wird, daß volkswirtschaftlich die Nicht-Erwerbsarbeit (Sorge für Haushalt, Kindererziehung, Kontaktpflege) meist ebenso wertschöpfend ist wie die Erwerbsarbeit, sondern auch als realistische Chance gewählt werden kann, der eigenen Individualisierung gerecht zu werden. Ähnlich wie beim fiskalpolitischen »Ehegattensplitting« wäre an ein »Einkommenssplitting« zu denken. Jeder der beiden Partner erhält vom Gesamteinkommen 50 Prozent und erwirbt damit eigene Renten- und andere Sozialansprüche. Wählt eine Ehe die Rechtsform der Zugewinngemeinschaft, wird – paradoxerweise – erst mit der Ehescheidung ein solches Splitting real vorgenommen.

um zu konstituieren: zu planen, zu verstehen, zu entwerfen, zu handeln«[316]. »Der Sozialstaat ist – vielleicht wider Willen – eine Versuchsanordnung zur Konditionierung ichbezogener Lebensweisen.«[317]

Es wäre jedoch falsch, diese nachindustrielle Individualisierung einer reflexiven Moderne privat zu interpretieren. Sie ist in ihren Folgen öffentlich. Aus den Rollenträgern der Industriegesellschaft wurden Menschen, die sich von deren Funktionalismus emanzipierten. Und diese Emanzipation hat unter anderem zur Folge, daß alle Institutionen, die politischen wie ökonomischen, die sozialen wie die kirchlichen, in ihren Grundlagen merkwürdig unwirklich und widerspruchsvoll wirken. Gewerkschaften und politische Parteien bauten ihre Macht auf einem ideologischen Bewußtsein (etwa dem Klassenbewußtsein) auf. Dieses aber ist verschwunden. Die Kleinfamilie löst sich zunehmend auf in verschiedenartige Lebensformen, die dem Individualismus gerechter werden. Und trotzdem baut der Staat sich noch immer in seiner ideologischen Rechtfertigung um die Familie (als der »Keimzelle des Staates«) herum auf. Es entsteht eine gedoppelte Welt, die der ohnmächtiger werdenden symbol- und geschichtsträchtigen politischen Institutionen und der Welt des politischen Alltags, die bestimmt ist von Konflikten und Spielen um die Macht, von Intrigen und Arenen. Die erste ist die der Industriemoderne, die zweite, die deren Untergang erschuf. Der Aktionsleere der politischen Institutionen steht die Renaissance des Politischen entgegen. »Die Individuen kehren zur Gesellschaft zurück.«[318]

Das bedeutet nicht, daß sie zu den etablierten gesellschaftlichen Strukturen und deren Aktivitäten zurückfänden. Politische Institutionen werden immer ohnmächtiger, unerheblicher, uninteressanter – unter anderem, weil ihnen die individualisierten Menschen davonlaufen, ihnen nicht glauben, ihnen nicht zutrauen. Die Rückkehr der Individuen geschieht also jenseits der formalen Strukturen und Zuständigkeiten der Institutionen, wenn-

---

316 Ibd., 153.
317 Ibd., 154.
318 Ibd., 155.

schon sich diese bemühen, alle gesellschaftlich relevanten Themen zu besetzen. Aber es sind neue Themen, die in der reflexiven Moderne in die politische Auseinandersetzung geraten: Privatheit, Wirtschaft, Wissenschaft, Fortschritt, Gemeinden...[319] Es kommt – bezogen auf die politischen Institutionen – zu einer Herrschaft des Subpolitischen.[320] Bürgerinitiativen, Bürgerbewegungen, Bundesverfassungsgericht, Bewegungen wie Greenpeace und Amnesty International, Berufsgruppen, Frauenbewegung, Verbände, öffentliche Meinung... bestimmen oft sehr viel deutlicher und wirksamer die Richtlinien konkreter Politik als die alten Institutionen. In Individualisierungsprozessen kann zwar die Fähigkeit zum konsensuellen Handeln schwinden, aber sie muß es nicht. Die Individualisierung erzwingt sogar Assoziationen, da das Individuum sonst ohnmächtig dem Zugriff der Institutionen ausgeliefert wäre.

Sowohl die »Vollkasko-Individualisierung«, die aus dem Milieu des Wohlstandes entsteht, als auch die »Armutsindividualisierung« (wie etwa in den Drittweltländern oder in manchen Bereichen der zerfallenen Sowjetunion) führt zu erheblichen politischen Aktivitäten. Im Fall der Armutsindividualisierung bis hin zu Revolutionen, jenen heftigsten aller subpolitischen Aktivitäten.[321]

Auch politische Konflikte lassen sich also individualisieren. Das geschieht nicht durch Rückzug aus den traditionellen Institutionen, nicht durch Politikverdrossenheit, sondern durch die Auflösung von Polarisierungen wie rechts und links, radikal und konservativ, demokratisch und undemokratisch, ökologisch und antiökologisch, politisch und unpolitisch. Individualisierung bedeutet also auch ein Leben im Dazwischen, das durchaus die gelegentliche Annäherung an einen der Pole zuläßt. Es entzieht

---

319 Ibd., 157
320 Die Akteure des Subpolitischen handeln außerhalb der klassischen politischen Institutionen (Parteien, Staat). Ihre Macht liegt in der Verweigerung, in der Bildung Allgemeinen Bewußtseins mit Hilfe der Massenmedien, in der Anwendung von psychischer und sozialer Gewalt (Streik, Wehrdienstverweigerung, Blockaden, Besetzungen), in der Angst der Politiker, Macht zu verlieren... begründet.
321 Ibd., 160.

sich der durch die Industriemoderne geschaffenen Polarisierungen.[322]

Subpolitik gestaltet Gesellschaft von unten.[323] Und darin liegt die Gefahr der Parteien- und der Politikverdrossenheit. Beide vermitteln den falschen Eindruck, daß Gesellschaft nicht Subpolitisch gestaltbar sei und gestaltbar ist.[324] Subpolitik be- und verhindert zunächst also Politik. Da die Politik des Industriezeitalters auch den Zweck verfolgte, das Legitimationsvakuum des technischen Fortschritts, das bis zur Entwicklung von Atombomben führte, zu verschleiern, verschwinden mit dem Einfluß des Politischen auch jene Verschleierungen. Vakuen werden offenbar. Warum und weshalb benötigen wir welchen technischen Fortschritt? Diese Frage öffnet manchen Hohlraum.

Die Folge der Individualisierung und ihre Ausprägung im Subpolitischen wird dazu führen, daß die Institution »Staat«, wenn sie

322 »Unterhalb, hinter den Fassaden und Ruinen der manchmal sogar glänzend polierten alten industriellen Ordnung finden Um- und Aufbrüche statt – nicht ganz unbewußt, aber auch nicht bewußt und gezielt, eher wie kollektive Blinde ohne Blindenstab und ohne Blindenhund, aber mit Spürnasen für das, was persönlich wichtig und richtig und damit ins Allgemeine hochgerechnet auch nicht ganz falsch sein kann« (ibd., 161).

323 Claus Leggewie schreibt: »Vor den Übergriffen selbstgerechter Eliten, vor dem Versagen der Eingriffe des überforderten Staates, vor der Illusion der unsichtbaren Hand des Marktes, auch vor dem Rückfall in autoritäre und volksgemeinschaftliche Muster ohne Wert bewahrt nur die Bürgergesellschaft, die wir selber bilden – ohne stabiles Zentrum, ohne genaue Kompetenzzumessungen, ohne homogene Überzeugungen, ohne vorausgesetzten Konsens, ohne perfekten Masterplan« (zitiert nach U. Beck, a. a. O., 165).

324 U. Beck führt (ibd., 166 f.) zahlreiche Möglichkeiten politischer Gestaltung durch Subpolitik an:
• In Wackersdorf verleidete die Bürgerbewegung der deutschen Industrie die Erstellung einer Wiederaufarbeitungsanlage, so daß der Plan, sie zu errichten, aufgegeben werden mußte.
• Die Bürgerbewegungen der DDR führten zur Revolution von 1989, welche die deutsche Wiedervereinigung ermöglichte.
• Die Entscheidung des Bundesverfassungsgerichts, für Fahrgeschwindigkeiten von über 130 km/h auf Bundesautobahnen die »Gefährdungshaftung« einzuführen.
• Die Erzwingung eines Müllkonzepts für Bayern (1991).
In Italien brach gar die alte Republik – von Giulio Andreotti bis Bettino Craxi – durch Staatsanwaltschaften und Gerichte zusammen.

schon nicht in einem »Weltstaat« untergehen sollte, sich wird gründlich ändern müssen. Seine Strukturen (das Umgehen mit den Bürgern und ihren Wünschen einerseits und die von ihm vertretenen Werte andererseits) werden sich kaum mehr mit den heutigen vergleichen lassen. Der Staat wird wieder zum Diener seiner Bürger werden (was er der verlogenen Behauptung nach auch heute schon sein will) und nicht mehr ihr Beherrscher.

2. Die französische Postmoderne nach Michel Foucault und Jean-François Lyotard

Die französische Postmoderne entstand nicht aus dem Nichts. Sie hat eine lange Geschichte. Sie faßt zusammen die zahlreichen Geschichten vom »Tod der Vernunft«. Ihr Ziel ist die Gründung einer über sich selbst und die eigenen Grenzen aufgeklärten Aufklärung. Als solche kann sie verschiedene Gestalten annehmen:

- die eines entmythologisierten Marxismus,
- die der Fortsetzung eines ästhetischen Avantgardismus,
- die einer radikalen Sprachkritik.

Weitgehend von Wittgenstein[325] beeinflußt, entstand in den

---

325 Die philosophische Postmoderne nahm jedoch gelegentlich auch Wittgenstein fälschlich für sich in Anspruch. Zu Unrecht berufen sich manche Postmoderne auf Wittgenstein, wenn sie behaupten, folgende Annahmen gingen auf diesen zurück:
- Der Wille zur Wahrheit sei der Wille zur Macht.
- Der Dialog sei symbolische Gewalt.
- Die wahrheitsorientierte Rede sei Terror.
- Das moralische Bewußtsein sei ein Reflex verinnerlichter Gewalt.
- Der autonome Mensch sei entweder eine Fiktion oder ein Mechanismus der Selbstunterdrückung oder ein patriarchalischer Bastard.
Alles das kann sein, aber nur in bestimmten Lebensformen, nicht jedoch »aus der Natur der Sache«, denn diese verbietet in Form objektivistischer Bedeutungen solche Kombinationen und deren universellen, konkrete (oft nekrophile) Lebensformen überschreitenden Geltungsanspruch.

sechziger Jahren eine Anzahl »philosophischer Schulen«, die sich selbst als im bewußten und gewollten Gegensatz zur Moderne verstanden – und sich selbst den Namen »Postmoderne« gaben.

Der Begriff »Postmoderne« bestimmt die kunst-, literaturtheoretische und philosophische Diskussion der letzten Jahre. Wir behandeln nur die »philosophische Postmoderne«. Sie kreist um die zentrale Erfahrung des Scheiterns aller erheblichen Versuche der Moderne,

- eine subjektphilosophische Erkenntnis- und Verstehenstheorie zu begründen, die mit gut bewährten empirischen Theorien nicht im Widerspruch stand,
- die Vernunft als ein letztes Schiedsgericht über wahr und falsch, gut und böse . . . zu installieren,
- die personale Autonomie zu sichern und
- über reflexionsphilosophische Techniken auszumachen, was »Person« oder »Begegnung mit Realität« sei.

Sie ersetzt das von *Hegel* und *Nietzsche* gefundene »moderne« Wort vom Tode Gottes durch das vom »Tode der Vernunft«.

Sie verdichtet sich in der Rede vom Ende der Moderne – radikalisiert aber nicht selten das Anliegen der Aufklärung, kämpft mit ihr zusammen gegen jede Form von Dogmatismus, von zeit- und gesellschaftsinvarianten Geltungsansprüchen.

Es ist ein Problem der Postmoderne wie jeder Philosophie, daß man sie nicht von außen betrachten kann, weil der Betrachter immer schon im Rahmen seiner Partizipation am Allgemeinen Bewußtsein ihr selbst angehört und sie allenfalls von innen (»gleichsam objektiv«) betrachten kann.[326] Jede Kritik der eigenen Zeit ist stets die eines kognitiv und emotional beteiligten Zeitgenossen, der niemals aus dem Bild seiner Zeit heraustreten, niemals den Rahmen des Allgemeinen Bewußtseins sprengen kann.

---

326 Das ist kein der Postmoderne eigenes Problem, sondern – wie gesagt – das einer jeden Philosophie. Keine kann aus dem Horizont des Allgemeinen Bewußtseins, das sich in ihr zur Sprache bringt, heraustreten. Kritik ist nur möglich als Selbstkritik.

Wir wollen hier die Grundzüge der Philosophie der Postmoderne an einigen Thesen zweier französischer Philosophen bedenken: *Jean-François Lyotard* und *Michel Foucault*.

a. Die Postmoderne des Jean-François Lyotard[327]

Die Grundzüge der Philosophie *Lyotards* seien hier, unter einigen Stichworten gesammelt, dargestellt.

(1) Wie verändert sich Wissen?

In der Philosophie *Lyotards* ist die Analyse von »Wissen«, seinen Inhalten und Funktionen ein wichtiger Zugang zum Allgemeinen Bewußtsein in seinem Wandel. Er unterscheidet drei Formen des Wissens:

- das »Ausbildungswissen«,
- das rein wissenschaftliche Wissen und
- das narrative Wissen.

(a) Das Ausbildungswissen
Die Funktion des in der Ausbildung vermittelten Wissens wird sich in der Postmoderne verändern, weil wir

- ökonomisch in eine postindustrielle Zeit eingetreten sind, in der nicht mehr die Produktion von Waren, sondern die von (auch innerbetrieblichen) Dienstleistungen im Mittelpunkt steht,
- kulturell in eine nachästhetische Zeit eingetreten sind, in der Kunst nicht mehr das Bemühen, Schönes zu schaffen, bestimmt, sondern das Bemühen, etwas zu erschaffen, von dem Signale ausgehen, die Informationen erzeugen, zu denen wir sonst kaum Zugang hätten. Ferner ist postmoderne Kultur

---

327 Zur Philosophie Jean-François Lyotards vergleiche auch mein Buch Philosophie für Manager, Düsseldorf (ECON) 1988, 153–163. Hier werden vor allem die Thesen der Schrift »Das postmoderne Wissen« (1977) vorgestellt. Eine weitere Modifikation gab Lyotard seinem Denken in »Le Differend« (1983).

geprägt von Wertpluralismus, Institutionskritik und dem Zerfall des Einflusses ideologischer Eliten.

Das Ausbildungswissen ist in der Welt der Postmoderne:

- funktionalisiertes Wissen. Wissen, das nicht brauchbar und/oder nicht nützlich ist, wird nicht angeeignet und geht verloren.
- Wissen erhält Warenform. Wissen, das nicht verwertbar ist, dem keine geldwerte Entsprechung zugeordnet werden kann, wird unerheblich. Ausbildung ersetzt Bildung: Wissen wird zu seinem Verkauf geschaffen.
- Wissen wird zum wichtigsten Produktionsfaktor. Vielleicht gar wird Wissen zum entscheidenden Faktor, um über Besitz und Macht zu verfügen.

Die Transformation des Ausbildungswissens und seiner Funktion wird sich etwa als Herrschaftswissen und als Legitimation öffentlicher sozialer Systeme auswirken auf öffentliche Gewalt und die bürgerlichen Institutionen.

- So wird sich Demokratie (neokonservativistisch[328]) von ihrem politischen Funktionieren her legitimieren und nicht durch die Zustimmung der Bürger.
- So wird sich die herrschende Klasse bunt zusammenwürfeln aus Politikern, Managern und hohen Funktionären »gesellschaftlich relevanter Gruppen«. Die einmal ideologische Elite wird abgelöst von einer technokratischen.
- Zugleich werden die alten Institutionen wie Nationalstaaten, Parteien, Verbände, Kirchen ihre Anziehungskraft verlieren.

(b) Das rein wissenschaftliche Wissen
Es wird weitgehend verschwinden, weil es seine Legitimationsproblematik nicht lösen kann. Die Legitimation wissenschaftli-

---

328 Vgl. dazu Philosophie für Manager, a. a. O., 145–153.

chen Wissens geschah durch »Beweisen« (im Gegensatz zum Ausbildungswissen, das sich durch seine praktisch-technische Verwertbarkeit legitimiert). Die Legitimationsformel der Moderne – »Was ich sage, ist wahr, weil ich es beweise« – scheitert an der Unmöglichkeit, den Beweis zu erbringen, daß der Beweis nach einer faktisch unendlichen Kette von Beweisforderungen an das jeweils vorhergehende Glied »wahr« ist. Die Frage »Woher weißt du das?« läßt sich beliebig oft wiederholen. Die Wissenschaftstheorie der Nachmoderne weist darauf hin, daß

- das, wovon eine wissenschaftliche Aussage handelt – wie etwa eine »wissenschaftliche Tatsache« –, über Konventionen innerhalb einer Wissenschaftlergesellschaft festgelegt worden ist,[329]
- ein und dieselbe »Faktenaussage« zu einer Vielzahl auch einander widersprechender Schlußaussagen führen kann, da bei gleichen Faktensätzen die Annahme verschiedener Prinzipiensätze zu verschiedenen Schlußsätzen führt. Ein wissenschaftliches Faktum ist also sehr verschieden interpretierbar.[330]

Lyotard schreibt: »Nicht jeder Konsens ist ein Indiz der Wahrheit; aber man nimmt (im Vernunftglauben der Moderne fälschlich) an, daß die Wahrheit einer Aussage unweigerlich den Konsens hervorrufe.«

(c) Das narrative Wissen

Das Versagen des wissenschaftlichen Wissens und die Einseitigkeit des Ausbildungswissens führen *Lyotard* dazu, das narrative Wissen zum Hoffnungsträger zu machen. Es präsentiert und

---

329 Vgl. dazu meine Einführung in die Wissenschaftsphilosophie, Frankfurt 1990, 114–119. Lyotard schreibt: »Es ist nicht so, daß ich etwas beweisen kann, weil die Realität so ist, wie ich es sage. Sondern: Solange ich beweisen kann, ist es erlaubt zu denken, daß die Realität so ist, wie ich es sage.«

330 Das war schon eine wesentliche Erkenntnis der aristotelischen Argumentationslogik. Vgl. dazu: R. Lay, Dialektik für Manager, Frankfurt (Ullstein-Tb. 34469), 95–105.

reproduziert sich in Geschichten. Solche Geschichten erlauben es,

- die Legitimation, die Kompetenz und die Funktionen, in der sie erzählt werden, kritisch zu prüfen,
- eine Vielzahl von spontanen Sprachspielen zu entwickeln und
- die konkreten institutionalisierten Vorgaben zu verlassen.

Lyotard ist der Meinung, daß die Abwendung vom Narrativen und die Hinwendung zum Argumentativen, wie sie die Moderne kultivierte, ein für allemal überholt ist. In der Tat verfallen Argumentierende nicht selten in den Fehler, die Kampfmetapher (»Kommunikation ist Kampf, um sich durchzusetzen, recht zu behalten«) realistisch zu interpretieren. Die wachsende Bedeutung des narrativen Wissens zeigt sich in pluralen Konzepten des Machen-Könnens, des Leben-Könnens, des Hören-Könnens (wie sie im Konstruktivismus auch theoretisch begründet werden).

(2) Was bedeutet der einzelne?

Lyotard ist der Ansicht, daß jeder von uns an Schnittpunkten lebt, in denen sich vielerlei Lebensformen kreuzen und schneiden. Individuen bilden keine sprachlich notwendigerweise stabilen Kombinationen von Lebenswelten, sondern können sich in der Begegnung mit einer anderen verändern. Die Merkmale der Lebensformen, die uns bilden und die von uns gebildet wurden, sind uns zumeist nicht (mehr) bewußt und deshalb meist nicht mitteilbar. Wir verstehen unsere Biographie aus den Schnittpunkten, deren wir uns erinnern.

Die kommende Gesellschaft wird keine Determinismen mehr kennen, denen gemäß bestimmte Ursachen zu bestimmten Wirkungen führen. Sie wird vielmehr bestimmt durch die Art und die Menge der in ihr möglichen und sie charakterisierenden alltäglichen Sprachspiele. Wir Menschen beherrschen viele verschiedene Sprachspiele. Für jeden Menschen ist die Sprachspielverfügung charakteristisch, das macht unsere Heterogenität, aber auch unsere Einzigkeit aus. Manche Sprachspiele, die sehr ähnlich von Menschen beherrscht werden, führen zur Ausbildung von Institutionen, sie sind nichts anderes als die Menge dieser institutionalisierten Sprachspiele. Insofern ein Individuum an ihnen seine Lebensform orientiert, ist es »lokal« (d. h. bezüglich der Interaktionen in dieser Institution) determiniert.

Lyotard schreibt: »Das Selbst ist wenig, aber es ist nicht isoliert, es ist in einem Gefüge von Relationen gefangen, das noch nie so komplex und beweglich war. Jung oder alt, Mann oder Frau, arm oder reich, ist das Selbst immer auf ›Knoten‹ des Kommunikationskreislaufes gesetzt, seien sie auch noch so unbedeutend.«

Besser wäre es zu sagen, das Selbst wird in eine Knotenstelle gesetzt, die von einer Folge von Informationen, Signalen, Informationen...[331] verschiedener Art und verschiedensten Inhalts passiert werden. Und sogar das am meisten benachteiligte Selbst ist niemals machtlos gegenüber diesen Folgen von Signalen, Informationen, Signalen..., die es durchqueren. Es bildet nach seinen eigenen Regeln aus den Informationen Signale und bildet nach eigenen Vorstellungen aus diesen Informationen neue Signale.

Lyotard meint: »In der Aufsplitterung von Sprachspielen *scheint* sich das soziale Subjekt selbst aufzulösen. Das soziale Band ist sprachlich, aber es ist nicht aus einer einzigen Faser gemacht. Es ist ein Gewebe, in dem sich zumindest zwei Arten, in Wahrheit eine unbestimmte Zahl von Sprachspielen kreuzen, die unterschiedlichen Regeln gehorchen.« – »Man kann aus dieser Aufsplitterung einen pessimistischen Eindruck gewinnen. Niemand spricht alle Sprachen, sie haben keine universelle Metasprache, der Entwurf des System-Subjekts ist ein Mißerfolg.«

Und er fährt fort: »Man kann aber heute sagen, daß die Trauerarbeit (um das verlorengegangene Subjekt der Moderne) abgeschlossen ist. Sie muß nicht wieder begonnen werden.«

---

331 Signale, optische, elektrische, akustische (Sprechzeichen: etwa Worte oder Sätze), werden zur Großhirnrinde geleitet und können hier nach Regeln, die jedem erkennenden System eigen und eigentümlich sind, zu Informationen (Denkzeichen, Begriffen, Konstrukten, Gedanken) verarbeitet werden. Diese Informationen (Gedanken etwa) können dazu führen, daß neue Signale (Sprechzeichen) evoziert werden.

Lyotard stellt sich die Frage, was denn postmodern, nach erfolgreicher De-Legitimation der Moderne, Wertbegriffe wie etwa »Gerechtigkeit« noch bedeuten könnten. Er antwortet: »Es gilt ...der Vielfalt und Unübersetzbarkeit der ineinander verschachtelten Sprachspiele ihre Autonomie, ihre Eigentümlichkeit zuzuerkennen, sie nicht aufeinander zu reduzieren; mit einer Regel, die trotzdem eine allgemeine Regel wäre ›laßt uns spielen... und laßt uns in Ruhe spielen‹.«[332]

An die Stelle der Subjektphilosophie tritt postmodern eine Philosophie, welche die Sozialität der Person wiederentdeckt. Nun öffnen sich zwei Möglichkeiten:

- Entweder werden personale Werte wie Würde, Freiheit, Gerechtigkeit... dem einen vom anderen Subjekt interagierend zugeteilt (Primat der Individualität),
- oder diese Werte sind Merkmale eines Sprachspiels und werden im Verlauf des Spielens realisiert und den Spielenden zuteil (Primat der Sozialität).

Die meisten Philosophen der Postmoderne entscheiden sich für die zweite Möglichkeit. Niemand aber sieht in ihnen mehr eine »Eigenschaft eines isolierten Subjekts«. Würde etwa ist kein Besitz, sondern stellt sich ein in und durch einen entsprechenden Ablauf eines Sprachspiels, so daß man von »Würde« als einer Eigenschaft dieses Sprachspiels sprechen kann.

An die Stelle des klassischen Subjekts tritt also bei *Lyotard* das Sprachspiel. Ihm werden Autonomie und Individualität zugesprochen. Entsprechend wäre etwa »Freiheit« zu definieren als das Vermögen eines konkreten Sprachspiels, den Spielenden zu ermöglichen, selbstverantwortet ihr Leben zu gestalten.

So befremdlich, wie sich diese »Sozialisation der Werte« aufs erste Lesen anmutet, ist sie nicht. Wenn es gelingt, sich von subjektphilosophischen Denkzwängen zu befreien, mutet sie eigentümlich realistisch und gleichzeitig an.

Lyotard besteht auf der Irreversibilität des Pluralismus der

---

332 Zitiert nach A. Wellmer, 1986, 86.

Sprachspiele und des »lokalen« Charakters aller Diskurse, Konsense und Legitimationen. Es gibt keine Wiederholung und erst recht keine globale (oder gar überzeitliche) inhaltlichen Konsense und Legitimationen. Dieser Pluralismus erlaubt es nicht mehr, die Identität großer sozialer Systeme durch den Konsens über Werte oder Legitimationen zu sichern. Sie beruht allein darauf, daß sie erwünschte Funktionen erbringen, nicht – wie die späte Moderne meinte – auf der Identität von Strukturen (etwa von Werteinstellungen und kommunikativ praktisch gemachten Grundüberzeugungen), die von Individuen über Internalisierungen, wenigstens partiell, zu den ihren gemacht werden müßten.

(3) Was bedeuten Institutionen?

»Institutionen« meint bei *Lyotard* das, was wir bislang mit »institutionalisierte Sprachspiele« bezeichneten. Institutionalisiert sind Sprachspiele genau dann, wenn Bedeutungen, Regeln, Werteinstellungen, Grundvorstellungen... den interaktionellen Handlungen vorgegeben sind. Sie passen sich – wenn überhaupt – nur träge an veränderte Bedürfnisse, Erwartungen, Werteinstellungen, Interessen... der Mitspieler an.

Unser Leben wird weitgehend vom Mitspielen (oder auch einem Sich-Verweigern von Mitspielen) in institutionalisierten Sprachspielen bestimmt. Hierzu zählen Unternehmen, Parteien, Staaten, Gewerkschaften, Kirchen, Verbände... In diesen vertreten Systemagenten (»soziale Entscheidungsträger«) angeblich die »Systeminteressen«[333]. In Realität aber zwecken ihre Handlungen und Entscheidungen auf den Erhalt und/oder die Vermehrung ihrer persönlichen Macht ab. Institutionen werden für sie eigenwertig, ohne sie verlieren sie ihre Identität.

Handlungen und Entscheidungen solcher Systemagenten werden legitimiert durch die Behauptung:

---

333 Es »gibt« keine sozialen Systeme an sich und damit auch keine irgendwie gearteten »Systeminteressen«. »Systeme« dieser Art und ihre Interessen sind nichts als Konstrukte, die wir uns machen, wenn wir bestimmten Arten von Interaktionen begegnen.

- es gelte die »soziale[334] Gerechtigkeit« zu sichern,
- es gelte, das Gemeinwohl zu mehren,
- es gelte, »Wahrheit« zu sichern...

Wird auf solche leicht als unwahr zu durchschauende Behauptungen verzichtet, werden andere Pseudolegitimationen erfunden. Hierher gehören:

- Institutionen legitimieren sich durch reibungsloses Funktionieren. Dagegen ist einzuwenden:
  – Reibungsloses Funktionieren sichert weder optimale Brauchbarkeit noch Nützlichkeit,
  – reibungsloses Funktionieren sichert nicht ein optimales Kosten-Leistungs-Verhältnis.
- Institutionen legitimieren sich durch Konsens. Aber auch dieser Grund taugt nichts, da zumeist eine realistisch konzipierte Dialogmetapher als geltend vorausgesetzt wird. Es wird der Heterogenität der verschiedenen Sprachspiele Gewalt angetan.

In aller Regel verfügen Institutionen ausschließlich über usurpierte Macht. Sie erhält eine Pseudolegitimation, insofern sich keine Mehrheit dagegen wehrt (also nicht durch Konsens, sondern durch mangelnden Konsens oder mangelnde Effizienz der Aktivitäten ihrer Gegner).
Doch ist das kein Grund zum Verzweifeln: Institutionen sind nicht allmächtig. Sie sind vielmehr nur ein stets vorläufiges Resultat von Sprachstrategien, die inner- und außerhalb der Institutionen betrieben werden. Legitimierende Erzählungen ändern sich unter der Hand. So werden die Grenzen jeder Institution ständig verschoben.

---

334 Mit Fr. A. von Hayek bin ich der Meinung, daß das Adjektiv »sozial« sehr oft zum *weasel word* wird und das nachfolgende Wort entleert und somit unter seinem Anspruch dem Gegenteil des Folgewortes Tür und Tor öffnet (soziale Gerechtigkeit, soziale Marktwirtschaft...).

b. Die Postmoderne des Michel Foucault

Foucault versucht sich über folgende Schritte an eine Analyse des postmodernen Allgemeinen Bewußtseins heranzutasten:

(1) Die Analyse des Anderen der Vernunft im Innen der Vernunft,[335]
(2) die Analyse der Rolle und Funktion von Macht,
(3) das Schicksal des Subjekts in der Moderne,
(4) die Frage nach dem Fundament des Wissens.

(1) Das andere der Vernunft im Innen der Vernunft

Foucault begann in seinem Buch »Wahnsinn und Gesellschaft« seine Kritik der Moderne mit einer Analyse des Wahnsinns als des Anderen der Vernunft. Die Vernunft verführte das moderne Denken, bis es annahm, das Andere der Vernunft sei ihr äußerlich. Der Wahnsinn ist ein Versuch der »Gesunden«, sich die als instrumentell und funktional monologisch und apersonal gewordene Vernunft des »Kranken« vom Leibe zu halten. In der Exkommunikation des Wahnsinns durch die Vernunft, obschon sie als deren Anders mit ihr dialektisch vereint ist, deformieren beide. Daß aus Wahnsinn Krankheit wird, ist ein iatrogener Prozeß. Vielmehr kommt es darauf an, sich an den gemeinsamen Ursprung von Vernunft und Wahnsinn zurückzutasten.

(2) Die Rolle der Macht

In einer zweiten Phase beginnt er einen Gedanken, der schon in »Wahnsinn und Gesellschaft« auftauchte, zu Ende zu führen. Es geht ihm um die Verbindung von Sprachspieltheorie (*Foucault* spricht hier stets von Diskurs) und Praxis. In der Praxis der Sprachspiele herrschen im Horizont des Allgemeinen Bewußtseins der Moderne in der Regel Objektivationen der Kommunikationsmetaphern (vor allem der Container- und der Dialogmetapher) vor. Das führt zwingend (oft unbewußt) zu Formen gewaltsamer asymmetrischer Einflußnahme auf die soziale und

---

335 Vgl. zu diesem Thema: Hartmut und Gernot Boehme, Das Andere der Vernunft, Frankfurt 1985.

psychische Bewegungsfreiheit des anderen. Solchen realistisch interpretierten Metaphern liegt der vertäuschte Versuch zugrunde, selbst groß zu werden, wenn andere nur zureichend klein werden. Hierher gehören: richterliche Urteile, polizeiliche Maßnahmen, pädagogische Unterweisungen, Kontrollen und Strafen ebenso wie Geltungs- oder Wahrheitsansprüche.

Als erste (in dem genannten Sinne von »Praxis«) praxisbezogene Wissenschaft nennt er die Psychiatrie. Sie entstand, als gegen Ende des 18. Jahrhunderts die Angst vor dem Wahnsinn (als einer Möglichkeit der Unvernunft im Innen der eigenen Vernunft) wuchs und deshalb dazu führte, ihn als »Krankheit« zu etikettieren, den »Kranken« zu isolieren und ihn damit »vernünftig«, beherrschbar zu machen. Später werden Fabriken, Gefängnisse, Kasernen, Schulen, Internate usw. zu Monumenten des Sieges der reglementierenden Vernunft, die sich Herrschaft anmaßt über Unvernunft.

Die Praxis unterwirft nicht nur den Wahnsinn, sondern auch die Bedürfnisstrukturen realer Menschen wie realer sozialer Gebilde solcher Tyrannis der Vernunft. Die Vernunft wurde in der Moderne zur maßgeblichen strukturbildenden und Strukturen (d. h. vor allem handlungsleitende Werteinstellungen und Grundannahmen) legitimierenden Gewalt. Das ist um so problematischer, als das »vernünftige Subjekt« sich für autonom hält. Intuitive, nicht von Funktionalität bestimmte soziale Beziehungen werden damit in die Unwesentlichkeit oder Nebensächlichkeit verbannt. So verliert das scheinbar autonome Subjekt der Moderne alle intuitiven Verbindungen zu seiner sozialen Umwelt. Es bricht alle Brücken intersubjektiver Verständigung ab und vereinsamt monologisch. Dem monologisch vereinsamten Subjekt sind nichtfunktionale Bereiche von Umwelt und Verständigung, weil nicht vernünftig, fremd und werden gemieden.

Es gibt in der endenden Moderne keinen zwanglosen Dialog mehr, sondern nur mehr Menschen mit monologischer Vernunft, die aufeinander – mehr oder weniger latent – Zwänge ausüben. Das Zuhören wird funktionalisiert hin auf die Vorbereitung des eigenen Sprechens. *Foucault* sieht hier eine enge Verbindung von Humanismus und Terror. Das »bessere Argument«, dessen

Autorität in den deutschen Diskursphilosophien (*J. Habermas*[336], *K.-O. Apel*) eine so zentrale positive Rolle spielt, hat (ganz im Sinne der Kampfmetapher) bestenfalls nur den Schein der Gewaltlosigkeit.

So wird auch der Wahrheitsanspruch, den nur eine monologische Vernunft einfordern kann, zu einer terroristischen Ausschließungsstrategie.[337] Eine dialogische wird stets die andere Position vor dem Anspruch von Wahrheit als der eigenen zunächst gleichgeltend betrachten und behandeln.

Die monologische Vernunft der Moderne steht nach *Foucault* an der Wiege aller Handlungswissenschaften (neben der klinischen Psychiatrie sind hier die Psychologie, die Soziologie, die Pädagogik, die Politologie, die Kulturanthropologie zu nennen). Die Machttechniken der geschlossenen Heilanstalten werden in Sozialtechniken und Therapien transformiert. Sie alle machen unter der Herrschaft der monologischen Vernunft das andere Subjekt zum Objekt und verhindern damit ein Wiedererstehen der dialogischen Vernunft.[338]

---

336 Jürgen Habermas faßt Lyotard so zusammen: »Was aus dem jeweiligen Diskurs ausgegrenzt wird, macht erst die spezifischen, aber innerhalb des Diskurses allgemeingültigen, d. h. alternativlosen Subjekt-Objekt-Beziehungen möglich« (Der philosophische Diskurs der Moderne, Frankfurt [Suhrkamp] 1985, 296).

337 In der »Ordnung der Diskurse« schreibt Foucault: »Es ist, als würde der Wille zur Wahrheit für uns gerade von der Wahrheit und ihrem notwendigen Ablauf verdeckt ... Der wahre Diskurs, den die Notwendigkeit seiner Form vom Begehren ablöst und von der Macht befreit, kann den Willen zur Wahrheit, der ihn durchdringt, nicht anerkennen; und der Wille zur Wahrheit, der sich uns seit langem aufzwingt, ist so beschaffen, daß die Wahrheit, die er will, gar nicht anders kann, als ihn zu verschleiern« (14 f.).

338 Den Handlungswissenschaften bleibt nur der Ausweg, sich entweder als Wissenschaften zu verstehen, die die mißlungene Doppelung des Subjekts in ein verstehendes und verstandenes realisieren, oder sich als empirische zu etablieren mit einem zum bloßen Objekt gewordenen Subjekt – und das ohne zureichende Basis. In jedem Fall sind sie angetrieben von der Macht des Geltungsanspruchs, etwas Verbindliches über »den Menschen« aussagen zu müssen – und beginnen damit nicht nur von Macht umhergetrieben zu sein, sondern auch Instrumente der Macht zu werden.

In einer dritten Phase entwickelt *Foucault* den Aspekt der Macht weiter. Das Prinzip »Macht« entdeckt er, als er die klassische Form moderner Geschichtsschreibung und Hermeneutik analysiert. Er stellt fest, daß es weder eine »objektive Geschichtsschreibung« noch ein »objektives Verstehen alter Texte« gibt oder auch nur geben kann, da die alten Sprachspiele nicht mehr reproduzierbar sind. Geschichtsschreibung und Verstehen stehen, vor allem wenn sie im Horizont von Institutionen geschehen, stets unter dem Anspruch, Macht zu legitimieren oder auszuüben. *Foucault* reduziert beide auf eine »Genealogie der Macht«. Diese ist bestimmt durch folgende Thesen:

- Das präsentische Zeitbewußtsein der Moderne ist aufzugeben. Vergangene Sprachspiele können, weil sie in Bedeutungen und Werteinstellungen nicht reproduzierbar sind (beide erlöschen mit dem Ende des Sprachspiels), nicht »objektiv« gegenwärtig gemacht werden. Es gibt auch keine Kohärenz der Geschichte, weil es weder eine Kohärenz der Vernunft (was vernünftig ist, wird durch das Sprachspiel bestimmt und ausgemacht) noch eine konsistente Abfolge von Sprachspielen gibt. Welches Sprachspiel dem vorhergehenden nachfolgt, ist in keiner Weise einer determinierenden Regel unterworfen.[339] An die Stelle der hermeneutischen Aufdeckung von kohärenten Sinnzusammenhängen tritt die Analyse von Strukturen,[340] deren Sinn im einzelnen nicht erhoben werden kann, die somit heute »objektiv« sinnlos sind.

---

339 Dieser Sachverhalt gilt selbst dann, wenn Personen versuchen, ihr eigenes Leben zu rekonstruieren. Da die in Vergangenheit abgeschlossenen Sprachspiele nicht reproduziert werden können, werden erinnerte Ereignisse in der Bedeutungswelt und Wertewelt eines gegenwärtigen Sprachspiels eingebettet, damit präsentisch gemacht und »verstanden«.

340 Strukturgeschichtliche Ansätze sind nicht unbedingt neu. Den bekanntesten vertrat K. Marx in seinem Historischen Materialismus, nach dem politisch-ökonomische Sozialgebilde, unabhängig von ihrer individuellen Eigenart, bestimmten Gesetzmäßigkeiten unterliegen. »In der gesellschaftlichen Produktion ihres Lebens gehen die Menschen bestimmte, notwendige, von ihrem Willen unabhängige Verhältnisse (Produktionsverhältnisse) ein..., die einer bestimmten Entwicklungsstufe ihrer materiellen Produktivkräfte entsprechen. Die Gesamtheit der Produktions-

- Es gibt keinen wirkungsgeschichtlichen Zusammenhang zwischen Gegenwart und Vergangenheit, da Zusammenhänge immer über die Kette Information–Signale–Information–Signale–Information... hergestellt werden. Die Verarbeitung von Signalen zu Informationen ist jedoch weder determiniert von innen noch von außen (vom Außen eines Sprachspiels, in dem diese Kette spielte). Die Indetermination wird besonders deutlich, wenn Kommunikation an irgendeiner Stelle den Horizont eines Sprachspiels überschritt. So ist es eine subjektphilosophische Fiktion, von »Werk« oder »Autor« zu sprechen. Dieser hat als bloß individuelles Subjekt niemals geschrieben, sondern eingebunden in eine Fülle nichtreproduzierbarer Sprachspiele. »Historische Geltungs- oder gar Legitimationsansprüche« sind nichts als Funktionen von Machtkomplexen.[341]
- Es gibt keine globale Geschichtsschreibung. Geschichte ist vielmehr eine Vielzahl von regellos auftauchenden und wieder versinkenden, nicht selten einander interpenetrierenden vergangenen Sprachspielen (*Foucault* spricht von »Diskursinseln«). Vor allem gibt es keine »objektiven« Wertungen geschichtlicher Abläufe. Sie sind wesentlich wertfrei. Wertungen sind die eines gegenwärtigen Sprachspiels. So werden vergangene »Ereignisse« in jedem Sprachspiel neu und anders erzählt.

Was aber ist das allen institutionalisierten sozialen Gebilden (seien sie politisch, ökonomisch, ekklesial... bestimmt) der Vergangenheit und Gegenwart »strukturbildende« gemeinsame

---

verhältnisse bildet die ökonomische Struktur der Gesellschaft, die reale Basis, worauf sich ein juristischer und politischer Überbau erhebt, und welcher bestimmte gesellschaftliche Bewußtseinsformationen entsprechen« (MEW 13, 8). Näheres zum Thema »Strukturgeschichte« in R. Lay, Grundzüge einer komplexen Wissenschaftstheorie II, Frankfurt (Knecht) 1973, 539–544.

341 »Komplex« bezeichnet psychoanalytisch eine mehr oder minder kohärente Menge von Vorstellungen, die bei einem Individuum unangenehme Gefühle erzeugen und deshalb abgewehrt werden. Sie sind nicht selten der Grund für neurotische Symptombildungen.

Prinzip? Es ist das Prinzip des Machterwerbs und -erhalts. Dieses manifestiert sich in der Festlegung und Durchsetzung bestimmter Überzeugungen, Wertungen, Vorurteile, die dieses Sozialgebilde von anderen abgrenzt und es ihnen – wenn möglich – als überlegen erscheinen läßt. In aller Geschichte ist also nur ein Prinzip erkennbar, das der Macht. Sie ist der objektivierende Grund alles Geschehens und aller Institutionen. Geschichte ist also »Genealogie der Macht«. »Macht« wird bei *Foucault* zum transzendental-historischen Grundbegriff, der zwingend auftaucht, wenn man die Frage nach der Bedingung der Möglichkeit von institutionalisierten Sozialgebilden stellt. Der empirische Begriff »Macht« ist vom transzendental-logischen zu unterscheiden. »Macht« bedeutet empirisch die Fähigkeit und Bereitschaft, notfalls unter Anwendung von Zwängen seinen eigenen gegen fremden Willen durchzusetzen.

Die Genealogie der empirischen Macht durchläuft auf ihrem Weg zur transzendental-historischen folgende Stufen:

- Macht ist das Interaktionsmuster einander befeindeter Parteien, die gegeneinander recht behalten, sich durchsetzen, siegen wollen. Sie wollen bestimmen, was gut und böse, richtig und falsch, vernünftig und unvernünftig... ist.

- Macht bestimmt (etwa im Sinne einer realistisch interpretierten Kampfmetapher) die Interaktionen, die, oft netzwerkartig – interpenetrierend – verknüpft, keinen gemeinsamen Standard für die Bewertung von Geschehnissen, Interessen, Bedürfnissen... finden können und deshalb ihre Version von gut und böse, von vernünftig und unvernünftig... durchsetzen wollen. Solches Durchsetzen verlangt den Einsatz von Machtmitteln.

- Das Subjekt, das sich nicht mehr an irgendwelchen »allgemeingültigen Normen« orientieren kann, wird ein Opfer von »Sinnstiftern«, die ihm ihre Vorgaben und Einstellungen unter dem Anspruch von Wahrheit insinuieren. In einem weiteren Schritt unterwerfen sie das Subjekt den Zwecken der Institution und entpersonalisieren oder funktionalisieren es.

Es ist verständlich, daß die Vertreter der Restmoderne lebhaft gegen *Foucault* polemisierten. *Jürgen Habermas* (der selbst sich zwar von der Subjektphilosophie der Moderne, keineswegs aber von deren Vernunftglauben befreite) meint: Die Genealogie enttäuscht die Vorstellung vom autonomen Subjekt ebenso wie die vom autonom gesteuerten Diskurs oder einer autonomen Geschichte. Alle drei tauchen »wie schillernde Blasen aus dem Sumpf anonymer Überwältigungsprozesse auf«[342]. Es fällt der Moderne schwer, sich von ihren Lieblingskindern, der Illusion eines autonomen Subjekts, der von autonomen gesteuerten Sprachspielen und der von einer autonomen Geschichte, die selbst ihre Geschichten schreibt, zu verabschieden.

(3) Das Schicksal des Subjekts in der Moderne

Auf dem Sockel dieser Einsichten reflektiert *Foucault* die Rolle der Moderne in ihrem Subjektverstehen.

Nach dem Zerbrechen des (theozentrischen) metaphysischen Paradigmas und seiner Ablösung durch das (anthropozentri-

---

342 J. Habermas, Der philosophische Diskurs der Moderne, Frankfurt (Suhrkamp) 1985, 316. Habermas stellt sich jedoch zu Recht (ibd., 300) die Frage, wie Foucault die synthetische Leistung der transzendentalen Macht (für solche synthetischen Leistungen benötigte Kant noch ein Subjekt und der Strukturalismus noch ein transpersonales System) erklärt. Foucault löst das Problem jedoch, indem er darauf verweist, daß Macht zugleich als Geschichte erzeugende transzendental und als Selbstbehauptung sichernde empirisch sei. Hier folgt er unter einer Rücksicht Kant, der manchen seiner Kategorien auch empirische Bedeutung zusprach. Nähme aber Foucault (wie Habermas zu unterstellen scheint) die beiden Machtbegriffe in eins, würde er dem »transzendentalen Schein« verfallen, weil er zum einen ihr eine synthetische Leistung a priori (die er allerdings verzeitlicht hat, indem der produzierte Diskurs immer Ereignischarakter hat und nicht kausal auf einen anderen bezogen werden kann) zuspricht und sie zum anderen als empirisches Fakt behauptet, das sich unter dem Schein des Wahrheitsanspruchs verbirgt (und damit transzendentale Bedingung von Wahrheitsanspruch überhaupt wird). »Macht« ist für Foucault keineswegs – wie Habermas (ibd., 323) vermutet – ein subjektphilosophischer Begriff, sondern bezeichnet einen transzendentalen und einen empirisch-strukturellen, alle Interaktion begleitenden Sachverhalt. Nicht das Subjekt erleidet Macht, sondern Macht erschuf einmal das Subjekt der Subjektphilosophie und läßt es wieder untergehen. »Macht« ist subjektlos und nicht subjektbezogen.

sche) subjektphilosophische im 17. Jahrhundert versuchte das endliche Subjekt, das sich von der Metaphysik der Unendlichkeit befreite, eine Aufgabe zu lösen, der es nicht gewachsen sein konnte. Es versuchte, eine neue Begründung von Existenz in notwendigen und allgemeingeltenden Sätzen und Normen. Dabei stieß es zwingend auf eine neue Unendlichkeit, welche die Möglichkeiten und Bedürfnisse des endlichen Subjekts nicht einholen konnte. Beispiele für solche Endlichkeit hin in Richtung ewiger und damit unendlicher Sachverhalte erreichender Versuche waren etwa:

- *Kants* Versuch, in den apriorischen Formen der Erkenntnis notwendige und allgemein geltende Sachverhaltsbereiche auszumachen (B3 f.),
- *Marx'* Versuch, im Kommunismus ein transzendentes Ziel vorzugeben (MEGA I, 3, 114),
- der Versuch vieler Existentialisten, das »menschliche Wesen« in der Freiheit zu entdecken.[343]

Das strukturell überforderte Subjekt fand sich endlich unter dem »unbedingten Anspruch der Wahrheit« wieder – doch nur, um sich selbst vor diesem Anspruch an entpersonalisierende, instrumentalisierende Mächte zu verlieren. Der Wahrheitsanspruch, der »Wille zur Wahrheit«, ist für *Foucault* die Vermittlungsinstanz zwischen Wissen und Macht, die vor allem in den Handlungswissenschaften praktisch wurde. Hinter der Fassade allgemeingeltenden Wissens errichteten die Menschen der Moderne ein System des Terrors, das sich in den sich wesentlich selbst nie genügenden Versuchen der Selbstthematisierung des Selbst nur schamhaft maskieren konnte.

Übrig bleibt also nur ein Subjekt, das in sich und mit sich zerfallen und unversöhnt ist und das deshalb immer wieder versucht, die Handlungswissenschaften in empirische zu transformieren – wie etwa in den Wirtschaftswissenschaften durch die Denkan-

---

343 So bestimmt etwa J.-P. Sartre: »Ist einmal die Freiheit in einer Menschenseele erwacht, so vermögen die Götter nichts mehr gegen diesen Menschen« (Les mouches).

sätze der »Mathematischen Schule« (etwa von *M. E. L. Walras* [1834–1910]) weitgehend gelungen[344].

(4) Die Frage nach dem Fundament des Wissens

Auch *Foucault* stellt wie die kritische Moderne die Frage nach dem sicheren, durch Evidenz gesicherten Fundament, von dem aus er seine Position bezieht und rechtfertigt. Er weiß um dieses Problem – und weicht ihm scheinbar aus: »Im Augenblick, und ohne daß ich ein Ende absehen könnte, meidet *mein* Diskurs – weit davon entfernt, den Ort zu bestimmen, von dem aus er spricht – den Boden, auf den er sich stützen könnte.«[345] Er hätte es sich leichter machen können: Der ausschließlich durch Evidenz zu sichernde Sockel einer Philosophie ist eine Illusion, seit das »Evidenzprinzip«, nach dem das, was evident ist, wahr sei, als Täuschung entlarvt wurde.[346]

In der Sprache der Subjektphilosophie der Moderne würde man, wenn kein Legitimationsprinzip außer dem der Brauchbarkeit und Nützlichkeit zur Verfügung steht, von Irrationalismus und Relativismus sprechen. Das aber ist törichte Rechthaberei:

- In der Sprache des interaktionistischen Paradigmas aber sind solche argumentativen Diskurse, die in nichts gründen als in der negativen aufhebenden Kritik, durch ebendiese gerechtfertigt. Jeder Diskurs hat seinen konstituierenden Grund autopoietisch in sich selbst. Er bedarf somit weder einer externen Rechtfertigung, noch läßt er sie auch nur zu.
- Auch der Einwand, die Machttheorie *Foucaults* müsse selbstanwendbar ... sein, wenn sie Geltung beanspruchen möchte, ist aus dem paradoxen Rationalismus der Subjektphilosophie

---

344 Foucault schreibt: »Man glaubt leicht, daß der Mensch sich von sich selbst her befreit hat, seit er entdeckt hat, daß er weder im Zentrum der Schöpfung noch in der Mitte des Raums, noch vielleicht auf dem Gipfel oder am Ende des Lebens sich befindet. Wenn der Mensch aber nicht mehr souverän in der Welt steht, wenn er nicht im Zentrum des Seins herrscht, sind die Humanwissenschaften gefährliche Mittelglieder« (Die Ordnung der Dinge, 1971, 418).

345 Ibd., 292.

346 Vgl. Philosophie für Manager, a. a. O., 102–108.

entlehnt, der die essentielle Selbstbezüglichkeit in Refle-xionsphilosophie zu seiner erheblichen Methode gemacht hat-te. Offensichtlich ist seine Forderung auch in unserem Fall unbillig, da eine Theorie über Macht nicht selbst unter den Objektbereich »Macht« fällt.

Es ist vielmehr festzuhalten: Jedes Sprachspiel ist durch sich selbst und durch seine aktuelle Brauchbarkeit und Nützlichkeit (deren Zutreffen es selbst ausmacht) gerechtfertigt und nicht dadurch, daß sich seine Thesen auf es selbst anwenden ließen. Also folgt keineswegs zwingend, daß die Machttheorie von sich behaupten müsse, sie sei selbst Machttheorie.

Ferner will *Foucault* zur Macht keine Gegenmacht aufbauen, sondern will die Manifestationen der Macht in Sprachspielen (und das sind besonders alle philosophischen, ökonomischen, politischen, sozialen, kulturellen der Moderne) unterlaufen. Die Vernunft der Moderne war ihm nie etwas anderes als Legitima-tionsorgan von Macht.

So kann sich Vernunftkritik nicht aus den Ansprüchen der »modernen« Vernunft darstellen, sondern aus dem anderen der Vernunft, das notwendig der Vernunft der Moderne »unver-nünftig« zu sein scheint.

So fordert *Foucault* auch konsequent, daß alle Ableger der Ver-nunft, wie sie sich in den Kategorien »Bedeutung«, »Geltung«, »Wahrheit«, »Wert« darstellen und niederschlagen, aus der interaktionellen Praxis getilgt werden (ähnlich wie es von jeher von manchen Psychologenschulen verlangt wurde), weil sie

- ins Sprachspiel von außen (als ihm exogene Vorgaben) einge-bracht werden und hier über selbstreferentielle Prozesse zu Wertungen und Anklagen und damit zur Selbstvernichtung des Sprachspiels führen können,
- mit Gewalt eingeführt werden oder
- den Aberglauben an die Macht der Vernunft neu erstehen las-sen.

Es wird dem Leser kaum entgangen sein, daß zwischen den Dar-stellungen der französischen Postmoderne und der reflexiven

Moderne Welten klaffen. Während die Franzosen die Antinomien, die Inhumanität und die Paradoxien der Moderne darstellen, ohne aber eine positive Lösung anzubieten außer der, daß die Negation der Negation schon zu einer brauchbaren und nützlichen Position führen werde, entwickelt *U. Beck* die positiven Strukturen seiner reflexiven Moderne.

9. Kapitel
Der Mut zum Morgen

Wir leben in einem sozialen System, das, als chaotisches, sich derzeit im Zustand der Instabilität befindet. Zwar bleibt die Zukunft stets ein Abenteuer, vor allem in einer Zeit, in der wir nicht wissen können, was sie uns bringt. Horrorvisionen beherrschen den Markt. Nicht daß sie Unmögliches vorhersehen. Aber ihnen erscheint auch nicht etwas sehr Wahrscheinliches. Sicher ist nicht auszuschließen, daß eine Fülle von Reaktorkatastrophen weite Landstriche, und es sind meist die dichtbesiedelten, unbewohnbar machen. Sicher ist nicht auszuschließen, daß genmanipulierte extrem infektiöse, todbringende Bakterienstämme entstehen, gegen die wir kein Gegenmittel besitzen. Sicher ist nicht auszuschließen, daß die Zerstörung der Umwelt so weit fortschreitet, daß in 200 Jahren auf der Erde menschliches Leben nur noch in kleinen Rückzugsgebieten (etwa auf einigen Südseeinseln oder im afrikanischen Urwald) möglich ist. Sicher ist nicht auszuschließen, daß Terroristen ganze Großstädte durch atomare Sprengköpfe vernichten. Sicher ist nicht auszuschließen, daß weltweit faschistoide politische Systeme unmenschliche Herrschaft ausüben. Sicherlich ist nicht auszuschließen, daß ein ungeheurer Wirtschaftskollaps in den OECD-Ländern zu einer nie gekannten Verarmung weiter Bevölkerungskreise führt. Sicher ist nicht auszuschließen, daß irgendwelche esoterische Sekten solchen politischen und ökonomischen Einfluß gewinnen, daß sie ganze Volkswirtschaften regulieren. Die möglichen Katastrophenszenarien sind beliebig zu ergänzen.

Alles das kann man befürchten, wenn diese Furcht produktiv ist, d. h. wenn sie Instrumentarien entwickelt, welche verhindern, daß solche Katastrophen wahrscheinlicher werden. Doch wichtiger ist ein anderes: den Mut zu behalten oder zu gewinnen, daß uns ein schöneres Morgen erwartet. Es gilt, das »Prinzip Hoffnung« wieder zu aktivieren, gegen die Hoffnungslosigkeit des No future. Wir benötigen keine Propheten des Untergangs, sondern Visionäre eines menschlicheren Zukünftig.[347]

Wer Vergangenheit ignoriert und die Gegenwart verteufelt, der erträumt sich eine Zukunft, die niemals kommen wird. Dieses Buch hat deshalb manche Mühe darauf verwandt, die Vergangenheit (die Neuzeit) verständlich zu machen und die Gegenwart in möglichst realistischen philosophischen Entwürfen vorzustellen.

Manche Träume der Moderne, die sie, verändert zwar, aus dem Mittelalter übernahm, scheinen ausgeträumt. So war sicherlich schon mit dem Aufkommen der Industriemoderne die etablierte Religiosität in eine ernsthafte Krise geraten, die von *Ludwig Feuerbach* und *Karl Marx* zur Sprache gebracht wurde. Es ist dieser Religiosität nicht gelungen, sich in das Allgemeine Bewußtsein der Industriemoderne so einzupassen, daß sie zu einem integralen Bestandteil dieses Bewußtseins wurde. Sicherlich gab es bei den Menschen, die in der Berührung mit der Industriemoderne an vorderster Front standen (Arbeiter und Manager), eine Form christlicher Religiosität. Doch diese starb entweder langsam vor sich hin oder aber wurde zu einem Refugium, in das man sich fliehen konnte vor den Ansprüchen der Arbeitswelt. Die päpstlichen Verlautbarungen mögen das ver-

---

347 Zu diesem Thema entwickelte sich inzwischen ein reiche Literatur. Neben den sektiererischen New-Age-Optimisten, die sich alles von der Verschiebung des Frühlingspunktes in das Sternbild des Wassermanns versprechen, entwickelte vor allem Pierre Teilhard de Chardin (1881 bis 1955) eine Sicht der Zukunft. Er war der Ansicht, daß die Menschheit sich über ihre sozialen Vereinzelungen hinaus entwickele zur sozialen Einheit »Menschheit«. In gewissem Umfang werde ich der Meinung Teilhards folgen. Aber auch zahlreiche andere Werke sehen optimistisch in die Zukunft. Aus der großen Menge seien hier nur genannt und zur Lektüre empfohlen: Theo Faulhaber und Adelbert Reif (Hrsg.), Mut zum Morgen, München (Langen-Müller) 1987; Andrew Greeley, Eine Zukunft, auf die man hoffen kann, Olten (Walter) 1971. Doch auch manche marxistische Autoren sollten hier nicht vergessen werden. Vor allem ist Ernst Bloch (1985–1977) mit seinem »Prinzip Hoffnung« zu nennen. Er unterstellt die Evolution der Menschheit einer »absoluten Hoffnung«, die manches mit dem Göttlichen gemein hat.

deutlichen: angefangen von der Enzyklika »*Rerum novarum*« des Papstes *Leo XIII*. (1891), in der er die Ansicht vertrat, in der durch die Industrialisierung neu aufgekommene soziale Frage sei »ohne Zuhilfenahme von Religion und Kirche kein Ausgang aus dem Wirrsal zu finden«, bis hin zur revolutionären Feststellung der Enzyklika des großen Papstes *Paul VI.* »*Octogesima adveniens*« (1971), der die reale Situation der Menschen im Zustand der auch endenden Industriemoderne erfaßte und die Rolle des Religiösen in dieser Gesellschaft überzeugend vorstellte: »Heute haben die Menschen das dringende Verlangen nach Freiheit von Not und Abhängigkeit. Diese Befreiung beginnt aber mit der wiedererrungenen inneren Freiheit gegenüber dem eigenen Besitz und der eigenen Macht. Dazu werden sie aber nur gelangen durch eine sich selbst übersteigende Liebe zum Mitmenschen und aus ihr entspringender Dienstbereitschaft.«

Der Mut zum Morgen setzt voraus, daß wir uns nicht nur in die Situation eines unausweichlichen Fatum stellen. Wir können durchaus Welt gestalten – auch die von morgen. Dazu seien einige Entwicklungstendenzen und ihre Randbedingungen vorgestellt:

1. Institutionen in Entwicklung

Wie schon verschiedentlich angemerkt, entwickeln sich Institutionen aufgrund der in ihnen angelegten Dynamik. Ihre Elemente sind nicht etwa Menschen, sondern Interaktionen von Menschen. Sie gehorchen Gesetzen, die, ähnlich den Gesetzen der Natur, nicht von uns Menschen gemacht oder auch nur verändert, wohl aber von uns gebraucht werden können. Sind sie soziale Systeme und nicht bloße Konglomerate von Menschen. Sie gehorchen eigenen Gesetzen. Es sind das vor allem die Gesetze der Autopoiesis und der Selbstorganisation.

Autopoiesis bezeichnet die Eigenschaft eines sozialen Systems, sich und damit auch seine Grenzen immer wieder neu zu schaffen, indem es über soziodynamische Prozesse Menschen dazu bringt, im Verlauf der Zeit ähnlich miteinander umzugehen und ähnliche Grundeinstellungen und Grundüberzeugungen über das System zu haben und zu behalten. Das Miteinander-Umgehen und die Grundüberzeugungen stehen in enger Wechselbeziehung. Man kann die Grundüberzeugungen nur ausmachen, wenn man die Umgangsweisen beobachtet und fragt: Welche Grundüberzeugungen führen zu solchen Umgangsformen? Beide bilden also eine Einheit, welche die Struktur des Systems ausmacht. »Selbstorganisation« ist eine Eigenschaft eines Systems, sich selbst aufgrund autodynamischer Prozesse zu strukturieren. Zur Strukturierung gehören etwa die Definition der Grenzen des Systems, der Formen der Hierarchie, die Rahmenbedingungen für die Ausbildung von Sprachspielen, die Bildung von Substrukturen, die entweder von den Zielvorgaben oder von den hierarchischen Vorgaben abhängen können, die Aufgaben, die innerhalb und durch das System gelöst werden sollen, vor allem aber die Festlegung des Systemzieles.

Nun sind soziale Systeme »lebende Gebilde«. Sie gehorchen Regeln, die denen ähneln, die wir aus der Biologie kennen. Weder autopoietische noch selbstorganisierende Prozesse führen dazu, daß sich ein System identisch reproduziert. Das Klonen von sozialen Systemen ist von vornherein zum Scheitern verurteilt, da zwei soziale Systeme niemals über eine identische DNA verfügen. Die Rolle der »DNA« übernehmen Menschen mit ihren Weisen, miteinander umzugehen und sich zum System in Grundüberzeugungen einzustellen. Andererseits unterliegen biologische Systeme vom Typ »Art« und soziale Systeme in vielem sehr ähnlichen Regeln. So gehorchen sie dem endogenen Zweck, sich selbst möglichst zu erhalten und – wenn dies ohne Selbstgefährdung möglich ist – zu expandieren. So unterliegen sie dem Zwang, sich mittels »Mutationen« zu entwickeln und neue Systeme zu erzeugen. So gehorchen sie dem Ausleseprinzip, nach dem jene Systeme zugrunde gehen, die sich am wenigsten gut auf veränderte Umweltsituationen eingestellt haben. Dieses Prinzip gilt besonders unter Wettbewerbsbedingungen. Während man der Entwicklung einer Art biodynamische Regeln zuordnen kann, so der sozialer Gebilde soziodynamische.

Es ist also nicht so, daß sich ein soziales (wie ein biologisches) System streng identisch reproduziert. Die Reproduktionsprozesse unterliegen einer vom System selbst entwickelten Dynamik. Diese Dynamik gründet in soziodynamischen Prozessen, die dazu führen, daß sich Menschen neu und anders zueinander verhalten und damit auch ihre Grundeinstellungen zum System ändern. Diese Autodynamik kann zu einer Evolution des Systems hin auf mehr Funktionalität, aber auch hin auf mehr Menschlichkeit führen. In der Zeit des Dazwischen, in der wir leben, werden Unternehmen, Staaten, Parteien, Gewerkschaften, Familien, Kirchen und andere soziale Systeme weniger durch bewußte Aktivitäten von Menschen geführt als durch solch schicksalhafte Vorgaben der systemischen Autodynamik. Das mag seinen Grund haben in der Tatsache, daß wir Menschen uns heute weniger von Systemen her definieren als die Menschen des Industriezeitalters. Systeme sind nicht mehr ein Zuhause, sondern Instrumente, eigenen Nutzen zu mehren. Damit zerfallen sie in Konglomerate egozentrisch organisierter Menschen.

Das wäre nicht weiter bedenklich, wenn wir Menschen nicht aufgrund unserer psychosozialen Vorgaben dazu neigten, in sozialen Systemen zu leben. Die Entleerung der alten Systeme wird also zwingend dazu führen, daß wir uns neue schaffen, die durchaus den Namen der alten tragen können. Jedoch ihre Struktur veränderte sich fundamental und damit auch ihre Identität. Wir werden also neue Systeme schaffen, nachdem wir die alten untergehen ließen. Dieses Neuschaffen von Systemen ist die Verantwortung des Heute und Morgen. Das nahe Morgen wird geprägt von einer Situation, die man »Zeitalter des Wissens« nennen kann. Die US-amerikanischen Wissenschaftler *Alvin Toffler, George A. Keyworth* und *George Gilder* entwickelten die Theorie vom »Cyberspace«, dessen Realisierung die Werte und Institutionen der industriellen Neuzeit ablösen wird, da sie nicht mehr in der Lage sind, dieses Instrument zu beherrschen oder gar zu bedienen.[348]

---

348 Vgl. dazu: Cyberspace und der amerikanische Traum, in FAZ vom 26. 8. 1995, 30.

2. Das Zeitalter des Wissens

Es soll nicht behauptet werden, daß die chaotische Zwischenzeit mit dem vielgebrauchten Wort vom »Zeitalter des Wissens« charakterisiert werden kann, doch steht kaum im Zweifel, daß wir, ob endgültig oder nur im Vorübergang, uns einem »Zeitalter des Wissens« nähern. Dem Grundgedanken des Cyberspace haben wir uns schon verschiedentlich genähert: Während die industrielle Neuzeit mit ihrer in den Naturwissenschaften gründenden Beherrschung der materiellen Welt befaßt war, steht eine andere Qualität zur Beherrschung an: das jedermann verfügbare Wissen.

Wir verstehen hier unter Wissen jene Menge von Signalen, die geeignet sind, Informationen zu erzeugen. Diese Signale können Daten, Bilder, Symbole – aber auch alles das sein, was aus einfachen Signalen solche erzeugt, die Kulturen, Ideologien, Wertewelten schaffen. Cyberspace meint nicht nur, daß dieses Wissen rasant anwächst, sondern auch, daß es jedermann auf Abruf verfügbar ist. »Cyberspace« ist also die Bezeichnung für eine universale Umwelt, die von »verfügbarem Wissen«, das in elektronischer Form gespeichert ist, bewohnt wird. Mit der physischen Umwelt ist es durch Fenster verbunden, durch welche sowohl neues Wissen eingegeben als auch gespeichertes Wissen verändert oder abgerufen wird. Insofern es elektronisch gespeichert ist, kann man es virtuelles Wissen nennen, das, abgerufen, zu aktuellem Wissen wird. Die aktuellen Signale, die gerade Informationen erzeugen, sind oft sehr kurzlebig, aber sie sind als virtuelle dauerhaft gespeichert. Die Speicherelemente, das einfachste ist eine Diskette, werden auf eine Weise vernetzbar sein, daß sie virtuelles Wissen erzeugen, mit dem wir mit den bestehenden Strukturen, seien es politische, soziale, kulturelle oder ökonomische, wenig anfangen können. Wir schaffen uns im Cyberspace eine Ressource von noch nicht überschaubarer Erheblichkeit für alle Bereiche menschlicher Aktivitäten.

Wenn wir nur bedenken, daß die in den letzten Jahrzehnten in allen Institutionen aufgebauschte Bürokratie, einschließlich der ministerialen, überflüssig wird, wenn wir bedenken, daß Eigentum, Markt, Gesellschaft völlig neu zu definieren sind, dann mag das Ausmaß dessen, was da auf uns zukommt, erahnt werden können. Die Kosten der Produktvielfalt, aber auch der Bedürfnisvielfalt werden sich ganz erheblich verringern. Das bedeutet einerseits eine starke Individualisierung, andererseits aber eine neue Form der Gleichheit. Wenn es kein Wissen mehr gibt, das längere Zeit »geheim« bleiben kann, sondern alles Wissen öffentlich ist, fällt jede Herrschaft über Wissen, die weitgehend die Strukturen der Industriemoderne bestimmte, fort. Da zudem die informationserzeugenden Signale nahezu kostenfrei repliziert werden können, kann nahezu jedermann den gesamten Output der menschlichen Gesellschaft, insofern sie ihr Wissen in elektronische Speicher einbrachte, verwenden, unabhängig von reich oder arm.

Für funktionierende Märkte sind klare und notfalls einklagbare Eigentumsrechte unverzichtbar. Nicht zufällig vertrat *K. Marx* die Ansicht, daß Menschen die so gefährliche Institution »Staat« nur schufen, um Transaktionskosten (das sind Kosten, die bei der Durchsetzung von Ansprüchen entstehen) zu senken. Wenn wir aber den neuen Cyberspace schaffen, dann bedeutet Eigentum nicht erststellig das an Geld, Grund und Boden, Häusern, Waren, denn abgesehen von der »Hardware« (etwa von Computern, Glasfaserkabeln, Elektrizität) ist die »Software« im Cyberspace ein öffentliches Gut – ähnlich wie bis vor einigen Jahren auch die Umwelt ein öffentliches Gut war. Öffentliche Güter stehen allen unbeschränkt nahezu kostenlos zur Verfügung. Es gibt keinen Wettbewerb der Nachfrager, da die zur Verfügung stehende Menge nach unendlich tendiert. Was bedeutet aber dann »Eigentum«? Und das im Cyberspace Gespeicherte ist die wichtigste aller Ressourcen geworden. Arbeit und Kapital verlieren als »Produktionsfaktoren« zunehmend an Bedeutung. Schon heute sind oft Kreativität und Innovationskraft wichtigere Faktoren geworden. Das aber wird vom Cyberspace um ein Vielfaches übertroffen. Es kommt vielmehr darauf an, in der richtigen Situation über die richtigen Signalmengen zu verfügen.

Zwar kennt auch die Industriegesellschaft Wissen als öffentliches Gut. Aber es ist das Wissen, das die standardisierten Informationsbedürfnisse der meisten befriedigt. Im Cyberspace dagegen wird virtuelles Wissen aktualisiert, zwar nicht zu einem

Wirtschaftsgut, aber zu einem individuellen, da sich die Wissensbedürfnisse sehr stark individualisieren werden.

Im Cyberspace werden sehr schnell neue Techniken entwickelt werden. Die Innovationsgeschwindigkeit wird sich erheblich steigern. Das bedeutet, wenn nicht durch Staat oder Kartellbildungen regulierend in den Markt eingegriffen wird, eine neue Form des Wirtschaftens, von der wir uns noch keinerlei zutreffendes Bild machen können. Systeme, gleich welcher Art, werden sich ändern. Die alten ökonomischen, politischen, sozialen und kulturellen Werte werden unbrauchbar, denn sie regulieren das menschliche Miteinander in der Industriegesellschaft.

Da Systeme und Werte eng miteinander zusammenhängen, kann man doch Systeme als Institutionen verstehen, die den Zweck haben, Werte zu realisieren, kommt es darauf an, neue Wertewelten zu schaffen, welche die Unverbindlichkeit des Dazwischen überwinden.

3. Die Erschaffung neuer Wertewelten

Neue Wertewelten charakterisieren eine neue Epoche. Wir wollen hier versuchen, Wertewelten zu entwickeln, die eine realistische Chance haben, die zukünftige Welt der Herrschaft des Cyberspace menschlich zu regulieren. Sie werden zusammen mit den veränderten, durch Cyberspace geschaffenen (oder erzwungenen) Produktionsmitteln und Produktionsbedingungen auch die Ausbildung der neuen Institutionen bestimmen. Da ethische Prinzipien Metaprinzipien sind, welche die Anwendung und Interpretation ökonomischer, politischer, sozialer und kultureller Werte im Einzelfall wie im allgemeinen erst ermöglichen, beginnen wir mit der Suche nach einem höchsten ethischen Wert, nach dem also, was im Bereich des sozialverträglichen Handelns am wünschenswertesten zu sein scheint.

a. Der höchste ethische Wert

Die Erschaffung neuer Wertewelten, also Werte, die das allgemein Wünschbare zu Sprache bringen, beginnt sicherlich mit dem Auffinden eines normativen Prinzips, das in der Lage ist, die Ausbildung und Ausübung ökonomischer, politischer, sozialer und kultureller Werte zu regulieren (und nicht etwa zu determinieren). Ich habe mir lange Jahre Mühe gegeben, ein solches Prinzip zu finden. Es muß folgenden Regeln gehorchen:

- Es muß in der Lage sein, konkrete ökonomische, politische, soziale und kulturelle Interaktionen wirkungsvoll zu regulieren, und auf diese Weise neue Institutionen begründen helfen, in denen es die Strukturen und damit auch die Identitäten sozialer Systeme bestimmt. Die Zeit des Zerfalls von sozialen Systemen in Konglomerate kann nur so beendet werden.
- Es muß formal sein. Das bedeutet, es muß verantwortungsvoll von einzelnen Menschen in bestimmten Situationen aufgrund gebildeten Gewissens und beherrschter Güterabwägung situationsgerecht anwendbar sein. Ein solcher Situationismus ist alles andere als ein Relativismus. Die Auslegung formaler Prinzipien in materialverschiedenen Situationen in materiale Regeln fordert die Fähigkeit ein, das Prinzip optimal zu realisieren.
- Es muß universalisierbar sein. Das meint nicht nur, daß es im Sinne des kategorischen Imperativs[349] zur Grundlage einer allgemeinen Gesetzgebung gemacht werden könnte, sondern daß es bestehenden religiösen oder ideologischen Vorgaben nicht derart widerspricht, daß solche Widerstände die Generalisierung verhindern.
- Es muß möglichst in Seinsnähe (also etwa jener biologischer Regeln) liegen. Dabei ist selbstredend die von *David Hume* und *G. E. Moore*[350] erkannte Gefahr der Verwechslung von Seins- und Sollensebene, also dem »naturalistischen Fehlschluß« zu erliegen, zu vermeiden.

---

349 Immanuel Kant formuliert in seiner »Grundlegung zur Metaphysik der Sitten«: »Der kategorische Imperativ ist also nur ein einziger, und zwar dieser: handle nach derjenigen Maxime, durch die du zugleich wollen kannst, daß sie ein allgemeines Gesetz werde« (AA IV, 421).
350 G. E. Moore wendet sich in seinen »Principia ethica« (1903) gegen jeden ethischen Naturalismus. Er führte den Begriff »naturalistischer Fehlschluß« ein, der jeder naturalistischen Ethik zugrunde liege. Nach W. K.

Unter allen denkbaren Prinzipien ist mir nur eines vorgekommen, das alle diese Bedingungen erfüllt. Es ist das Biophilieprinzip. Als generalisierbare Maxime, die allem Handeln zugrunde liegen könnte, würde es lauten: »Handle stets so, daß du durch dein Handeln eigenes und fremdes personales Leben eher mehrst als minderst.« Es ist zweifelsfrei ein ethisches Prinzip, da es zugleich nicht nur als generalisierbare Maxime formulierbar ist, sondern auch ein höchstes ethisches Gut vorstellt, über das hinaus kein anderes denkbar ist. Zudem umschließt es etwa das von *I. Kant* bedachte höchste ethische Gut, die Selbstzwecklichkeit des Menschen (seine Würde), die Teil des personalen Lebens ist. Personales Leben meint menschliches Leben in allen seinen Dimensionen. Die wichtigsten Dimensionen sind:

- Die des Könnens (des emotionalen, des sozialen, des musischen, des intellektuellen, des handwerklichen, des religiösen... Könnens).
- Die der Interaktionen (solche, die in Interaktionen geschaffen oder realisiert werden können). Dazu gehören:

– Freiheit, das ist die Fähigkeit und Bereitschaft, selbstverantwortet sein Leben zu gestalten.
– Gerechtigkeit, das ist die Fähigkeit und Bereitschaft, einem jeden Menschen sein Recht zuteil werden zu lassen.
– Würde, das ist die Fähigkeit und Bereitschaft, einen Menschen niemals zum bloßen Zweck, sondern immer auch zum Ziel seiner Handlungen zu machen.
– Freundschaft, das ist Fähigkeit und Bereitschaft, dem Freund Angenommensein und Geborgenheit zu vermitteln.

Fankena (»The naturalistic fallacy, in: Mind 75 [1966], 464–477) kann dieser Terminus bedeuten: (a) der Fehler, daß eine nichtnatürliche Eigenschaft wie »gut« in Begriffen einer natürlichen Eigenschaft definiert wird, (b) der Fehler, daß man eine Eigenschaft in Begriffen einer anderen Eigenschaft definiert bzw. undefinierbare Eigenschaften zu definieren versucht. Nur im Fall (a) würde der Terminus »naturalistischer Fehlschluß« gerechtfertigt sein. Er führt ihn auf ein allgemeines wissenschaftstheoretisches Problem zurück, nach dem eine Definition nicht Begriffe verschiedener Sprachspiele verwenden darf.

- Kameradschaft, das ist die Fähigkeit und Bereitschaft, dem Kameraden in Not und Gefahren, in Einsamkeit und Verfolgung beizustehen.
- Und alle anderen Eigenschaften, die in Interaktionen zugesprochen oder durch sie geschaffen werden können.
- Die der Sozialgebilde (die sich in sozialen Systemen wie in Partnerschaften, Familien, Unternehmen ... ereignen). Hierher gehören vor allem:
  - die Fähigkeit und Bereitschaft, primäre Tugenden (wie kreativen Ungehorsam, Zivilcourage und Konfliktfähigkeit) zu entwickeln,
  - die Fähigkeit und Bereitschaft, unabhängig von der hierarchischen Stellung, in Koordination miteinander umzugehen,
  - die Fähigkeit und Bereitschaft, in Kommunikationsgemeinschaften zu agieren und solche, wenn möglich, zu bilden,
  - die Fähigkeit und Bereitschaft, teamorientiert[351] zu denken und zu handeln,
  - die Fähigkeit und Bereitschaft, Verantwortung zu übernehmen.

Auch diese Fähigkeiten und Bereitschaften müssen interaktionell – und zwar in der Regel in sozialen Systemen – entwickelt werden, wenn die Biophiliemaxime realisiert werden soll. Wird ein wichtiger Lebensbereich ausgespart, verliert sie ihre Universalisierbarkeit, und damit gehorcht sie nicht mehr dem kategorischen Imperativ.

---

351 Das Team will ein Problem gemeinsam lösen. Im Gegensatz dazu versucht eine Gruppe, ihre inneren Probleme zu lösen. Beide, Team und Gruppe, gehorchen völlig verschiedenen soziodynamischen Regeln. Entartet ein Team zu einer Gruppe, wird nicht mehr die optimale Lösung eines selbst- oder fremdgestellten Problems das Ziel aller (meist vernetzter und herrschaftsfreier) Interaktionen sein, sondern die Diskussion über freundschaftliche/feindselige, gerechte/ungerechte, dominante/subdominante Beziehungen der Gruppenmitglieder zu-, unter- und gegeneinander. Diese Beziehungsorientierung kann verschleiert werden. Sie ist immer dann anzunehmen, wenn Teamsitzungen (Konferenzen oder ähnliches) aus dem Diskurs ausbrechen und zu diskutieren beginnen.

Sicherlich gibt es Konflikte zwischen der Optimierung der Biophilie im personalen und im sozialen Leben (etwa dem eines Unternehmens). In solchen Konfliktsituationen ist eine Güterabwägung eingefordert. Es muß ein Schaden des Unternehmers etwa gegen den Schaden, der einem einzelnen zugefügt wird, abgewogen werden. Ein Beispiel soll das erläutern: In einem Unternehmen, dessen Bestand, wenn es nicht gerade verwerfliche Güter (wie potentielle Angriffswaffen oder Zigaretten) herstellt, wenigstens dann biophil[352] ist, wenn die Externalitätenbilanz positiv aussieht (also der gestiftete Nutzen im Unternehmensaußen größer ist als der angerichtete Schaden), stiftet ein Mitarbeiter regelmäßig Unzufriedenheit. Dann ist folgendes zu bedenken: Der Schaden, der dem Mitarbeiter etwa durch Entlassung zugefügt wird, ist kleiner als der Schaden, der den Mitarbeitern, die durch seine Aktivitäten demotiviert werden (und damit dem Unternehmen), zugefügt wird. Ist diese Frage zu bejahen, ist nach dem Anspruch der Biophiliemaxime die Entlassung nicht nur gerechtfertigt, sondern unter Umständen – wenn also etwa Versetzungen und Abmahnungen nichts helfen – auch gefordert. Die Anwendung der Biophiliemaxime kann also durchaus zu anderen Ergebnissen führen als die in § 1 Kündigungsschutzgesetz genannten.

Gehorcht die Biophiliemaxime als allgemeine Handlungsregel dem kategorischen Imperativ, ist sie, in ihrem normativen Anspruch, auch auf alle anderen Lebensbereiche zu übertragen. Wir lassen hier einmal alle Lebensbereiche außer acht, die keinerlei Sozialbezug haben. Sie bleiben für die Ausbildung zukünftiger Institutionen ohne Bedeutung. Hierher gehören etwa einsame Waldspaziergänge, Computerspiele, die niemand anderen beteiligen, einsames Fernsehen von Unterhaltungssendungen, Rasenmähen und anderes zweckfreies Handeln, solange es nicht soziale Beziehungen stiftet.

---

352 Es handelt sich bei der systemischen Biophilie um eine hergeleitete. Unternehmen etwa sind genau dann biophil, wenn sie den in ihnen Beschäftigten – bei positiver Externalitätenbilanz – erlauben und ermöglichen, ihr personales Leben in wenigstens einigen der oben genannten Dimensionen eher zu entfalten, denn zu mindern.

b. Höchste politische Werte im Zeitalter des Cyberspace unter dem Anspruch der Biophiliemaxime

Der zentrale Staat wird eine Vielzahl seiner Funktionen verlieren. Hat er doch die zentrale Aufgabe, schweren Schaden vom Gemeinwohl zu wenden, spielt er in der Welt des Cyberspace nur eine sekundäre Rolle. Er reguliert nicht mehr alle anderen Lebensbereiche, sondern setzt nur noch Randbedingungen, welche die Sozialverträglichkeit des Handelns einzelner und des Entscheidens von Institutionen sichern. Da der Staat im Cyberspace-Zeitalter versucht sein wird, sich des neuen Systems zu bemächtigen und den öffentlichen Zugang zum Cyberspace zu regulieren oder gar ganz zu unterbinden, werden die bestehenden Grundrechte um ein weiteres ergänzt werden, das solches Aneignen verhindert. Die Vorstellung eines Staats, der im Besitz allen virtuellen Wissens ist und dieses nach Belieben realisieren kann, macht den Staat[353] zum Ungeheuer. Hier ist also eine Grenze zu ziehen, das im Cyberspace gesammelte Wissen darf nicht von politischen Instanzen (Staat, Parteien) abgefragt werden können. Auch die Einspeisung von Wissen sollte allen politischen Instanzen untersagt werden, denn die Wahrscheinlichkeit, daß »falsches« Wissen aus irgendeinem politischen Interesse eingegeben wird, ist zu groß. Ein Staat, der aktuell über alles menschliche Wissen verfügen würde, würde jeden uns bekannten Totalitarismus sprengen.

Welcher schwere Schaden könnte nun aber durch die Verwendung von Cyberspace dem Gemeinwohl drohen? Wann also wird der Staat abwehrend tätig werden müssen? Die Antwort ist im Prinzip leicht zu geben: immer dann, wenn die Verwendung von abgerufenem Wissen zu sozialschädlichen Handlungen führen würde. Konkret würde das etwa bedeuten, daß Dritte keine Signale einspeisen dürften, die geschützte Persönlichkeitsrechte eines anderen schmälern könnten. Eingespeist werden dürfte

---

353 »Staat« meint hier alle Personen, insofern sie in irgendeiner Weise staatliche Entscheidungen vorbereiten oder treffen. Hierzu zählen sicherlich die Beamtenschaft und viele Angestellte der Gebietskörperschaften, der Sozialversicherungen und der Sondervermögen sowie des Militärs.

also nur »öffentliches Wissen« und privates, insofern der Betroffene damit einverstanden ist.

Die Produzenten verwerflicher Güter (das sind Güter, deren Verwendung geeignet ist, dem Gemeinwohl schweren Schaden zuzufügen) sollten, wenn sie schon nicht an der Produktion solcher Güter (wie Zigaretten oder Waffen, die geeignet sind, in einem Angriffskrieg eingesetzt zu werden) gehindert werden (können), auch vom Zugang zum Cyberspace ausgeschlossen werden.

Das bedeutet, daß der Staat sich im wesentlichen auf eine Legislative beschränken sollte, die Gesetze verabschiedet, die nachweisbar der Schadensabwehr dienen, und eine Rechtsprechung, welche die Einhaltung der Gesetze erzwingt. Die exekutive Gewalt wird, insofern sie eine zentral gelenkte Bürokratie repräsentiert, funktionslos, da die gesellschaftlichen Abläufe zu komplex werden, um von Staats wegen gesteuert zu werden.

c. Höchste ökonomische Werte im Zeitalter des Cyberspace unter dem Anspruch der Biophiliemaxime

Zunächst sei hier an makroökonomische Gebilde gedacht. Beginnen wir mit einer – ethische Kategorien berührenden – Analyse solcher Systeme und ihrer Aktivitäten. Zunächst ist festzustellen, daß eine normale Volkswirtschaft ausschließlich den eigenen Nutzen und den Nutzen derer sucht, die für volkswirtschaftliche Abläufe verantwortlich sind. Sie sucht nicht den Nutzen anderer Volkswirtschaften, ja nicht einmal den der eigenen, wenn der Nutzen einer volkswirtschaftliche Abläufe über ökonomische oder politische Aktivitäten regulierenden Person oder Personengruppe mit dem volkswirtschaftlichen konkurriert. So ist die Subventionierung von Landwirtschaft und Bergbau zwar von Nutzen für die Bauern und Bergleute einschließlich des Zechenbesitzers, nicht aber für die deutsche Volkswirtschaft. Dabei ist Nutzen zumeist noch bezogen auf geldwertige Größen (wie Bruttoinlandsprodukt, Bruttosozialprodukt).

Im Zeitalter des Cyberspace werden Volkswirtschaften langsam, aber sicher (vielleicht gar recht schnell) in einer Weltwirtschaft untergehen. Da die Erzeugung der notwendigen »Hardware« kaum mehr an bestimmte Standorte gebunden ist, werden sich die Volkswirtschaften der entwickelten Länder aufeinander zubewegen. Greifen die Staaten nicht ein, um das scheinbare Funktionieren ihrer Volkswirtschaften zu sichern (Subventionen, Zölle, zwischenstaatliche Abkommen), wird der Ausbau einer Weltwirtschaft unvermeidbar sein. Das bedeutet, daß zwischen den Staaten ein Wettlauf um die Herstellung von Standortvorteilen beginnen wird (Verbesserung des Bildungssystems, niedere Steuern und Abgaben, kurze Genehmigungsverfahren, gute Infrastruktur, sozialer Frieden, ein der Produktivität angemessenes Lohnniveau), ein Wettlauf, der versuchen wird, die Arbeitslosenquote im eigenen Land zu senken. Die Finanzierung dieser Standortvorteile dürfte jedoch nur über Steuern und Staatsverschuldung möglich sein. Im ersten Fall schneidet die Steuerschere zu, im zweiten kann jenseits einer bestimmten Grenze Staatsverschuldung selbst zu einem Handeln werden, das dem Staat schweren Schaden am Gemeinwohl zufügen läßt.

Betriebswirtschaftlich bedeutet Cyberspace einen weiteren Abbau dispositiver Arbeit, da die für eine Entscheidung notwendigen Informationen schnell und preiswert von jedermann abgerufen werden können. Zugleich bedeutet es aber auch, daß Innovationsvermögen und Kreativität zu den erheblichen Produktionsfaktoren werden, denn allein über sie können Unternehmen, die miteinander wettbewerben und über die gleichen Informationen verfügen, sich Vorteile verschaffen. Das wiederum bedeutet eine völlig veränderte Unternehmensstruktur, da im Regelfall nur kleinere Einheiten kreativ auf veränderte Informationssituationen reagieren können. Die Eigentumsverhältnisse werden sekundär, das Wollen der Eigentümer unerheblich, die Aktie wird zu einer Industrieobligation mit variablem Zins ohne Rücknahmeverpflichtung durch den Emittenten verkommen. Das Unternehmen organisiert sich ausschließlich um die Faktoren Kreativität und Innovation. Produktiv-kreativ und innovativ denkende Menschen werden nicht nur die bestbezahlten, sondern auch die angesehensten Personen im Unternehmen sein, besteht doch ein gut Teil des Wettbewerbs darin, sich solche Personen zu verpflichten. Der Wettbewerb verlagert sich von Preisen und Qualitäten hin zu dem Erwerb von Kreativität und Innovationskraft. Die klassischen hierarchischen Formen der Industriegesellschaft werden endgültig verschwinden. Sollte einmal weltwirtschaftlich die Menge der Informationen alle Kreativität und Innovationskraft lahmlegen, könnte weltweit ein Zustand in der Nähe der »vollkommenen Konkurrenz«[354] eintreten, der betriebswirtschaftlich alles andere als wünschenswert ist.

d. Höchste soziale Werte im Zeitalter des Cyberspace unter dem Anspruch der Biophiliemaxime

Die Individualisierung und Privatheit des aktuellen Wissens wird zu anderen Formen des gesellschaftlichen Lebens von Menschen führen. Verbindungen, die im institutionalisierten gemeinsamen Wissen gründen, werden sich als solche auflösen. Gemeinsames Wissen koordiniert zumeist auch Interessen, Erwartungen, Bedürfnisse und Wertvorstellungen. Hierher gehören manche Verbände und Gewerkschaften, viele Parteien, aber auch einige Kirchen. Mit dem Verschwinden ist nicht gesagt, daß sie untergehen. Ihre Mitglieder organisieren sich nur auf einem anderen Niveau als jenem, das auf gleichartigem virtuellen Wissen aufbaut.

Da arm und reich keine Differenzen im Zugang zum allumfassenden Wissen bedeuten, wird auch hier der Zugang über kreativsoziales Verhalten zu neuen Organisationsformen führen. Institutionalisierte Formen des Sozialverhaltens werden an Bedeutung verlieren. Die Organisation in Kommunikationsgemeinschaften, in denen aus gemeinsamem Wissen kreative Denkansätze entstehen oder denen anzugehören vitale soziale Bedürfnisse (wie die nach Geborgenheit, Sicherheit, Freundschaft) befriedigt, werden in einer deinstitutionalisierten Welt an Bedeutung gewinnen.

---

354 vgl. 170.

e. Höchste kulturelle Werte im Zeitalter des Cyberspace unter dem Anspruch der Biophiliemaxime

Welche Auswirkung wird Cyberspace auf das kulturell Wünschenswerte haben? Die kulturellen Errungenschaften der Neuzeit (Kunst, aber auch die Bereitstellung kollektiver Güter – wie Schwimmbäder, Theater, Sportarenen – durch den Staat) werden sich sicherlich ändern. Es steht zu erwarten, daß der nachneuzeitliche Staat auch der Kultur zuzurechnende kollektive Güter zu privatisieren versucht – und, wenn das nicht gelingt, sie aufgibt. Das bedeutet keineswegs unbedingt kulturelle Verödung, da Cyberspace nicht nur in der Lage ist, eine Fülle von kulturellen Informationen zu erzeugen, sondern sogar ganze Kulturen mit den dazugehörenden Ideologien. Theoretisch wäre es denkbar, daß jeder Mensch in »seiner Kultur« lebt. In der Kultur des einen wird Kunst eine dominante Rolle spielen, und er wird sich alle Kunstwerke der Welt in sein Wohnzimmer holen können. In der Kultur des anderen wird vielleicht Fußball eine wichtige Rolle spielen – und er wird alle eingespeisten Fußballspiele (das sind theoretisch alle, die jemals elektronisch oder optisch aufgezeichnet wurden) vor seinen Wohnsessel zaubern. Oder ein Dritter organisiert seine kulturellen Bedürfnisse um das Religiöse. Hier wird er alle Informationen erzeugen können, die ihm helfen, »seine« religiöse Kultur aufzubauen.

Das soll aber nun keineswegs heißen, daß Kultur im Zeitalter des Cyberspace nur konsumiert werden kann. Ein jeder kann seine eigenen kulturellen Produkte ins Netz einspeisen. Vielleicht interessiert sich noch ein anderer Mensch für seine Produktionen.

Viele Menschen werden sich nicht mehr kulturell um einen Schwerpunkt organisieren. Sowohl die Strukturen und Inhalte ihrer Leistungswelt wie ihrer Erlebniswelt werden sich, sieht man einmal von ähnlich bleibenden Mustern in Partnerschaftsbeziehungen oder der Begegnung mit eigenen Kindern ab, werden radikal andere werden. Diese Individualisierung wird dazu führen können, daß kommunikative Begabungen nicht mehr entwickelt werden – oder zugrunde gehen.

Gerade aber solche kommunikativen Begabungen werden in

allen Lebensbereichen zunehmend stärker eingefordert werden. Wenn in einem Industrieunternehmen nahezu alle Routinearbeit in den Bereichen der exekutiven wie der dispositiven Arbeit von Computern und computergesteuerten Robotern erbracht werden kann, bedeutet das keineswegs nur ein enormes Ansteigen der Arbeitslosigkeit, wenn uns nicht Methoden einfallen, Arbeit anders zu verteilen (Job-sharing, Verkürzung der Arbeitszeit...). Es bedeutet auch, da nur das innovative und kreative Teamwork etwa in Projekt-Teams oder Reengineering-Teams unersetzlich sind, und diese nur funktionieren bei entfalteter Kommunikationsfähigkeit, daß diese Fähigkeit außerhalb der Cyberspace-Welt systematisch trainiert werden muß, wenn Unternehmen nicht massenhaft zugrunde gehen sollen. Damit ist zugleich auch ein biophiles Korrektiv zur Vereinsamungstendenz des Cyberspace-Menschen angezeigt.

An und für sich ist im Bereich der Handlungswissenschaften (wie Psychologie, Ökonomie, Soziologie, Politologie) und der historisch-hermeneutischen Wissenschaften (wie Geschichtswissenschaften, Theologie), aber auch der Medizin bis hin zu den klinischen Semestern jede Präsenzuniversität völlig überflüssig. Jeder Student kann sich die Fächerkombination wählen, die ihm am ehesten liegt und von der er sich die größte Nachfrage des Arbeitsmarktes verspricht. Ausschließlich die Prüfungen müßten unter Aufsicht abgelegt werden, alles andere kann er über die Nutzung der Weiterentwicklungen des Internet studieren. Seine Fragen kann er ins Internet eingeben. Sie werden in wenigen Augenblicken nach dem neusten Stand menschlichen Wissens beantwortet. 80 Prozent der Professoren könnten sich also einen anderen Beruf suchen, die Universitätsbauten könnten teils anderweitig genutzt werden, der Staatshaushalt würde von einem erheblichen Belastungsposten befreit.

Wenn da nicht eben die Sache mit der themengebundenen Kommunikation wäre, die zudem zwischen Menschen spielt, die oft recht unterschiedliche Wertvorstellungen, Interessen, Erwartungen und Bedürfnisse haben. Hier kommt der Wirtschaft – ohne daß sie es ausdrücklich wollen müßte – eine enorme biophile Aufgabe zu. Der Arbeitsmarkt wird Menschen fordern, die zur Teamarbeit fähig sind, Menschen also, die nicht recht behalten möchten gegen andere, sondern zusammen mit anderen ein eigen- oder fremdgestelltes Problem lösen wollen. Dazu aber bedarf es einer entwickelten sozialen Kompetenz, entwickelter Kommunikations- und Konfliktfähigkeit, die man nicht vor dem Computer sitzend lernen kann. Und hier wird eine wichtige Aufgabe der zukünftigen Schulen und Hochschulen liegen, solche Kompetenz zu entwickeln.

Den Schulen wie Hochschulen werden neue und ungewohnte Aufgaben gestellt werden müssen. Einen Teil des Lernens können sie ans Internet und seine Nachfolger delegieren. Der Schwerpunkt wird sich von der Ausbildung auf die Bildung sozialer und emotionaler Begabungen und Fertigkeiten verlagern. Dazu müssen zuerst die Lehrenden selbst völlig umlernen – insofern sie noch dazu in der Lage sind.

Cyberspace kann also durchaus in nahezu allen Bereichen des Menschlichen helfen, personales Leben zu entfalten. Doch kann Cyberspace auch anders ausgehen. Es kann – wie schon gesagt – in die Hände des Staates fallen. Es kann Massenarbeitslosigkeit von nie gekanntem Ausmaß auslösen. Es kann zu Institutionalisierungen nie gekannten Ausmaßes kommen. Es kann einem um Kultur organisierten Leben ein Ende bereiten. Das alles kann sein. Der Grund ist sehr einfach: Die Menschen, die in der Lage sind, viele Signale zu konsistenten Informationssystemen zusammenzusetzen, sind zweifelsfrei im Vorteil gegenüber jenen, die mit nur wenigem aktuellen Wissen etwas anfangen können und aus dem Pool des virtuell verfügbaren Wissens vielleicht nur winzige Teile real machen können. Es besteht also die Gefahr der Konstruktion neuer Herrschafts-und-Knechtschafts-Verhältnisse, in denen sich Menschen anderen politisch, ökonomisch, sozial und/oder kulturell unterwerfen. Dieser Gefahr gilt es beim Eintritt in das Cyberspace-Zeitalter zu wehren. Entweder geschieht diese Abwehr nekrophiler Sozialunverträglichkeiten mittels moralischer Normen oder mittels staatlicher (also mittels Gesetzen). Das aber gäbe dem Staat wiederum eine neue Aufgabenfülle, die er nahezu zwangsläufig zur Ausdehnung seines Machtanspruches verwenden würde. Seien wir also wachsam.

Zum Schluß

Das Ende der Neuzeit entlarvt sich an den abgewehrten Geschichten, die plötzlich erzählt werden. Aber mit dem Ende der Neuzeit und dem Zerfall ihrer ökonomischen, politischen, sozialen, kulturellen und moralischen Werte und – daraus folgernd – der mit diesen Werten dialektisch verbundenen Institutionen läßt sich keinerlei Prognose wagen über die Werte und Institutionen der Nach–Neuzeit. Cyberspace gibt uns bestenfalls einige Anhaltspunkte, wie diese neue Zeit einmal aussehen wird. Die Neuzeit geht zugrunde an den drei unbeherrschbar gewordenen Institutionen: Markt, Staat und Naturwissenschaften (mit Technik). Diese zwingen Menschen ihre Gesetze auf, und die sind nicht länger kompatibel mit den Werten der Neuzeit. Also gehen diese zugrunde und reißen die unbeherrschbar gewordenen Institutionen mit sich in den Abgrund.

Uns bleibt das Warten auf das Neue. Dieses Warten hat auch seine Vorteile. Wenn alle äußeren Wertstützen nicht mehr tragen, sind wir, wenn wir uns nicht in die Unwertigkeit einer emotivistischen Lebensorganisation einlassen wollen, auf die verantwortete Ausbildung einer persönlichen Wertewelt angewiesen. Die Zeiten zwischen den Epochen sind nicht nur Zeiten des Verfalls, sondern auch Zeiten der Herrschaft primärer Tugenden (Zivilcourage, Konfliktfähigkeit und kreativer Ungehorsam) und sittlicher Persönlichkeiten.

Im »Dritten Reich« und im Hitlerismus kam die Neuzeit – zuletzt bestimmt durch national-konservatives Denken – zu ihrem absurden Gipfel. Die Agenten dieses Denkens brachten Hitler an die Macht. Zugleich aber – und hier beginnt die Neuzeit sich selbst zu morden – kamen aus den Reihen der National-konservativen die Hitlerattentäter des 20. Juli 1944. Der Geist der Neuzeit konnte ihr Gewissen nicht mehr so weit korrumpieren, daß sie unfähig wurden, primäre Tugenden zu entwickeln. Im-

merhin waren unter denen, die vor den Schranken des »Volksge-
richtshofs« standen (neben mehr als 50 Prozent Linksorientier-
ter), fast 10 Prozent Konservativ-Nationale. Es ist die Schande
der frühen Bundesrepublik, nicht die Rote Kapelle und die Weiße Rose, sondern den alles andere als demokratisch denkenden
konservativ-nationalen Widerstand zum Muster ihres so als
eher scheinbar entlarvten Antifaschismus gemacht zu haben. –
Machen wir es besser!

Personen- und Sachregister